52

新世纪心理与心理健康教育文库
Xinshiji Xinli Yu Xinlijiankangjiaoyu Wenku

小学生心理健康教育
Xiaoxuesheng Xinlijiankangjiaoyu

刘视湘 郑日昌 ◆ 主编
Liu Shixiang Zheng Richang

开明出版社

新世纪心理与心理健康教育文库

编 委 会

总 主 编 郑日昌
副总主编 沈 政 郭德俊 桑 标 王希永
编 委 会 （按姓氏笔画排列）

王 昕	王小明	王成彪	王建平
牛 勇	邓丽芳	叶浩生	田万生
朱新秤	任 苹	任 俊	刘视湘
刘翔平	刘惠军	许 燕	孙大强
杜毓贞	杨 波	杨忠健	汪凤炎
沈 政	张 驰	张大均	张志杰
陈永胜	陈安涛	邵志芳	庞爱莲
郑日昌	郑晓江	孟沛欣	赵世明
赵军燕	俞国良	殷恒婵	郭秀艳
郭德俊	桑 标	黄 蓓	崔丽娟
梁宁建	梁执群	董 妍	程正方
雷 雳	燕国材	魏义梅	

总 序
Sequence

早在上个世纪70年代就有专家预言：21世纪是心理学的世纪。21世纪人类所面临的最大挑战，不是其他，而是心理困惑和心理问题。

进入新世纪，我国社会主义物质文明、政治文明、精神文明建设不断加强，综合国力大幅度提高，人民生活显著改善。同时，我们也要看到，我国已进入改革发展的关键时期，经济体制深刻变革，社会结构深刻变动，利益格局深刻调整，思想观念深刻变化。这种空前的社会变革，给我国发展进步带来巨大活力，也必然带来这样那样的矛盾和问题。例如，城乡、区域经济社会发展很不平衡；就业、收入分配、社会保障、教育、医疗、住房等方面关系群众切身利益的问题比较突出；一些社会成员诚信缺失、道德失范；一些领域的腐败现象比较严重等。这些矛盾和问题让人们感到心理困惑，时刻冲击着人们的心理承受能力。

2006年，中共中央《关于构建社会主义和谐社会若干重大问题的决定》明确指出：我们必须坚持以人为本。要注重促进人的心理和谐，加强人文关怀和心理疏导，引导人们正确对待自己、他人和社会，正确对待困难、挫折和荣誉。要加强心理健康教育和保健，塑造自尊自信、理性平和、积极向上的社会心态。心理和谐是构建和谐社会的心理基础和重要标志。胡锦涛同志指出："科学发展观，第一要义是发展，核心是以人为本。"以人为本就必须重视人、尊重人、关心人、爱护人，就必须重视人的心理发展。加强心理健康教育和心理保健，不断提高人们的心理素质，帮助人们形成积极心理品质，为和谐社会建设奠定和谐的心理基础已经成为举国上下的共识。

促进人的心理和谐需要有科学心理学指引，加强心理健康教育需要有合适的教材。近年来，国内虽然也陆续出版了一些心理学或心理健康教育方面的图书，但不够系统，缺乏总体规划。正因为如此，我们组织了一批心理学专家、学者，编写了这套反映我国心理学发展及心理健康教育理论成果的"新世纪心理与心理健康教育文库"。

"新世纪心理与心理健康教育文库"具有系统性。文库参照心理学学科体系和我国现实需要，分为基础理论、应用理论和技术与实践三个系列。

"新世纪心理与心理健康教育文库"具有权威性。文库是国家出版基金资助项目；文库撰稿人的选择面向全国，每一本图书都由该领域的专家学者撰稿；文库的统稿工作由国内权威心理学家和心理健康教育专家负责完成。

"新世纪心理与心理健康教育文库"具有前沿性。文库在全国范围选聘心理学和心理健康教育领域的专家学者撰稿，既可以吸收心理学与心理健康教育的权威理论和最新研究成果，也可以保证所选内容资料贴近时代、贴近生活、贴近实际。

"新世纪心理与心理健康教育文库"具有实用性。文库在强调系统性、理论性、科学性的同时，更加强调实用性。力求做到理论联系实际，给出的理论实用，给出的技术可行，给出的方法可操作。

"新世纪心理与心理健康教育文库"理论性、实用性、资料性、工具性兼备，是心理学与心理健康教育的"百科全书"。它可以作为从事心理与心理健康教育工作的管理者和研究者的参考书、工具书；可以作为心理健康教育教师继续学习、自我提高的自修图书；可以作为心理健康教育教师的培训用书；可以作为师范院校心理与心理健康教育专业的教材或参考书。

我们相信，"新世纪心理与心理健康教育文库"对于从事心理与心理健康教育工作的人士会有所帮助；对于我国的心理与心理健康教育工作会起到推动促进作用；对于促进人的心理和谐、促进社会心理和谐会发挥一定作用。

我们希望，这套文库能够得到广大心理与心理健康教育工作者的认可、接纳。

郑日昌
于京师园

前 言
Preface

在医学上"健康"被定义为:"人体各器官系统发育良好、功能正常、体质健壮、精力充沛并具有良好劳动效能的状态。"这个解释并不全面,作为一个完整的人除了生物性外,还有社会性。人的健康不仅仅受身体因素的影响,还受心理因素、社会因素的影响。也就是说健康这一概念的基本内涵应包括生理健康、心理健康和社会适应良好三个方面。

心理健康也叫心理卫生,它是相对于生理健康而言的。其含义主要包括两个方面。一是指心理健康的状态,即没有心理疾病,心理功能良好。二是指维护心理的健康状态,也就是要进行心理健康教育,即有目的、有意识、积极自觉地按照个体不同年龄阶段身心发展的规律和特点,遵循相应的原则,有针对性地采取各种有效的方法和措施,营造良好的家庭环境、学校环境和社会环境,通过各种形式的宣传、教育和训练,以求预防心理疾病,提高心理素质,维护和促进心理活动的这种良好的功能状态。

小学生心理健康教育是指根据小学生生理、心理发展特点,运用相关心理教育方法和手段,培养学生良好的心理素质,促进学生身心全面和谐发展和素质全面提高的教育活动,是素质教育的重要组成部分。小学生心理健康教育是落实跨世纪素质教育工程,培养跨世纪高质量人才的重要环节。针对小学生心理健康教育首先要将其理解为预防教育,而不是简单的传统意义上的心理咨询和治疗。因此,面对小学心理健康教育的主体——小学生,教师需要了解他们的心理特点,以及结合不同年龄段小学生的心理成长发育需求,通过丰富多样的教学手段,服务和促进学生的心理健康发展。

为了让小学生心理健康教育真正成为素质教育的一项重要内容,营造良好的社会氛围,让全社会关注心理健康教育,认识到心理健康教育的重要性,在参照了大量专业书籍的基础上,我们根据小学生心理健康教育的需要,精心编写了八章内容,包括了小学生心理健康教育的含义、内容、途径和管理。其中，第一章是心理健康教育绪论，希望读者对小学生心理健康教育的含义有一个认识。第二章是心理健康教育的组织管理，从组织机制、心理咨询室建设、心理档案建设、绩效评估等方面进行了阐述。第三章是小学生心理健康教育的途径，从心理咨询、课程建设、学科渗透、家校合作等方面进行了系统的介绍，以让读者系统地了解小学生心理健康教育的主要途径及其教育方法。第四章至第八章是小学生心理健康教育的内容，为读者提供了一些方法，从认知能力、自我意识、人际关系、学习心理、生活适应等方面培养学生良好的心理素质。

  我们在编写过程中力求突出两大特色，系统性与可操作性。第一，系统性。本书从含义、内容、途径、管理等方面对小学生心理健康教育进行了系统、科学的阐述，着重介绍了小学生心理健康教育的内容，让读者认识到心理健康教育是有意义的工作，是预防教育，更是现代积极心理学思想的体现。第二，可操作性。本书在每一章的前面列有本章摘要、学习重点、重要术语等，引导读者快速了解本章内容；在每一章的后面列有参考资料、问题与思考，引导读者更加深入地思考本章的学习内容。在内容编排方面，不仅安排了认知能力、学习心理、人际关系、自我意识等常见内容，也安排了生涯教育、生命教育、休闲教育、消费教育等社会普遍关注的内容，从而拓展了学生的心理学视野，丰富了学生的心理学知识，让读者感觉到心理健康教育是可操作的，是实用的。学生们可以在活动中、游戏中学习，充分体现了寓教于乐的思想。

  本书编写前由郑日昌提出总体构想，由刘视湘博士拟定编写大纲初稿，在参编者充分讨论的基础上确定翔实写作提纲。全书各章节具体编写分工如下：第一章由王琼、刘视湘、郑日昌撰写；第二章由刘视湘、高立新、孙大强撰写；第三章由田彤、姚静薇撰写；第四章由李雪岩撰写；第五章由刘伟、郑日昌撰写；第六章、第八章由陈海燕、李滨、姚颖、郑日昌撰写；第七章由张哲萍、姜英撰写。最后由刘视湘、田彤、梁勇、孙大强、王琼统稿，郑日昌审读修正。

  本书作为集体智慧的结晶，非常感谢各位作者的辛勤笔耕，感谢北京市西城区教委梁勇先生的组织协调，感谢开明出版社的大力支持！在本书编写过程中，我们广泛参考了国内外的相关著作，吸收了有关研究成果，在此致以诚挚的谢意和敬意。

  由于写作时间和编者水平所限，书中难免存在不足和错误之处，敬请广大读者批评、指正，以待修改和完善。

郑日昌 刘视湘

目录
Contents

第一章 绪论 ………………………………………………… 1
第一节 心理健康 ………………………………………… 1
第二节 心理健康教育 …………………………………… 6
第三节 小学生心理健康教育 …………………………… 8

第二章 小学生心理健康教育的组织管理 ………………… 14
第一节 小学生心理健康教育的机构设置 ……………… 14
第二节 心理健康教育的场地建设 ……………………… 18
第三节 小学生心理健康教育的档案建设 ……………… 29
第四节 小学心理健康教师的专业成长 ………………… 33
第五节 小学生心理健康教育的绩效评估 ……………… 39

第三章 小学生心理健康教育的实施途径 ………………… 44
第一节 小学生心理咨询技术 …………………………… 45
第二节 小学生心理健康教育课程的建设 ……………… 52
第三节 小学生教育教学中的心理健康教育渗透 ……… 58
第四节 学校、家庭、社区心理健康教育网络 ………… 67

第四章 小学生认知能力的教育与辅导 …………………… 73
第一节 小学生感知力的教育与辅导 …………………… 73
第二节 小学生注意力的教育与辅导 …………………… 79
第三节 小学生记忆力的教育与辅导 …………………… 84
第四节 小学生思维力的教育与辅导 …………………… 88

第五章 小学生自我意识的教育与辅导 …………………… 95
第一节 小学生自我认知的教育与辅导 ………………… 95
第二节 小学生自我体验的教育与辅导 ………………… 110
第三节 小学生自我调控的教育与辅导 ………………… 120

第六章 小学生人际关系的教育与辅导 …………………………… 134
第一节 小学生师生关系的教育与辅导 ………………………… 135
第二节 小学生同伴关系的教育与辅导 ………………………… 140
第三节 小学生亲子关系的教育与辅导 ………………………… 147
第四节 小学生异性关系的教育与辅导 ………………………… 151

第七章 小学生学习心理的教育与辅导 …………………………… 157
第一节 小学生学习动机的教育与辅导 ………………………… 158
第二节 小学生学习策略的教育与辅导 ………………………… 165
第三节 小学生考试焦虑的教育与辅导 ………………………… 175

第八章 小学生适应能力的教育与辅导 …………………………… 180
第一节 小学生自理能力的教育与辅导 ………………………… 181
第二节 小学生生涯教育与辅导 ………………………………… 183
第三节 小学生生命教育与辅导 ………………………………… 188
第四节 小学生休闲教育与辅导 ………………………………… 196
第五节 小学生消费教育与辅导 ………………………………… 203

第一章 绪 论

【本章提要】

作为心理教育工作者，首先需要对所从事的工作有个最基本的了解。本章从心理健康的概念出发，逐步介绍了心理健康的评价标准、心理健康教育的概念和发展历程，最后阐述了小学生心理健康教育的意义、影响因素等，从整体上对心理健康教育进行了较为全面的介绍，为以后章节分内容的介绍作了相关铺垫。

【学习重点】

1. 心理健康的含义
2. 心理健康的评价标准
3. 心理健康教育的含义和发展历程
4. 小学生心理健康教育的意义
5. 小学生心理健康教育的影响因素

【重要术语】

健康　心理健康　心理健康教育　学生心检系统　适应　困扰　复原力

第一节　心理健康

一、心理健康的含义

（一）健康

1948 年，世界卫生组织成立宪章中明确了健康的定义：健康乃是一种在身体上、心理上和社会适应方面的完好状态，而不仅仅是没有疾病和不虚弱。

1978 年，世界卫生组织在国际初级卫生保健大会上所发表的《阿拉木图宣言》中指出：健康是基本人权，达到尽可能的健康水平，是世界范围内一项重要的社会性目标。

1989 年，世界卫生组织又一次深化了健康的概念，认为健康包括躯体健康（physical health）、心理健康（psychological health）、社会适应良好（good social adaptation）和道德健康（ethical health）。这个现代健康概念中的心理健康、社会性健康和道德健康是对生物医学模式下的健康概念的有力补充和发展，它既考虑到人的自然属性，又考虑到人的社会属性，从而摆脱了人们对健康的片面认识。

世界卫生组织对健康的定义细则如下：

1. 充沛的精力，能从容不迫地担负日常生活和繁重的工作而不感到过分紧张和疲劳。
2. 处世乐观，态度积极，乐于承担责任，事无大小，不挑剔。
3. 善于休息，睡眠良好。
4. 应变能力强，适应外界环境中的各种变化。
5. 能够抵御一般感冒和传染病。
6. 体重适当，身体匀称，站立时头、肩臂位置协调。
7. 眼睛明亮，反应敏捷，眼睑不发炎。
8. 牙齿清洁，无龋齿，不疼痛，牙龈颜色正常，无出血现象。
9. 头发有光泽，无头屑。
10. 肌肉丰满，皮肤有弹性。

其中前四条为心理、社会性和道德健康方面的内容，后六条则为生理健康方面的内容。

（二）心理健康

什么叫心理健康？具体说，包括两层含义：一是心理功能是正常的，无心理疾病；二是能积极调节自己的心理状态，顺应环境，能有效地富有建设性地发展和完善个人生活。1948年第三届国际心理卫生大会将心理健康定义为：在身体、智能以及情感上与他人心理不相矛盾的范围内，将个人的心境发展到最佳状态。《简明不列颠百科全书》对心理健康的定义是：指个体心理在本身及环境条件许可范围内所能达到的最佳状态，但不是指绝对的十全十美状态。

归结心理健康的不同含义，我们认为：心理健康是指在环境许可的范围内，个体通过与环境的不断互动，从而达到内心和谐的一种状态（刘视湘，2011）。简言之，孔子的"从心所欲不逾矩"便是心理健康的最高境界。

二、心理健康的评价标准

（一）心理健康的标准

心理健康对人的重要性不言而喻，但是其标准是什么呢？

1. 马斯洛和密特尔曼（A. Maslow & B. Mittelman）关于心理健康的标准

（1）有充分的安全感；
（2）对自己有充分的了解，并能对自己的能力作出适当的评价；
（3）生活理想和目标切合实际；
（4）与周围环境保持良好的接触；
（5）能保持自身人格的完整和和谐；
（6）具有从经验中学习的能力；

（7）保持良好人际关系；
（8）适度的情绪发展与控制；
（9）在集体要求的前提下，较好地发挥自己的个性；
（10）在社会规范的前提下，恰当满足个人的基本需要。

2．斯科特（Scott）关于心理健康的标准
（1）一般的适应能力；
（2）自我满足的能力；
（3）人际间各种角色的扮演；
（4）智慧能力；
（5）对他人的积极态度；
（6）创造性；
（7）自主性；
（8）完全成熟；
（9）对自己的有利态度；
（10）情绪与动机的控制。

3．我国台湾学者黄坚厚提出的心理健康的四项标准
（1）乐于工作；
（2）能与他人建立和谐关系；
（3）对自身具有适当的了解；
（4）和现实环境有良好的接触。

4．世界卫生组织界定的心理健康标准
（1）智力正常；
（2）情绪适中；
（3）意志健全；
（4）人格统一；
（5）人际关系和谐；
（6）与社会协调一致；
（7）心理特点符合年龄特征。

（二）小学生心理健康的评价标准

结合当今积极心理学和发展心理病理学的研究成果，我们认为，一个心理健康的小学生应该没有严重的情绪困扰，适应良好，具有与其年龄特征相符的发展特点，具有面对挫折与失败能自我复原的潜能。因此，心理健康的评价可以分别从适应、困扰与复原力三个不同层次上来进行，这三个层次的划分既弥补了以往心理健康测量的不足，也顺应了学校适应性、发展性心理辅导实践工作的需要。

1．适应良好

适应是指个体能充分发挥自身的主观能动性，通过不断的身心调整，与环境保持和谐状态的过程。这种适应不是静止的，而是一种不断打破平衡再重构平衡，从平衡到不平衡再到平衡的螺旋上升的过程。

小学生的适应包括人际适应、学习适应、生活适应、青春期适应等方面。

适应良好是小学生心理健康的第一个评价标准。

2. 无心理困扰

困扰是相对于适应而言的心理困扰。

小学生心理困扰包括内化情绪问题如冲动、焦虑、恐惧、抑郁等，外化问题行为如攻击、退缩、违纪等。

小学阶段，心理健康教育应当是发展性取向，而非矫正性取向。因此，我们并非要诊断出学生的心理困扰，贴标签，而是关注学生有无心理困扰倾向，及早预防。

无心理困扰是小学生心理健康的第二个评价标准。

3. 有较强的复原力

复原力是指个人具有或学习到某些特质，这些特质或行为会因个人与环境的互动而保护个人不受压力或挫折情境的影响，使个人重新获得自我控制的能力并发展出健康的应对行为。

小学生复原力包括积极认知、自信、社会支持、问题解决等方面。

与适应、困扰不同，复原力更强调未来维度，它是预测性指标。

有较强的复原力是小学生心理健康的第三个评价标准。

（三）小学生心理健康的评价工具

20世纪90年代以来，我国有越来越多心理学家及教育工作者开展了小学生心理健康问题的研究，而心理健康测量工具在这些研究中起到了重要的作用。目前，关于心理健康评价的量表大体可分为两类：第一类是心理障碍和心理诊断量表，此类量表的使用率最高，如症状自评量表（SCL-90）、抑郁自评量表（SDS）、焦虑自评量表（SAS）、心理健康量表（MHT）等；第二类是适应性量表，如儿童行为量表（CBCL）等；第三类是与发展有关的量表，如艾森克人格问卷（EPQ）等。

纵观心理健康评价的工具，国内研究多以某一方面为主，如心理健康、气质、性格等，而进行综合评价并自成体系的工具，当首推郑日昌教授研究和开发、经中国心理卫生协会组织专家鉴定的"学生心理健康检测系统"（Psychological Examination System for Students，PESS），简称为学生心检系统。该系统是基于郑日昌教授提出的"全人教育模型"而建构的。所谓全人指的是身心俱健。该模型把个体的健康分为生理（身体）健康和心理（精神）健康，而心理健康又分为智能健康和人格健康两个方面。其中，智能包括实能和潜能，实能又包括知识和技能，潜能又包括学能和创意；人格包括性情和品德，性情又包括情绪、性格、兴趣，品德又包括法纪、公德、信仰。

目前，已经开发出来的"小学生心检系统"共有七大类16个量表：（1）小学生心理健康自评量表、小学生心理健康教师评价量表、小学生心理健康家长评价量表，三个量表都包括适应分量表（包含学习适应、人际适应、生活自理、青春期适应四个维度）、困扰分量表（包含冲动倾向、焦虑倾向、恐惧倾向、抑郁倾向、攻击倾向、退缩倾向、违纪倾向七个维度）和复原力分量表（包含自信、积极认知、社会支持、问题解决四个维度）；（2）小学生学习状况问卷，包括小学生学习能力测验（包含小学生言语能力测验、小学生数学能力测验、小学生图形推理能力测验三个测验）、小学生学习态度问卷（包含学习积极性、学习兴趣、努力程度、注意力四个维度）和小学生学习方法问卷（包含学习习惯、考试方法两个维度）；（3）小学生创新意识问卷（包含冒险性、敏感性、非依从性、审美感、坚毅性、好奇和幻想性六个维度）；（4）小学生情绪适应问卷（包含自我感知、自我调节、外部感知、外部调节四个维度）；（5）小学生性格问卷，包括小学生气质问卷、小学生内外向问卷、小学生自信心问卷、小学生意志力问卷四个问卷；（6）小学生学科兴趣问卷（包含人文倾向、数理倾向两个维度）；（7）小学生道德判断问卷（包含自我、法制、道德、信仰四个维度）。

表1-1 小学生心检系统（PESS）的量表名称和适用范围

系统名称	量表名称	适用范围
小学生心检系统	小学生心理健康自评量表 小学生心理健康教师评价量表 小学生心理健康家长评价量表 小学生言语能力测验 小学生数学能力测验 小学生图形推理能力测验 小学生学习方法问卷 小学生学习态度问卷 小学生创新意识问卷 小学生情绪适应问卷 小学生气质问卷 小学生内外向问卷 小学生自信心问卷 小学生意志力问卷 小学生学科兴趣问卷 小学生道德判断问卷	小学三年级至六年级学生 注：其中"小学生心理健康教师评价量表"、"小学生心理健康家长评价量表"适用于小学一年级至六年级学生

研究表明，学生心检系统的各分量表都具有良好的信度和效度等心理测量指

标，并有标准化的常模可以参照。目前，学生心检系统已经开发了计算机管理系统，非常适合小学开展心理健康教育、建立学生心理档案的需要。

为了满足家长的需要，研究者还对学生心检系统进行了一些改进，不仅使心检可以在学校电脑教室方便地完成，还可以通过互联网进行。心检尺就是这样一种通过互联网进行心检的工具。其主体是一长形标尺，在标尺的表面边缘带有刻度，标尺的两侧覆有与心理测试内容相适应的彩色涂层，把尺子和心理测试工具结合为一体，一尺多用，结构轻巧，便于携带，使用方便。

对小学生的心理健康状况进行测评，最关键的是选择合适的测量工具。一定要选择标准化的测验，并注意测验的信度、效度和常模的范围、特征及取样时间，要注意测量工具目的、功能及适用范围。心理测量的目的是为学校开展心理健康教育提供信息，是学校开展心理健康教育的基础，切不可滥用心理测量工具，以免带来负面影响。

心理健康是一个系统，需要从不同的视角、采用不同的方法进行动态研究。小学生的心理健康受到社会环境、家庭情况、人际关系、学习动机、身体健康等多种因素的影响，且随着年龄的增长，其心理素质也在发生着变化，这些因素都直接影响着对小学生心理健康的评估和研究。

第二节 心理健康教育

一、心理健康教育的含义

19世纪初，德国教育家洪堡提出了造就"完全的人"的教育目标。罗杰斯则明确主张教育要培养"完整的人"（the whole man）——"躯体、心智、情感、精神、心灵力量融会一体"的人。而我国的素质教育与之有着同样的理念，它是指一种以提高受教育者诸方面素质为目标的教育模式，它既重视人的思想道德素质的培养，又重视能力的开发；既重视个性发展，又重视身体健康。由此可见，心理健康教育在培养"完整的人"中的重要地位。

在教育部颁发的《中小学心理健康教育指导纲要》中明确指出，良好的心理素质是人的全面素质中的重要组成部分。心理健康教育是提高中小学生心理素质的教育，是实施素质教育的重要内容。中小学生正处在身心发展的重要时期，随着生理、心理的发育和发展、社会阅历的扩展及思维方式的变化，特别是面对社会竞争的压力，他们在学习、生活、人际交往、升学就业和自我意识等方面，会遇到各种各样的心理困惑或问题。因此，在中小学开展心理健康教育是学生健康成长的需要，是推进素质教育的必然要求。

中小学心理健康教育是根据中小学生生理、心理的发展特点，运用相关心理教育方法和手段，培养学生良好的心理素质，促进学生身心全面和谐发展和素质全面提高的教育活动，是素质教育的重要组成部分，是落实跨世纪素质教育工程，培养跨世纪高质量人才的重要环节。

二、心理健康教育的发展历史

全国中小学心理健康教育的发展可分为预备期、发展期、繁荣期三个阶段。

预备期为20世纪80年代初至90年代初期。20世纪70年代末，随着我国教育改革的启动，教育界由片面强调传授知识开始转向关注智力发展。此时，有专家明确提出要注重发展学生的非智力因素，这对促进心理健康教育早期实践活动的开展产生了深远的影响。预备期的突出成果在于进行了开展心理健康教育的重要性和必要性的探讨。1991年，班华教授发表《心育刍议》一文，系统阐述了与心理健康教育有关的问题；1993年，郑日昌教授在《人民教育》杂志发文《不可忽视对学生的心理健康教育》，在强调心理健康教育重要性的同时，明确提出了心理健康教育的内容、途径和方法，特别提出了心理健康课要以活动体验为主，而不要变成空洞的说教或心理学知识的传授。发展期为20世纪90年代初期至90年代末。此阶段学校心理健康教育的实践集中于三个方面，即学生心理健康状况调研普遍开展、心理健康教育专项课题研究的大力开展，以及心理健康教育理论研究逐渐深入。繁荣期为1999年底至今。以教育部颁发《关于加强中小学心理健康教育的若干意见》（1999）和《中小学心理健康教育指导纲要》（2002）为标志，中小学心理健康教育从民间推动向官方主导发展，从基层探索到国家有计划地推进，全国中小学心理健康教育逐步走上了发展正轨。此阶段中，全国诸多省市学校心理健康教育实践活动蓬勃开展。例如，北京市西城区教育研修学院德育心理部，组织全区中小学大力落实心理健康教育的"六有"，即要确保每所学校都有心理教师、有心理教育环境、有心理咨询热线或信箱、有谈心（咨询、辅导）室、有心理教育活动、有学生心理档案。突出科学化、制度化、规范化、特色化的学校的心理健康教育取得了卓越的成效，深受广大学生的欢迎。学校团体心理辅导便是其中的亮点之一，共摸索出六种团体辅导模式，有团体心理辅导活动课、团体心理辅导班会、沙龙式团体心理辅导、互动式团体心理辅导、小组辅导训练和书面小组心理辅导，并编制、试用《中小学团体心理辅导评估方案》，以评估为导向促进全区各中小学团体辅导更加科学规范。

三、心理健康教育的基本理论

心理是指生物对客观物质世界的主观反应，心理现象包括心理过程和人格。

人们在活动的时候，通过各种感官认识外部世界事物，经过头脑的活动思考着事物的因果关系，并伴随着喜、怒、哀、乐等情感体验。这折射着一系列心理现象的整个过程就是心理过程。按其性质可分为相互作用和制约的三个方面，即认知过程、情感过程和意志过程。认知过程是人通过感官和大脑对客观事物的现象和本质能动反映的心理活动;情感过程是人对客观事物是否符合人的需要而产生的内心体验和态度体验;意志过程是人自觉地确定目的,并根据目的支配、调节行动,从而克服困难实现预定目的的心理过程。

个性是个体在社会交往过程中所具有的意识倾向性以及经常出现的、稳定的心理特征的总和,前者包括需要、动机、兴趣、理想、信念、世界观;后者包括气质、能力、性格。人格健全者应该有统一的人生观和世界观,个性倾向的各部分之间应该能保持一种动态的协调、平衡。而且他的认识、情感和行为之间也应该有协调性。

人格的特性主要有:独特性,是指每一个人都有不同的遗传素质,又在不同的环境条件下发育成长起来,因而各人都有自己独特的心理特点,没有哪两个人的人格是完全相同的,这就构成了人格的独特性;整体性,是指包含在人格中的各种心理特征彼此交织,相互影响,构成了一个有机的整体;稳定性,是指由各种心理特征构成的人格结构是比较稳定的,它对人的行为的影响是一贯的,是不受时间和地点限制的,这就是人格的稳定性;功能性,是指外界环境的刺激是通过人格的中介才起作用的,也就是说,人格对个人的行为具有调节的功能;自然性和社会性的统一,即人格是在一定的社会环境中形成的,因而,一个人的人格必然会反映出他生活在其中的社会文化的特点及所受到的教育的影响,这说明人格的社会制约性,但是,人的心理,包括他的人格,又是大脑的机能,人格的形成必然要以神经系统的成熟为基础,故人格又是人的自然性和社会性的统一。

美国心理学家奥尔波特(G. W. Allport)有句名言:"同样的火候,使黄油融化,使鸡蛋变硬。"他认为,"人格是个体内部那些决定个人对其环境独特顺应方式的身心系统的动力结构",他强调了人格的个别特点,创立了人格特质论。这种人格特质理论认为,人格以特质迎接外部世界,用特质来组织经验,构成一个人完整的系统,由此而引发人的思想和行为。奥尔波特认为人格不是已经形成的东西,而是正在形成的东西,一个不断变化着的动力组织。他借用了古希腊的一句名言,"没有已成的,一切都在变成中",说明了他对人格不确定性的解释。

儿童个性形成的自我教育是提高儿童对自己行为的意识水平,也就是提高学生的行为自觉水平。处于自觉水平上的道德行为是人的宝贵品质,因为没有支配自己愿望和完成自己意向的能力,没有支配自己行为的能力,就不可能具有个性的坚定性和克服困难的本领。为了更好地促进学生的全面发展,学校心理健康教育要立足于关注学生的人格差异,并探索相应的教育策略。

第三节 小学生心理健康教育

一、小学生心理健康教育的目标与原则

《中小学心理健康教育指导纲要》指出,心理健康教育的总目标是:提高全

体学生的心理素质，充分开发他们的潜能，培养学生乐观、向上的心理品质，促进学生人格的健全发展。心理健康教育的具体目标是：使学生不断正确认识自我，增强调控自我、承受挫折、适应环境的能力；培养学生健全的人格和良好的个性心理品质；对少数有心理困扰或心理障碍的学生，给予科学有效的心理咨询和辅导，使他们尽快摆脱障碍，调节自我，提高心理健康水平，增强自我教育能力。

在开展心理健康教育时必须遵循以下原则：

1. 教育性原则

在进行心理健康教育的过程中要根据学生身心发展的规律，有针对性地实施教育。要对学生身心发展的现状进行科学的调查和分析，使心理健康教育与辅导的内容适合学生年龄和发展水平。要针对学生在学习、生活、人际交往中的矛盾冲突所引起的种种心理问题，帮助他们调整看问题的视角和方法，建立积极的思维模式，树立正确的人生观、价值观和世界观。

2. 全体性原则

全体性原则是指心理健康教育要面向所有学生，全体学生都是心理健康教育的对象和参与者。学校的一切教育特别是心理健康教育的设施、计划、组织活动，都要着眼于全体学生的发展，考虑到绝大多数学生的共同需要和普遍存在的问题。在教育活动中，要尽量创设一种宽松、自由的环境，使每个学生都有足够的安全感来自我探索并发表自己的见解。

贯彻全体性原则，要求兼顾教育性原则和差异性原则：教育者要把握学生的共同需要，以及普遍存在的心理健康问题，才能更有成效地服务于全体学生，使其总体的心理素质水平得到发展；然而，学生的个体发展总会有所差异，若使每个学生都得到发展，则同时要关注少数学生的特殊需求。

3. 差异性原则

差异性原则是指心理健康教育要关注和重视学生的个别差异，根据不同学生的不同需要，开展形式多样、针对性强的心理健康教育活动，以提高学生的心理健康水平。人是有差异的，这种差异既体现在先天的身心特点上，又体现在家庭环境、生活背景和价值标准方面。心理健康教育与辅导并不是要消除这些特点与差异，而是要使学生的差异性、独特性发挥出来，并与社会达到最好的契合。这是弥补学校常规知识教学的重要手段，是学校心理健康教育的精华。

4. 主体性原则

主体性原则是指心理健康教育要以学生为主体，所以工作要以学生为出发点，同时要使学生的主体地位得到实实在在的体现，把教师的科学教育与指导和学生的积极主动参与真正有机结合起来。学生的心理成长和发展从根本上说是一种自觉的和主动的过程，如果学生没有主动参与的意愿，教育将成为强制性的、毫无意义的活动，学生的心理结构将不能在教育体系下发生根本的变化。而且，心理健康本质上是一种"助人自助"的教育，即教师要帮助学生学会自我完善、自我成长。"助人"是手段，让学生"自助"才是目的。要达到自助的目的，只有让学生以主体的身份直接参与活动。贯彻主体性原则要做到：心理健康教育贴近学生的生活和实际的需要；鼓励学生自我选择和自我指导，促使学生自知、自助，不能强制和说教，也不能替代学生解决自己的问题。

5. 整体性原则

整体性原则是指在心理健康教育过程中，教育者要运用系统论的观点指导教育工作，注意学生活动的有机联系和整体性，对学生的心理问题作全面考察和系统分析，防止和克服教育工作中的片面性。

6. 保密性原则

保密性原则是指在心理健康教育过程中，教育者有责任对学生的个人情况以及谈话内容等予以保密，学生的名誉和隐私权应受到道义上的维护和法律上的保护。在心理健康教育过程中，尤其是个别教育与辅导过程中，学生会向教育者泄露很多个人的秘密、隐私、缺陷，以及由此而产生的心理和行为的困扰、矛盾、冲突等。教育者有责任、有义务对所有这些信息保密。当然，替来访者保密也不是绝对的，在与法律产生冲突，进行科学研究，保护求助学生和他人的利益免受伤害的情况下，可以存在保密例外。但是依然不能损害求助学生的利益，要最大限度地保护求助学生。

二、小学生心理健康教育的功能

小学生心理健康教育的主要功能有三项，即发展性功能、预防性功能和补救性功能。

1. 发展性功能

所谓发展性功能是指心理健康教育要促进受教育者人格健全发展，形成良好的个性心理品质，提高他们的心理成熟度，增强他们全面、主动地适应学习、生活和社会的能力，为实现可持续发展打下坚实的基础。这是心理健康教育最重要的功能。

2. 预防性功能

由于个体在成长过程中缺少生活经验和一些必要的心理准备，在学习和生活中经常会遇到各种问题，如果得不到适当的帮助，往往会产生各种心理与行为问题。因此，心理健康教育的另一个重要功能是防患于未然，使受教育者掌握应付心理危机的方法，帮助他们顺利地解决成长过程中的各种困难，坚强地面对生活中的各种挫折和考验，以免因他们的脆弱和无知，产生不必要的心理问题或导致悲剧的产生。

3. 补救性功能

由于环境或自身的原因，在成长过程中，难免会有个别人产生一些心理与行为问题。这些心理与行为问题如果得不到及时的矫治，往往会严重影响他们的学习、生活和健康成长，而及时通过某种方式帮助他们进行调整和改变，可以解决问题或者避免更为严重的后果。因此，心理健康教育的另一个功能就是针对已经产生的现实问题，提供具体的个别心理咨询和辅导，帮助求助者排除心理困扰，使他们重新自信地面对生活。

三、小学生心理健康教育的影响因素

（一）学校心理健康教育的制度建设

将心理健康教育制度化是确保其得以常规化和规范化的保障。学校心理健康教育不是一朝一夕的事情，需要有规划、有步骤地循序渐进。制度建设包括心理健康教育的经费投入、组织管理、从业人员的编制、待遇、职称评聘等诸方面，尤其要注意做到以下两方面：

1. 岗位职责清晰、目标明确。在每所学校中，应设有科学的心理健康教育组织管理机构。各级岗位要职责清晰、责任到人；并根据《中小学心理健康教育指导纲要》等相关文件，结合本校学生的发展现状设定明确的教育目标，制定切实可行的实施计划。

2. 要确保心理健康教育主渠道畅通。心理健康教育要面向所有学生，全体学生都是心理健康教育的对象和参与者，学科渗透心理健康教育与开设心理健康教育课程，便是与之相适应且相辅相成的两大主渠道。

心理健康教育的学科渗透，是指教师在正常的课堂教学中，在完成知识传授、方法传授、思维发展等任务的同时，能自觉地、有意识地运用心理学理论和技术，达成心理健康教育目标，如激发学习动机、培养学习兴趣、树立学习自信、实施潜能开发、养成良好学习习惯、锻炼人际交往能力、塑造乐观开朗的性格等。学科渗透在伴随学生学习过程，实施情感教育方面有着独特的优势。其核心目标是提高学生在遭遇学习困境时的"情商"，即提高情绪控制能力、情感宣泄能力和情操修养能力，以保证每天都能有个好心境和愉快乐观的好心情。

将心理健康教育课程纳入学校课程体系，可以有力地保障心理健康教育持久、规范而有序地开展。心理健康教育课程要遵循促人自悟、助人自助的心理健康教育原则，充分发挥团体心理辅导的优势，提高全体学生的心理素质，充分开发他们的潜能，培养学生乐观、向上的心理品质，促进学生人格的健全发展。

为确保这两大心理健康教育主渠道的畅通，必须以制度作为保障。例如，将学科渗透心理健康教育的效果作为对学科教师进行评估的内容之一；将心理健康教育课程排入课表，在人员与课时上给予充分的保障。

（二）学校心理健康教育教师的专业化水平

心理健康教育在我国是一项新兴的教育活动，学校心理辅导更是一项全新的教育内容，其特有的专业性对开展此项工作的教师有着一些特殊的要求。

1. 学科教师开展心理健康教育的能力

学科教学中渗透心理健康教育是学校教学活动中一项过程复杂的教育活动，对教育的主体和客体都提出了一定的要求。只有教师具备了科学的教育观念和一定的心理教育能力，才能有效地开展好这项工作。例如，学科教师要建立新型的师生关系，因为良好的师生关系是在学科教学中渗透心理健康教育的基本条件；要善于挖掘学生学习活动过程中的心理健康教育因素；要善于营造愉悦的课堂教学心理环境，一般认为，课堂心理气氛主要受到教师的教风、学生的学风、教学的时空环境三个因素的影响。研究发现，教师的领导方式、教师的移情、教师对学生的期望、教师的焦虑、教师的教学能力和教师对管理对象的偏爱，是影响课堂心理气氛的决定因素。

2. 专职心理健康教育教师的专业能力

实施心理健康教育课程、个体和团体心理辅导、学生心理档案建设等心理健康教育工作的教师，需具备必要的心理学知识、掌握心理辅导的基本技巧和方法。目前小学心理健康教育的专职教师很少，以德育工作者、班主任、科任教师、卫生室老师等人员兼职居多。值得注意的是，一部分专、兼职教师没有经过心理辅导的专业训练，必会带来以下诸多弊端：

（1）将工作重点放在少数学生心理、行为问题的筛查和矫正上，却忽视学校心理健康教育的发展性功能，未能面向全体学生，促进其人格健全发展。

（2）受传统德育思维模式的影响，在工作中违背心理健康教育的原则、特有规律和要求，不仅使心理健康教育的目标大打折扣，甚至可能带来不良的影响作用。

在我国当前的教育实践中，人们普遍将心理健康教育作为学校德育的一个组成部分来对待，这虽然体现出了我国学校心理健康教育的特色，看到了学校心理健康教育与德育之间的一致性，但同时也易忽视二者之间的差异性，很大程度上会削弱心理健康教育和德育的应有地位和作用。因此，正确认识和处理好心理健康教育与德育之间的关系，实现两者的有机结合，将有助于建立适合我国学校教育实际，符合时代发展要求的心理健康教育和德育的新体系，加深对心理健康教育和德育内涵的把握。

（三）家校协同营造良好的心理教育环境

社会参与学校教育是当今世界教育发展的一个重要趋势，而在社会参与的力量中，家庭对小学生成长最为重要。家长是否有效地协同学校对学生进行心理健康教育，直接决定学校心理健康教育的效果。家校心理健康教育的协同开展，是为了更好地发挥家庭和学校的优势，即双方优势的互补，实现心理健康教育的最优化，为学生的心理健康发展营造良好的环境。

【建议参考资料】

1. 刘视湘，马利艳. 小学生心理健康教育［M］. 武汉：武汉大学出版社，2009.
2. 吴增强，蒋薇美. 心理健康教育课程设计［M］. 北京：中国轻工业出版社，2007.
3. 钟志农. 心理辅导活动课操作实务［M］. 浙江：宁波出版社，2007.
4. 樊富珉. 团体心理咨询［M］. 北京：高等教育出版社，2005.
5. 李志凯. 中小学心理健康教育［M］. 北京：国防工业出版社，2009.
6. 郑日昌. 小学心理辅导［M］. 北京：团结出版社，2001.

【问题与思考】

1. 心理健康的评价标准是什么？
2. 小学生心理发展的特点主要有哪些？
3. 实施小学心理健康教育的原则有哪些？
4. 举例说明学校心理健康教育的主要功能有哪些，可以通过哪些途径或形式来实现这些功能？

第二章 小学生心理健康教育的组织管理

【本章提要】

本章的主要内容是，在我国现在的教育体制下，小学如何建立相对科学合理健全的心理健康教育的组织管理体系。介绍了国家出台的相应法律法规，小学心理健康教育的管理模式及对心理辅导室和心理档案建设的要求。作为心理健康教育主体的心理教师，应该具备什么样的素质，以及如何提高和管理，更是本章讲述的重点。此外，如何评估学校心理健康教育的成效，也是本章的一项重要内容。

【学习重点】

1. 小学心理健康教育的法律法规
2. 心理辅导室的设备、规划与制度
3. 心理健康教育档案的应用与管理
4. 心理健康教育教师的素质要求
5. 心理健康教育绩效评估的过程和方法

【重要术语】

心理辅导室　心理档案　专业成长　绩效评估

第一节　小学生心理健康教育的机构设置

一、小学生心理健康教育的法律法规

（一）《中共中央国务院关于深化教育改革全面推进素质教育的决定》

1996年，《中共中央国务院关于深化教育改革全面推进素质教育的决定》明确指出，要"加强学生的心理健康教育，培养学生坚韧不拔的意志、艰苦奋斗的精神，增强青少年适应社会生活的能力"。

（二）《中共中央国务院关于进一步加强和改进未成年人思想道德建设的若干意见》

2004年，《中共中央国务院关于进一步加强和改进未成年人思想道德建设的

若干意见》出台，该文件指出：从规范行为习惯做起，培养良好道德品质和文明行为。大力普及"爱国守法、明礼诚信、团结友善、勤俭自强、敬业奉献"的基本道德规范，积极倡导集体主义精神和社会主义人道主义精神，引导广大未成年人牢固树立心中有祖国、心中有集体、心中有他人的意识，懂得为人做事的基本道理，具备文明生活的基本素养，学会处理人与人、人与社会、人与自然等基本关系。

随后，教育部在《关于学习贯彻〈中共中央国务院关于进一步加强和改进未成年人思想道德建设的若干意见〉的实施意见》中指出："进一步加强中小学生的心理健康教育和青春期教育，有条件的中小学校要开设学生心理辅导咨询室，建立中小学心理健康专兼职骨干教师队伍，加强对心理健康教育骨干教师的培训，积极化解学生各种心理问题。"

(三)《关于加强中小学心理健康教育的若干意见》

1999年教育部印发《关于加强中小学心理健康教育的若干意见》，该意见首先阐述了充分认识加强中小学心理健康教育的重要性：

当今世界科学技术飞速发展，国际竞争日趋激烈，我们要实现中华民族的伟大复兴，就必须努力培养同现代化要求相适应的数以亿计高素质的劳动者和数以千万计的专门人才。良好的心理素质是人的全面素质中的重要组成部分，是未来人才素质中的一项十分重要的内容。当代中小学生是跨世纪的一代。他们正处在身心发展的重要时期，大多是独生子女，随着生理、心理的发育和发展，竞争压力的增长，社会阅历的扩展及思维方式的变化，在学习、生活、人际交往和自我意识等方面可能会遇到或产生各种心理问题。有些问题如不能及时解决，将会对学生的健康成长产生不良的影响，严重的会使学生出现行为障碍或人格缺陷。他们的健康成长，不仅需要有一个和谐宽松的良好环境，而且需要帮助他们掌握调控自我、发展自我的方法与能力。

中小学心理健康教育是根据中小学生生理、心理发展特点，运用有关心理教育方法和手段，培养学生良好的心理素质，促进学生身心全面和谐发展和素质全面提高的教育活动；是素质教育的重要组成部分；是实施《面向21世纪教育振兴行动计划》，落实《跨世纪素质教育工程》，培养跨世纪高质量人才的重要环节。因此，对中小学生及时有效地进行心理健康教育是现代教育的必然要求，也是广大教育工作者所面临的一项紧迫任务。各级教育部门的领导和学校校长、教师、家长要充分认识加强中小学心理健康教育的重要性，要以积极认真的态度对待这项教育工作。

该意见还包括以下主要内容：

1. 开展心理健康教育的基本原则；
2. 心理健康教育的主要任务和实施途径；

3. 心理健康教育的师资队伍和条件保障；
4. 心理健康教育的组织领导；
5. 当前开展心理健康教育需要注意的几个问题。

（四）《中小学心理健康教育指导纲要》

2002年，教育部印发《中小学心理健康教育指导纲要》。这是继1999年教育部印发《关于加强中小学心理健康教育的若干意见》以后的又一个进一步指导、规划全国中小学心理健康教育工作的重要文件。

《纲要》共20条，对中小学心理健康教育的指导思想、原则、任务与目标，不同年龄阶段的教育内容，开展心理健康教育的途径和方法，以及组织实施和实施过程中应注意的问题等，都作了明确的规定。《纲要》不仅具有较强的规范性，还具有可操作性。

针对当前中小学心理健康教育的实际，《纲要》规定了中小学心理健康教育的目标与任务。指出心理健康教育的总目标是：提高全体学生的心理素质，充分开发他们的潜能，培养学生乐观、向上的心理品质，促进学生人格的健全发展。心理健康教育的具体目标是：使学生不断正确认识自我，增强调控自我、承受挫折、适应环境的能力；培养学生健全的人格和良好的个性心理品质；对少数有心理困扰或心理障碍的学生，给予科学有效的心理咨询和辅导，使他们尽快摆脱障碍，调节自我，提高心理健康水平，增强自我教育能力。

《纲要》还根据小学低年级、中高年级、初中阶段和高中阶段等不同的阶段，确定了各自侧重的心理健康教育的内容。并就开展心理健康教育的主要途径和方法作了解释和规定。尤其强调要避免心理健康教育学科化、医学化倾向。

二、小学生心理健康教育的管理模式

加强心理健康教育是全面管理学校的重要内容，也是提高学校管理质量的重要举措。同时，心理健康教育工作需要一定的制度和组织领导机构作为保证，以提高心理健康教育的规范性、科学性和实效性。教育部在《关于加强中小学心理健康教育若干意见》中指出："各级教育部门和学校要把中小学心理健康教育作为深化教育改革，全面推进素质教育的一项重要工作。""各级教育行政部门都应有专人负责或分管中小学心理健康教育工作。""学校要逐步建立在校长的领导下，以思想品德和思想政治课教师、班主任和团队（专职共青团、少先队）干部为主体，专兼职心理辅导教师为骨干，全体教师共同参与的心理健康教育工作体制。"

经过十多年的探索，中小学心理健康教育的管理体制共有五种模式（姚本先，伍新春，2008）：

（一）教研组模式

教研组模式是较初级的心理健康教育管理模式。这种模式的特点是，心理教师与政治（或语文等其他学科）教师的身份合二为一，即政治或语文等学科教师兼任心理健康教育工作，或者专职心理健康教育教师同时兼任政治、语文等学科教师，由教师所属的教研组（政治组或其他学科组）直接管理，没有专门的心理健康教研组。

出现这种模式的原因在于：首先，心理健康教育刚刚开展的时候，学校缺乏对心理健康教育工作的管理经验，并经常将心理健康教育工作与德育工作简单等同起来；其次，我国最初开展心理健康教育时，缺乏专职心理健康教师；第三，当专职心理健康教师出现以后，相应的教师管理制度并没有得到相应的完善，由于晋升职称、评优、课时量、结构工资等需要，心理教师不得不兼任政治、语文等学科教学工作并隶属于相应的学科教研组。这种管理模式对于我国早期心理健康教育的开展起到了促进作用，但并不利于心理健康教育的深入全面展开。

（二）教科室模式

教科室，全称教育科学研究室，是在校长领导下，负责学校教育科研管理工作的中层机构。教科室模式是将心理健康教育工作置于教科室的管理之下，心理健康教师是教科室的成员。

这种管理模式比教研组管理模式更进一步，将心理健康教育工作上升到较高层面上有利于深化心理健康教育的各个领域；这种管理还可以借助教育科研的力量，开展心理健康教育的校本研究，有利于对学生的心理健康情况进行监控，有利于对心理健康教育进行评价。不足之处在于，心理健康教育的教科室管理容易将科研与教育混淆。当然，心理健康教育确实有很多待研究的课题，但科研毕竟只是一种手段，绝非目的；心理健康教育本质上是一种心灵与心灵的对话、传递以及陪伴，是以学生的精神世界为中心的一种教化，其教育目的最终是人的内心和谐、生活幸福。以教科室方式管理有其科学性，但容易忽略心理健康教育的教化本质。

（三）德育管理模式

德育管理模式是将心理健康教育工作置于学校学生处或政教处的管理之下。这种管理模式的前提假设是，心理健康教育工作是德育工作的一部分或是德育工作的补充。这种模式的另一种表现形式是班主任工作模式，即心理健康教育工作由政教处布置，由班主任完成，班主任成为兼职心理教师。

这种管理模式使心理健康教育工作更贴近学生生活与班主任工作，有助于心理健康教育的全面展开和渗透。心理健康教育工作与德育工作若能有机地结合在一起，可以提升德育工作的实效性，可以提升心理健康教育被重视的程度。其缺点在于传统德育工作与心理健康教育在内容、目的、方法、作用、观念和管理上有所不同，无法互相替代；此外这种模式也不利于心理健康教育在其他领域的渗透（如学科教育渗透）。

(四)独立模式

独立模式即设置独立的心理健康教育教研组(室),纳入学校整体教学管理之下。教研组的设置使心理健康教育课程具有与其他学科课程等同的地位,侧重于心理健康教育课程的实施,即认为心理健康教育工作的主要途径为课堂教学,有利于心理健康教育课程的规范化,也有利于适应特定文化特点的校本课程的开发。不足之处在于教研组在教学以外的其他方面没有权限,使得心理健康教育停留在课堂层面。而真正有效的心理健康教育是一项系统的、综合的全局性工程。

(五)全面渗透模式

姚本先、伍新春在总结以上四种管理模式的优缺点之后,提出第五种心理健康教育管理模式——全面渗透模式,即将心理健康教育工作提升到整个学校层面上来考虑。建立与学校其他处、室平行的心理健康教育中心(或处、室),由校长直接管理。该中心负责人与成员应该是经过学校心理学系统培训,具有相当的实践经验与一定学历的教师。其工作领域是整个学校,服务对象是学校所有学生、教师、家长、职工、管理者等。他们的任务包括:帮助存在身心缺陷的特殊学生,也帮助正常学生解决发展问题,为教师、学生、家长提供专业化的心理咨询;对学生的学习、个性、情绪等方面进行诊断与评估;研究学校管理中的管理心理学问题,对教师的教学策略与方法进行研究与指导;指导教师帮助学习困难、品行不良的问题学生;帮助教师、家长解决在教育学生中遇到的问题等。这种管理模式要求教育领导部门及学校的大力支持,包括教师的编制、工资、津贴、办公条件、职称等方面。

这种管理模式的局限在于需要学校投入大量的人力物力乃至继续教育资源,要求心理健康教育工作者具有较高的素质,心理健康团队中需要兼具擅长心理教育、心理测评与诊断、心理咨询与治疗以及教育心理、管理心理的专业心理学工作者。校长需给予心理健康教育中心较大的工作权限,并协调好心理健康教育中心与其他处、室的协作和互动关系,对校长要求较高。优点是将心理健康教育工作全面渗透到学校工作的各方面,极大地提高了心理健康教育工作在学校中的地位。心理健康教育的负责人在校长的领导下,可以将心理健康教育工作与其他教学、德育、科研、总务、咨询辅导等工作有机结合起来。这种管理模式符合心理健康教育工作在素质教育中的地位,有利于学校建设,有利于学生的全面成长和教师专业化的持续发展。

第二节 心理健康教育的场地建设

为了保证心理健康教育工作有效开展,除心理教师队伍之外,还需要有相应的场地。标准化、规范化的场地是心理健康教育工作必不可少的硬件。我们一般将开展心理健康教育的场地称为心理辅导室。

学校心理健康教育工作要取得良好的效果，既需要有专业化的硬件设施，也需要有健全的管理制度。总的说来，心理辅导室的建设应遵循以下原则：

第一，科学性。心理辅导室不是简单的办公室、会议室，其建设除具备办公、会议等功能之外，还应有心理辅导的氛围。例如，应当有心理辅导的专门区域，要配备专门的心理辅导工具。

第二，生本性。以学生为本，以教师为执行者。心理辅导室的建设应从学生的角度充分考虑，关注他们的所思、所想、所喜、所爱。学生是心理辅导室的主体，教师应充分启发和调动学生的积极性，激发学生的参与热情。

第三，通用性。心理辅导室应面向全体学生，通过普遍开展团体辅导活动，使学生对心理健康有积极认识，使心理素质逐步得到提高。其建设应通透流畅，适合开展团体活动。

第四，针对性。心理辅导室的建设应遵循学生的成长发展规律，符合学生的年龄特点。同时，关注学生的个体差异，针对不同特点的学生，开展不同形式的心理辅导。

第五，独特性。心理辅导室的建设不能千篇一律、千人一面。除具备基本的心理辅导功能外，每个学校都应当考虑心理辅导室建设的差异化和个性化，强调独特性。独特性可以根据本校心理教师的专长进行设计，可以从校长的办学理念引申，也可以是学生比较关注的方面。

一、心理辅导室的规划

（一）位置

心理辅导室地点的选择应本着安静和方便的原则，尽量避开教学区、学生活动区等热闹场所，去心理辅导室的道路也不应经过学校领导、班主任、学科老师的办公室。

心理辅导室地点的选择也要避免另一个极端，不能选择太偏僻的地方。如果某一条道路的唯一目的地就是心理辅导室，也会增加来访者的心理负担，因为来访者一般不愿意让同学和老师知道自己在寻求心理辅导。

心理辅导室最好邻近学校的图书馆、卫生医疗室等场所，这样既安静又便于寻找。

（二）面积和布局

心理辅导室的布局对整个心理辅导的气氛协调是有影响的。布局整齐、协调有助于提高辅导效果。

一般说来，中小学心理辅导室必须具备办公接待区（兼档案区）、团体游戏区、个别辅导区三个区域。有条件的学校还可以设置心检阅览区、社团生涯区、潜能开发区、中控督导区、艺术放松区、情绪疏导区等区域。这些区域也可以单独建室。如果单独建室，则可称为心理辅导中心。比较完善的心理辅导中心功能布局如图2-1。

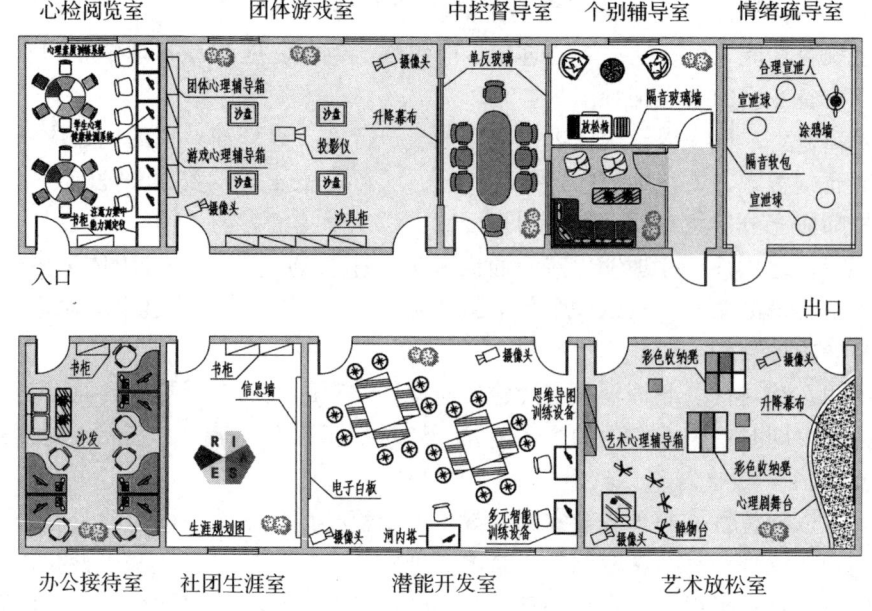

图2-1 心理辅导中心功能布局图

1. 办公接待区（兼档案区）

办公接待区的设计有三个功能：第一，心理教师的办公场所；第二，接待来访者；第三，可以作为心理老师整理学生心理档案、保存心理档案的场所，为了便于管理和查找，心理档案提倡电子档案，不提倡纸制档案。

如果单独建室，办公接待室的面积一般应不小于20平方米，可供1—6名心理教师办公。

根据心理辅导室的面积大小，可考虑将心检阅览区合并到办公接待区。

2. 团体游戏区

团体辅导活动是中小学生心理健康教育的一个重要途径。团体游戏区以游戏、心理拓展为主要方式，利用沙盘、布偶、棋类、电子游戏、室内拓展器材等设备，来开展班级心理活动和小型团体辅导。团体辅导可以针对一个班级一个主题进行，也可以针对具有相同问题的团体进行。团体是一个神奇的圆圈，一群人围坐在一起，经过一段时间密集的活动，每个人都会产生一些改变，这是团体令人着迷的地方。在团体中，学生被接纳被包容，有机会充分表现自己，练习人际行为，探讨认知的合理性，宣泄和整理情绪。在领导者的催化及成员的互动反馈下，学生的知、情、意得以伸展整合，成长的障碍获得排除，复原的力量得以充分展现。

针对小学生的心理发展特点，低年级学生语言表达能力较受限制，多采用游戏取向的团体；高年级学生语言发展较为成熟，多采用活动取向的团体。

在设备选择方面，目前中小学较普遍使用沙盘游戏。沙盘游戏是根据荣格的分析心理学的心像和象征理论建立起来的一种心理治疗方法。沙盘游戏是针对情感丰富的适应人群设计的行为表达性辅导技术，借助沙盘，以游戏的方式呈现其内心的人际互动，进而了解内心情感与情绪的真实状况，并使之在游戏过程产生创伤愈合的效果。在中小学开展的沙盘游戏提倡以体验为主，不应以诊断和治疗为主要目的。

当然，沙盘只是游戏治疗的设备之一。除使用沙盘外，游戏治疗还可以使用其他的游戏设备，如象征性游戏器具（布偶、指偶、积木等）、自然媒介游戏器具（水、食物、泥土等）、棋牌器具（跳棋、象棋、围棋等）、电子游戏器具、感统玩具、室内拓展器材、益智玩具等。

如果单独建室，团体游戏室的面积一般不小于40平方米，可供一个班级的学生开展团体游戏活动。

根据心理辅导室的面积大小，可考虑将社团生涯区、潜能开发区、艺术放松区、情绪疏导区合并到团体游戏区。

3. 个别辅导区

个别辅导区是心理辅导室的一个重要区域，心理教师主要通过谈话、角色扮演、绘画、游戏等方式，采用认知、行为方面的心理咨询与辅导技巧，解决个别学生出现的心理困惑或问题。小学生多采用游戏疗法、艺术放松疗法及行为矫正疗法等。

学生心理问题大多由家庭引起，为了从根本上解决学生的心理问题，往往需要会同家长一起进行心理辅导。这就是家庭心理辅导的概念。所以，个别辅导区可兼顾家庭心理辅导，建立家校合作，共同关注学生的心理健康教育。

如果单独建室，个别辅导室的面积一般为10—15平方米，面积太小，会给来访者带来压抑的感觉；面积太大，会给来访者带来无法控制、不安全的感觉。

根据心理辅导室的面积大小，可考虑将中控督导区合并到个别辅导区。

4. 心检阅览区

心检阅览区有三个功能：第一，通过学生心理检测系统，普查学生的心理健康状况，建立学生心理档案；第二，根据测评结果，筛查个案，建立预警机制，对有心理困扰的学生进行重点关注，开展个别辅导；第三，根据测评结果，寻找有相同心理困扰的学生，进行小团体心理辅导；第四，评价教师心理健康教育的效果；第五，利用心理素质训练系统，对学生的注意力、思维能力等进行训练；第六，为学生提供阅览场所，培养学生良好的学习和阅读习惯，通过图书的暗示和教育作用，提高学生的心理健康水平。

心理辅导室的阅览区要与图书馆有所区分。这种区别不仅仅表现在图书种类偏向于心理健康教育主题，而且环境设计上要以轻松为主题，营造一种乐学的氛围。

如果单独建室，心检阅览室的面积一般不应小于 20 平方米，可供 10 人左右同时测评和阅览。

5. 社团生涯区

社团生涯区有两个功能：第一，为心理社团提供活动场所；第二，对学生进行生涯规划的教育与辅导。

社团生涯区应以学生自主管理为主，是进行同伴教育的场所。应当设置专门的信息区域张贴学生的感想和作品。

如果单独建室，社团生涯室的面积一般不应小于 20 平方米，可供 20 人以上同时活动。

6. 潜能开发区

目前，中小学普遍强调知识和技能的学习，对于潜能的开发不太重视。但是，要想获得成功，创造能力、逻辑思维能力等潜能起着更为重要的作用。所以，我们应当注重开发中小学生潜能，为他们将来的成功奠定基础。

在此区域可以进行多元智能的测评和培养，利用思维导图进行记忆、快速阅读等方面的训练。这些训练将有助于提高学生的学习成绩。学习成绩提高了，学生的自信心增强了，有些心理困扰也就迎刃而解了。

如果单独建室，潜能开发室的面积一般不应小于 40 平方米，可供一个班级的学生开展活动。

7. 中控督导区

心理教师的专业知识要实时提高，就需要专家进行督导。同时，心理教师自身的心理也需要及时调整，这也需要专家的帮助。督导区的建立，可以起到这些作用。

同时，心理辅导室的数字化是非常重要的。对团体辅导、个别辅导需要进行适当的录音和录像，以便于后续的分析和督导工作。当然，录音和录像是经过来访者同意的。中控区就起到了这样的作用。

如果单独建室，中控督导室的面积一般不应小于 20 平方米，进行中控和督导的同时，可召开小型研讨会议。

8. 艺术放松区

艺术放松区可以通过聆听舒缓和轻松的音乐、观看心理学影片、排演心理剧来缓解学生和教师的焦虑和紧张情绪，通过生理上的放松和心理上的放松，提高复原力，也利于咨询关系的建立。同时，可以在此区域内进行艺术心理辅导。

艺术心理辅导包括音乐、绘画、舞动、戏剧、书法等多种形式，因其轻松愉快的呈现方式，中小学生乐于接受。建议中小学广泛开展这种形式的心理辅导活动。

如果单独建室，艺术放松室的面积一般不应小于40平方米，可供一个班级的学生开展活动。

9. 情绪疏导区

德国社会学家齐美尔（G. Simmel）提出的心理宣泄理论认为，人的需要、动机、本能、行为等受到挫折后会产生消极情绪，给人造成心理压力，如果不能及时排解，心理压力就会转化为行为的反向动力，使人出现反常行为，如侵犯与攻击他人。情绪疏导区的作用就是将消极情绪及时排解，这样不但使学生当时的情绪得到了缓解，并且可以避免出现暴力侵犯。宣泄一定要与心理辅导相结合，寻找一个理性的、科学的、健康的情绪出口。了解情绪、压力背后的成因才是解决心理问题的根本。

如果单独建室，情绪疏导室的面积一般不应小于20平方米，可以让学生有充分的空间疏导和放松，如果过分局促，反而达不到预期的效果。

（三）环境

没有什么地方比心理辅导室更需要重视环境布置的了，因为心理辅导环境的布置不仅仅要考虑到心理辅导人员的工作状态，还需要考虑来访者的情绪和认知。来访者对心理辅导环境的感觉将在很大程度上影响辅导的效果，也将大大影响来访者是否再次来访。

心理辅导室建设的环境要素包括外环境和内环境。

1. 外环境

心理辅导室周围环境应当比较整洁、幽雅和清静，不宜设在肮脏、污秽不堪的地方。心理辅导室外部环境要富有生机和亲切感，应适当放置一些花草植物、观赏鱼类等。室外应张贴一些轻松热情的欢迎标语和图示图标。

2. 内环境

心理辅导室内部环境要温馨、健康、舒适，让来访者有足够的安全感，愿意再来。个别辅导等区域要有私密性。应当运用色彩心理学、光环境、心理声学等理论和技术进行设计、装修和装饰。

色彩心理是客观世界的主观反映。不同波长的光作用于人视觉器官而产生色感时，必然导致人产生带有某种情感的心理活动。事实上，色彩生理和色彩心理过程是同时交叉进行的。在有一定的生理变化时，就会产生一定的心理活动；在有一定的心理活动时，也会产生一定的生理变化。比如，红色能使人生理上脉搏加快，血压升高，心理上具有温暖的感觉。因此色彩的美感与生理上的满足和心理上的快感有关。色彩心理与年龄、性格、民族也具有重要的联系。如果能掌握色彩给人带来的影响，可以减少因色彩使用不当给人带来的困惑，从而更好地使用颜色。再进一步讲，还可以通过借助色彩的魔力来影响他人。根据色彩心理学理论，我们应根据学校特点和学生特点为心理辅导室配置不同的色彩，以求达到最好的效果。同时根据个体对色彩的感受，可以了解孩子的情绪和性格特征，为心理教师进一步辅导学生提供帮助。

　　光环境也叫视觉环境，指的是我们日常活动视线范围内的光环境，包括光的强度、颜色、照射方向、反射、物体形状、光的变化等综合因素。我们主要生活在一个人工视觉环境中，不论是学习、办公，还是住家、娱乐。由于之前大多没有注意视觉环保，所以很多环境达不到视觉环保标准，眼睛和身体容易疲劳。这也是近年近视、青光眼、白内障等眼病急剧攀升，以及颈椎病、心情烦躁、身心疲乏等身心疾病激增的直接原因。如果我们注重视觉环境，使其达到一定的视觉环保标准，我们的视觉和身心的健康就会有保证。人生活在动态的环境中，总在接受环境的刺激，并因此引发一系列身心反应。这些外部信息，90%以上是通过眼睛来接收，所以在环境心理学中，光和色彩构成视觉光环境，对人的行为、情绪情感会产生很大影响，不好的视觉光环境不仅会带来视觉疲劳、大脑及身体疲劳，同时会引发烦躁、压抑等心理反应，从而加重躯体化反应。我们通过塑造好的视觉光环境能使来访者在心理状态不佳时更快安静下来，因为不当的视觉光环境不仅不减压，甚至会增加压力。所以，心理辅导室的光线运用要符合学生生理上和心理上的舒适、健康、卫生的要求。心理辅导室在设计之初就应当考虑光环境要素。合格的光环境对于学生生理和心理有很好的调节作用。

　　心理声学是指"人脑解释声音的方式"。声音听觉心理的主观感受主要有响度、音高、音色等特征。在心理声学方面，心理辅导室建设对声场的均匀度、声音的响度、清晰度、丰满度、亲切感、温暖感等方面都有一定的要求。声音与心理的关系既微妙又复杂。一般说来，声音可以包括音乐和噪音等。音乐是心理的外化。音乐通常表达一种意境，传递一种感情。它能在人的生理上、心理上引起一系列变化。例如，适当地播放音乐，不断变化节奏、节拍、旋律、调式等，能使人增强愉快感。而噪声则会使人烦恼，对人的健康有害。现代人抵抗都市生活的噪声要耗去很大的精力。如何消除噪声对心理的影响，也已成为一门学问。

　　综上所述，心理辅导室建设要充分考虑色彩心理学、光环境、心理声学等理论和技术。色彩要柔和，色彩以淡黄、淡橙、米色、粉红等暖色调为主，也可适当使用淡绿和淡蓝色；光线要适中，自然光、灯光的强度、颜色、照射方向要合理；声音要和谐，声场的均匀度、响度、清晰度、丰满度要合适，室内外的隔音要好，某些房间要适当使用隔音板和双层玻璃。

二、心理辅导室的设备

　　心理辅导室的设备包括心理学软件和硬件设备、通用设备、办公家具等。对于不同的区域，需要使用不同的设备。

（一）心理学软件和硬件设备

小学心理辅导室心理学软件和硬件设备的详细配置如表2-1。

表 2-1　小学心理辅导室心理学软件和硬件设备配置

序号	设备名称	技术参数和规格
1	心理学软件	
1.1	小学生心理健康检测系统（局域网版）	一、心理学技术 1. 科学性 （1）拥有心理学量表完全自主知识产权； （2）拥有软件著作权； （3）通过国家一级心理学学术机构鉴定，如中国心理卫生协会鉴定； （4）通过相关质量标准认证，如ISO 9000国际质量标准认证； （5）有内在的理论架构，非零散量表堆砌而成。 2. 适应性 （1）符合中国学生特点，题目不是国外文化背景； （2）符合小学生特点，小学生量表题目不是中学生或成人表述方式； （3）报告以积极心理学为导向，不仅要包括结果解释，而且要有发展建议、培养建议等； （4）能够对学生、教师、家长不同角色进行测评。 3. 量表 （1）学生心理测评应包括心理健康、品德、情绪、性格类型、兴趣、创造性、学习态度、学习方法等人格和能力量表； （2）教师和家长等成人心理测评应包括心理健康、职业倦怠、家庭教养方式、情绪、性格类型、兴趣、创造性等人格和能力量表； （3）常模近五年修订； （4）信度和效度符合心理测量学标准； （5）为了保证准确性，避免学生作假倾向，心理健康应当从学生、教师、家长三视角进行评价； （6）量表应设置测谎题； （7）可以自定义量表。 二、软件技术 1. 基本功能 （1）包括信息管理、测评管理、群体分析、心理咨询室、数据管理、网站建设等功能模块； （2）将使用者分为不同角色（如领导、班主任、心理教师、科任教师等），每个角色有不同权限； （3）包括足够进行心理分析的背景资料，心理教师可动态添加背景资料； （4）B/S架构。 2. 数据安全 　有数据备份功能。

（续表）

序号	设备名称	技术参数和规格
1.1	小学生心理健康检测系统（局域网版）	3. 报告 （1）学生完成测试后系统可自动生成个性化的文字报告； （2）学生报告应区分阅读对象，分为学生、教师和家长等不同版本的报告形式，做到有针对性； （3）应采用同义词库，即使某些学生的结果相同，测试报告的文字表述也应不同，以增加新颖性，避免阅读报告时的枯燥乏味； （4）能够进行群体分析，包括描述统计、差异分析、相关分析等。 4. 学校管理便利性 （1）有学校心理预警机制； （2）满足心理咨询室无纸化办公需求，有预约、咨询记录、工作情况分析、网上咨询等功能； （3）有心理档案保存、查找功能； （4）满足学校建设心理网站的需要； （5）为了缓解机房压力，应提供纸笔测试数据导入功能； （6）有数据和档案导出功能。 5. 教委管理便利性 系统应具有群体分析功能，不但能分析单个学校的数据，还能对全区的数据进行分析，有助于教委合理配置心理教育资源，帮助学校全面发展。
1.2	心理学设备管理系统	（1）能针对心理咨询室标准配置的沙盘、团体心理辅导箱、艺术心理辅导箱、放松椅、游戏心理辅导箱、合理宣泄人等硬件进行管理； （2）能针对使用情况进行统计分析； （3）能进行日常的库存管理； （4）可上传视频和图片； （5）可与"学生心理健康检测系统"对接； （6）产品通过相关质量标准认证，如 ISO 9000 国际质量标准认证。
1.3	心理素质训练系统	（1）能够训练注意力、思维品质、记忆力、阅读能力等心理素质； （2）产品通过相关质量标准认证，如 ISO 9000 国际质量标准认证。
2	心理辅导辅助器具	
2.1	沙盘	（1）团体沙盘：内侧的尺寸为 910mm×910mm×80mm，高度为 740mm，实木喷漆，外侧涂木本色，内侧涂海蓝色； （2）个体沙盘：内侧的尺寸为 720mm×570mm×70mm，高度为 740mm，实木喷漆，外侧涂木本色，内侧为海蓝色； （3）沙子为黄色、白色或茶色环保安全的专用水洗沙； （4）沙具按一定的分类标准，可分为九大类 43 小类； （5）产品通过相关质量标准认证，如 ISO 9000 国际质量标准认证。

(续表)

序号	设备名称	技术参数和规格
2.2	艺术心理辅导箱	(1) 音乐心理辅导器具，包括有旋律的和无旋律的奥尔夫乐器、活动音乐等，适合团体和个别心理辅导使用； (2) 绘画心理辅导器具，包括各种纸张、各种画笔、各种颜料、画板、画架、调色盘、橡皮等，适合团体和个别心理辅导使用； (3) 舞动心理辅导器具，包括蹦床、舞动游戏、跳舞毯、绸子、皮筋、瑜伽球、瑜伽垫等，适合团体和个别心理辅导使用； (4) 还包括戏剧心理辅导器具、书法心理辅导器具等； (5) 产品通过相关质量标准认证，如 ISO 9000 国际质量标准认证。
2.3	团体心理辅导箱	(1) 包括围绕心理健康教育的主要内容（例如自我成长、情绪管理、人际交往、学习管理、意志品质等）设计的团体活动所必须用到的器具； (2) 产品通过相关质量标准认证，如 ISO 9000 国际质量标准认证。
2.4	游戏心理辅导包	(1) 象征性游戏器具，包括布偶、指偶、积木等，适合团体和个别心理辅导使用； (2) 自然媒介游戏器具，包括沙、水、食物、泥土等，适合团体和个别心理辅导使用； (3) 棋牌器具，包括跳棋、象棋、围棋等，适合团体和个别心理辅导使用； (4) 电子游戏器具，适合团体和个别心理辅导使用； (5) 产品通过相关质量标准认证，如 ISO 9000 国际质量标准认证。
2.5	放松椅	(1) 满足心理放松的要求； (2) 产品通过相关质量标准认证，如 ISO 9000 国际质量标准认证。
2.6	合理宣泄人	(1) 包括人形设计、脸谱、拳击手套、合理宣泄棒、护腿、护面等； (2) 产品通过相关质量标准认证，如 ISO 9000 国际质量标准认证。
2.7	心灵加油站	(1) 硬件支持系统（主机、立式触摸屏、机壳）； (2) 心理内容系统（心理知识、心理影片、放松音乐、悦心图片、心理诊所、心理调节方法等）； (3) 产品通过相关质量标准认证，如 ISO 9000 国际质量标准认证。
2.8	感统玩具	(1) 包括圆平衡板、平衡触觉板、跳袋、口腔训练器、颗粒大龙球、团队协力板等； (2) 产品通过相关质量标准认证，如 ISO 9000 国际质量标准认证。
2.9	涂鸦板	(1) 满足绘画、涂鸦功能； (2) 产品通过相关质量标准认证，如 ISO 9000 国际质量标准认证。
2.10	心理信箱	(1) 卡通外形，安全便易； (2) 产品通过相关质量标准认证，如 ISO 9000 国际质量标准认证。
2.11	益智类玩具	(1) 开发多元智能、培养积极心理品质； (2) 产品通过相关质量标准认证，如 ISO 9000 国际质量标准认证。
2.12	哈哈镜	产品通过相关质量标准认证，如 ISO 9000 国际质量标准认证。

(续表)

序号	设备名称	技术参数和规格
3	心理学专用仪器	
3.1	潜能检测仪	（1）可进行多元智能的检测； （2）以皮质脑科学为依据； （3）通过手指指纹、皮温、生物磁等的识别，再比对计算机中存储的上亿笔皮纹数据库； （4）产品通过相关质量标准认证，如 ISO 9000 国际质量标准认证。
3.2	注意力集中能力测定仪	（1）可进行视觉动作学习和注意力品质的测验； （2）可用于射击等体育运动的心理训练和测试，以达到培养运动员的注意力、集中能力以及抵抗外界干扰的能力； （3）能研究和测定各类职业人员的注意力集中水平； （4）适用于儿童多动症等临床医学的测试； （5）产品通过相关质量标准认证，如 ISO 9000 国际质量标准认证。
3.3	河内塔	（1）训练思维方向与运用策略； （2）包括圆盘、小柱等器具； （3）产品通过相关质量标准认证，如 ISO 9000 国际质量标准认证。
4	心理学图书视听资料	
4.1	心理学图书、杂志	（1）适合于学生阅读的心理学、教育学图书和杂志； （2）适合于心理教师阅读的比较专业的心理学、教育学图书和杂志； （3）适合于一般教师阅读的通俗的心理学、教育学图书和杂志。
4.2	心理学挂图	（1）管理类：心理辅导室规章制度、教师守则、开放时间等； （2）心理学类：心理双歧图、幽默图片、格言警句等； （3）资料类：如风景图片、学生作品等。
4.3	心理学视听资料	（1）心理电影类：有心理学内涵的国外、国内知名电影； （2）心理音乐类：放松音乐、团体活动素材等； （3）资料类：团体心理活动示范课、个别辅导案例、专家讲座等。

（二）通用设备

通用设备包括电脑、传真机、复印机、打印机、扫描仪、投影仪、电子白板、电视机、影碟机、组合音响、摄像机、照相机、视频音频监控设备、空调机、录音笔、电话机、秒表、饮水机、石英钟、隔音设备等。

（三）办公家具

办公家具包括办公桌、办公椅、电脑桌、电脑椅、操作台、柜子、期刊架、书架、置物架、收纳箱、沙发、茶几、坐垫、垫子、抱枕、办公用品、木地板、软包装修等。

三、心理辅导室的制度

（一）行政制度

各级教育行政主管部门应重视心理健康教育工作。地方教育局可成立心理健康教育指导小组，负责将学校心理健康教育纳入到学校教育工作的考核、评估中来，以促进心理健康教育工作的开展。

学校心理健康教育应由校长直接负责，成立与学校其他管理部门平行的学校心理健康教研室，教研室主任由分管副校长兼任，副主任由心理教师担任，教研室成员由教导主任、德育主任、年级组长、班主任、少先队辅导员、共青团干部以及心理教师等组成，这样的组织结构有利于将心理健康教育工作渗透到学校工作的方方面面。

学校心理健康教育工作必须纳入学校的总体工作计划，并给予必要的课时保证。小学可适当利用班、队、团会和其他课外活动时间开展心理健康教育课，原则上每周保证1课时。

学校心理教师的待遇平时以工作量为基本考核标准，年度考核参照学科教师和班主任奖励制度进行。学校每年应列出心理健康教育专项经费清单，保证专款专用，以满足师资培训、添置设备等需要。

（二）专业制度

心理辅导室应有专业制度，包括心理辅导章程、心理教师工作守则、心理辅导室值班制度、心理档案管理规定等。

心理辅导章程包括心理辅导宗旨、原则、内容、途径等方面，是心理辅导室的纲领性文件。

心理教师有其职业伦理，主要包括平等性原则、告知性原则、保密性原则、中立性原则、责任性原则。心理教师要善于把握"教学"和"咨询"的不同角色，有机统一，不可偏废。

心理辅导室的开放时间每周应不少于10小时。应当有明确的值班制度，并公之于众。

心理档案的管理工作是十分重要的，因为心理档案有一定的保密性，不能随意借阅。心理档案要有明确的管理规定，心理健康教研室的所有工作人员必须严格遵守。

第三节 小学生心理健康教育的档案建设

一、心理健康教育档案的含义与功能

（一）心理健康教育档案的含义

心理健康教育档案，是指能从中揭示或了解有关学生心理状况、心理特点等

的材料。心理健康教育档案可以为学校的宏观管理提供决策依据，提高教师教育决策和科学研究的水平，为学生的身心健康发展提供动态的监测手段，从而为学校心理辅导、咨询和治疗工作提供有效的参考信息，切实维护学生的心理健康。

（二）心理健康教育档案的功能

1. 有助于学生心理健康工作的开展

随着社会的发展，学生承受的各种压力在增大，学生产生的各种心理问题、心理障碍在增多。虽然我们可以从理论和经验上对学生心理和行为特点作出某种总体推断，但要准确地把握其现实情况必须依赖大量来自学生的第一手资料。通过建立学生心理档案，不仅可以及时掌握学生的心理发展状况，而且可以了解存在的突出心理问题或焦点问题，为我们确立心理健康教育的具体目标、选择途径方法、拟定工作计划和组织实施提供依据，使心理健康教育工作具有针对性、有效性和前瞻性。

2. 有助于因材施教

现代教育提倡因材施教、因人而异，充分发挥每个学生的个性特长。学生的个性心理特征主要表现在兴趣、能力、气质、性格四个方面，人的心理过程有认识、情感、意志三个方面，每一个学生都有自己的特点，我们要记录学生每一阶段的主要心理状态，从而准确地分析学生个性特征，及时排除学生心理障碍，实现因材施教。如外向型性格的学生，在学习中就要尽量减少外界的刺激，避免粗心大意。学生个性在长期的学习生活中变化不大，如性格。记载学生的个性心理特征，将为学生的后续心理素质教育提供完善的材料。例如，学生因升学而进入一个新的环境，新的教育管理人员对其了解常需要一定的时间，又因为教育者的经验和能力不同，可能会产生以偏概全、盲目武断的看法，此时的个人心理档案将对新的教育管理人员产生很大的帮助。

3. 为学生心理的健康发展提供动态监测手段

建立学生心理档案，从纵向看，为学生个人心理健康发展提供了十分重要的条件。它是每一个学生心理成长的轨迹，学生可以通过心理档案了解自己的心理状况。在发现自己有心理问题时，就可以积极寻求心理辅导和心理咨询，通过一段时间的调整或矫治，还可以通过心理档案考察效果，因此它能对每位学生个人的心理成长、心理潜能开发提供帮助，为通过心理辅导和心理咨询解决学生心理问题和心理障碍提供重要保证。

4. 有利于加强学校的德育工作

面对新的形势和当代学生思想、个性特征的新变化，迫切需要建构一套新的、科学的、行之有效的德育工作内容和方法体系。近年来的教育实践证明，心理学方法是一种行之有效的德育方法，心理健康教育已成为德育中十分重要的内容之一。学生心理档案的建立有利于加强学校的德育工作，主要表现在：它有助于教师了解学生的心理特点和个别差异；有助于教师发现和诊断学生个人或班集体存在的心理障碍与行为困扰；有助于教师客观地了解学生在道德认识和道德情感及行为上的发展水平，以便采取恰当的方法进行教育与管理工作；可以帮助教师有效地了解学生在特定社会环境下的政治态度、思想问题和意见要求。

二、心理健康教育档案的内容

心理健康教育档案一般包括两大方面：一是影响学生心理发展的基本资料；二是反映学生心理状况和心理特点的资料。具体说来，学生心理档案内容如下：

（一）学生基本情况

主要提供一些背景资料，以帮助教师深入分析学生心理，正确诊断学生问题产生的原因。包括如下几个方面：

个人简介。主要包括姓名、性别、出生年月、籍贯、民族、政治面貌、就读学校、年级、家庭住址、爱好特长等。

身体状况。主要包括血型、一般健康状况、身体发育状况、生理缺陷、个人病史等。

家庭生活环境。主要包括家庭成员的工作性质及职务、文化程度、家庭的组织结构、家庭的居住环境、家庭的经济状况、家庭气氛、家长的教育方式与态度、亲子关系、是否独生子女、家中排行等。

学校学习生活情况。主要包括学生的学习成绩、学习态度、学习习惯、思想品德、行为习惯、体育运动、交际水平（含师生关系、同伴关系）、担任班干部情况、获奖情况等。

对学生个人生活有影响的重大社会生活事件。如家庭成员的死亡、父母离异、与教师同学关系紧张、生活条件改变、影响生活的重大挫折等。

（二）能力状况及其教育建议

主要是指学生的智力水平、智力特点如何，怎样进行有针对性的智力训练；学生的言语智能和数学智能水平如何，言语概括、言语推理、数学概括、数学推理、解决问题的能力分别处于哪个等级；能力倾向鉴定及创造力测量等。

（三）人格特征分析及培养建议

主要是指学生的性格类型及特征、气质类型及特征，个性心理特征，怎样进行教育，学生的兴趣、态度、人际关系及品德的特点等。

（四）心理健康状况及辅导策略

主要是指学生的心理健康水平鉴定，有无心理问题或心理障碍，程度如何，怎样进行教育或矫治。

（五）学习心理分析及教育对策

主要是指学生的学习态度、学习方法、学习动机、学习意志力、考试心理、学习困难的诊断、学习认知因素分析、学习动力状况分析、学习社会因素分析、怎样优化学生的学习心理等。

（六）职业能力倾向类型分析及指导

主要是指学生的职业兴趣、职业能力的诊断，分析其适合从事哪一类工作，从而为学生作升学就业指导。

三、心理健康教育档案的应用与管理

（一）心理健康教育档案的应用

1. 可将个人的心理健康教育档案以班级为单位予以归类、统计、绘成图表，这样对于某班在某个特质上的一般趋势就一目了然，可以迅速提供给有关人员。如智力测验的结果经统计后，如果从统计表中显示某班级有偏低的现象，辅导员可通知教务处，由教务处通知任课教师在教学上给予适当的注意，调整自己的教法，以适应这种差异。

2. 教师可以利用学生个人心理健康教育档案，分析学生个人的长处和短处，对于一般性的心理问题就可以防患于未然，也可以发现学生某些方面的优点与特质，不至于埋没人才。另外，也可以将资料提供给学生自己，帮助学生了解自己，使学生自觉增进自我调适的能力。对于某些有特殊困难的学生来讲，辅导员可以根据学生的资料，找出学生在学习、职业或生活适应方面的问题，并加以有针对性的辅导与教育，以减少不良事件的发生或降低问题的严重性，使这些问题免于恶化。

3. 根据心理健康教育档案，可以研究每个年级的学生在能力、人格、心理健康方面的总体状况和特点，在进行年级分班或班级分组时，可按照能力水平、人格特点等因素来进行分班编组。在选拔学生干部时，也可根据其个性特点进行有针对性的培养锻炼。在制订年级教学计划或班级教学进度时，也要结合各年级或各班的实际情况和智力特点来进行，这样才能有的放矢。如通过分析某班学生心理档案，发现该班学生的智力水平普遍较低，因此，在制订教学计划时，应适当减少教学内容，降低难度，放慢教学进度，并在教学过程中将发展学生的智力放在首位，开展多种形式的思维训练等。对于各个年级或班级中存在的一些共性或倾向性的心理问题，则要开展全校性或班级的心理教育活动来进行团体辅导。

4. 根据学生心理档案所提供的信息，进行教育科学研究工作。学生心理档案是一个动态发展的档案，它反映了学生心理的成长轨迹。从学生心理档案中不仅可以了解学生心理发展的轨迹，而且可以考察我们教育措施的效应，因此可以借助学生心理档案来加强对青少年心理及教育科学的研究工作。此外，从横向来看，可以通过学生心理档案提供的资料来研究某种心理品质的发展水平、影响因素及各种心理品质之间相互作用的机制等。

（二）心理健康教育档案的管理

1. 认真填好心理档案。心理档案中的内容，凡是通过量表测验得到的结果，要连同测试日期、量表类型、结果分析一并写好，放入心理档案中。

2. 保持材料的原始性。档案概念的内涵是人类在社会实践活动中直接形成的原始的历史记录。建立心理档案要尽量保证材料的客观性，努力克服主观因素的影响，少使用或不使用评价性语言，多用原始语言。

3. 追求材料的完整性。学生心理档案的完整，一方面，从数量上要保证档案的齐全，使那些应该集中和保存的档案材料不能残缺短少；另一方面，从质量上，也就是系统性方面，要维护已有档案材料的有机联系，不能人为地将其割裂分散，或者零乱堆砌。

4. 要注意保密。心理档案要由学校统一保管，不能随便给学生或无关人员看。有些内容可以让学生知道，有些内容（如是否弱智、是否有心理障碍等）则不宜让学生知道，以免带来负面影响。掌握的尺度就是对学生有利的内容可以让他们知道，对学生有不利影响的内容就不应该让他们知道。

5. 避免材料的局限性。局限性包括两个方面：一是材料的历史性。学生的心理是随其年龄、环境等条件不断改变和发展的。心理档案材料是过去的记录，具有历史性，它既不能直接说明现在，更不能直接描述未来。它只可帮助我们预测趋势，制订教育对策。我们要充分注意到这一点，防止把历史性当即时性来用。二是材料的辅助性。学生心理档案材料只能反映学生综合素质的某一方面，并不是全部。当我们利用这些材料的时候，一定要综合考虑其他方面的材料，切不可以偏概全，将心理档案作为升学录取的依据。

6. 提高建档人员的综合水平。建档人员除了具备心理学、心理测量等方面的专门知识外，也应懂得一定的档案学专业知识，提高自己的知识素养，只有如此，才能形成真实、全面、科学性强的丰富的一手材料。我们常常看到，研究人员做了大量的心理测评等基础工作，但最终发现，留档的材料却价值不大，也就是说，想用的材料没有留下来，而留下来的材料却无用。所以，提高建档人员的综合水平，对学生心理健康档案工作意义重大，不可轻视。

第四节 小学心理健康教师的专业成长

一、心理健康教师的素质要求

心理健康教师的素质是搞好学生心理教育工作的重要条件，是培养学生成才的可靠保证。教师具备良好的心理素质，对更好地引导学生认知社会，培养学生的良好个性具有直接的影响。

（一）具备相应的心理教育能力

能力是符合活动要求、影响活动效率的个性心理特征的综合；教育能力是符合教育活动要求、影响教育活动效率的个性心理特性的综合；心理教育能力是符合心理教育活动要求、影响心理教育效率的个性特征的综合。心理教育能力是教育能力的核心组成部分。心理教育能力应包括培养一般性心理素质的能力及培养特殊性心理素质的能力。培养一般性心理素质的能力包括：

1. 培养观察的能力，培养记忆的能力，培养想象的能力，培养思维的能力，培养情绪情感的能力，培养意志的能力，培养个性心理特征的能力等；
2. 上好心理教育课的能力；
3. 进行心理咨询的能力；
4. 引导学生自我教育的能力；
5. 在学科教学和活动课教学中培养一般心理素质的能力；
6. 对家长进行心理教育的能力；
7. 对学生心理素质发展进行评估的能力；
8. 培养创造能力、交往能力、实践能力等方面的能力。

以上是从心理教育的任务方面来进行分类的。我们还可对上述各种心理教育能力进行概括，找出一般的因素，从教师自身的能力素质的角度进行分类。教师的心理教育能力包括以下的要素。

1. 敏锐的观察力。准确地了解学生的心理是进行教育的前提。学生的心理活动是在大脑内进行的，看不见摸不着，只能透过外显行为进行推测。因此，教师善于察言观色，明察秋毫就更为重要。
2. 良好的记忆力。对于学生心理发展变化的信息有很强的记忆力，记忆量大，牢固，便于提取，能为教育决策提供大量准确信息。
3. 深刻而灵活的思维能力。教师要有透过外显行为间接推断学生心理活动规律的推理能力，面对千变万化的心理活动及时作出准确判断的能力，迅速灵活的教育决策能力，能透过现象看本质，对学生心理活动的特点进行抽象概括的能力，善于抓住学生的思路，组织教学的能力。
4. 丰富的想象力。对学生的心理和行为发展的方向和趋势有很强的预见能力，善于规划学生心理发展的未来，有明确的心育计划，并能预料教育措施的后果。
5. 组织能力。教师当班主任、上课、组织各种活动，都是面向一群学生，要有很强的组织能力，才能有效地组织教育教学活动。
6. 创造力。人的心理活动是最复杂、最多变的，每个学生的心理发展水平又是千差万别的。要使每个学生的心理素质都获得良好的发展，会遇到各种各样的问题和困难，教师要有很强的创造力；要有洞察学生心理的直觉思维，富有灵感，善于抓住心理教育的机遇，使学生获得心理发展的充实感，对自己的心理发展充满自信心。教育机智是教师创造力的最高表现形态，是多种教育能力优化组合的结晶,心理教育是最需要创造力的工作,因为心理教育的一个重要任务是开发创造力。

7. 心理教育过程的自我监控能力。心理教育以复杂多变的心理为对象。教育有法,但无定法,很难找到现成的答案,不能有固定的模式,需要有探索精神。教师要对自己的教育活动具有正确的评价能力,要及时进行调控,探索有效的教育策略方法,促进学生心理的发展。缺乏自我调节能力的教师,心理教育能力难以提高。心理教育能力是教育能力的核心组成部分,但其作用的发挥与语言表达能力、实践能力、操作能力、把握教材的能力等教育能力是分不开的。

(二) 重要的人格素质基础

所谓人格是指一个人的整个精神面貌,是具有一定倾向性的、稳定的心理特点的总和,包括气质、性格、兴趣、信念和能力等。心理健康教师应当具备哪些人格条件呢?

1. 心理健康

一个合格的心理健康教师应当是一个愉快的、热爱生活、有良好适应能力的人。那些情绪不稳定的人,经常处于心理冲突状态而不能自我平衡的人,是不能胜任心理咨询工作的。

2. 善解人意

一个合格的心理健康教师能从客观实际出发去理解他人,能同各种不同气质、不同性格的人交往,能体谅人们的处境和困难并恰当地给予同情、支持和帮助。

3. 乐于助人

心理健康教育是一项救助学生心灵的工作,从事这项工作需要付出时间和精力,需要有对学生的理解、通情、关怀及耐心。来咨询的学生一般是在心里不痛快的时候,遇到麻烦的时候才来找你,你需要耐心地倾听他的诉说,分担他的忧愁和烦恼,需要有一颗乐于助人的爱心。

4. 责任心强

能耐心地倾听来咨询者的叙述,精力集中不分心,使来咨询者感到你对他们的困难很关心。能诚恳坦率地和学生谈心,使他们愿意袒露内心的隐私和秘密,让其感到你值得信任。那些工作马虎,不能专心致志的人,办事拖拉、不负责任,又不能和来咨询者谈心的人,是做不好心理健康教育工作的。

二、心理健康教师的培训

(一) 心理健康教师的培训方法

1. 采取自学、讲授和实践结合的方式。因为受训者都有一定的工作经验且具有较高的能力水平,因此在培训的方法上应尽量发挥和挖掘他们的潜能。有些基础课程采用自学方式,有些课程请有关专家进行讲授,而且在讲授时也尽量压缩教师独讲的时间,加入小组讨论、操作示范、角色扮演等方法,而且培训非常强调实践的重要性,要受训者用较多的时间去体验、实践自己所学的内容,提高培训的效率与效果。

2. 学习与参观考察、学术交流相结合。在培训中除坚持系统的理论学习外还应重视参观、考察和学术交流。组织教师参观学习国内其他心理教育工作开展较好地区的活动与经验,积极鼓励大家参加学术交流活动,最好每年组织一次学术研讨会,出一期论文集,调动大家学习积极性。

3. 聘请教师。在培训中教师对培训效果有直接的影响,因此在教师的选择上可聘请那些有专业知识技能并有相当教学经验的大专院校、研究机构的专家任中心的培训教师,并充分发挥专家顾问的作用,来保证培训的质量。

(二)心理健康教师的培训内容

培训内容包括知识、技能和道德与人格三个主要方面。知识主要有心理学、教育学、社会学、学校心理学的基本理论与技术、心理测量与统计等;技能方面包括咨询、交往、个案分析、研究报告的撰写等;道德与人格方面主要有人格调适、道德规范等。

具体课程如下:

基础课程:

1. 心理学科:发展心理学、德育心理学、人格心理学、变态心理学、心理卫生与心理健康。

2. 教育学科:课程论、教学法、学校管理等。

3. 社会学科:社会文化发展、人类学、社会学。

专业课程:

1. 学校心理学。

2. 心理咨询理论。

3. 心理测验。

4. 心理学研究方法。

5. 活动课的研究与指导。

6. 心理工作者职业道德规范。

技能课程:

1. 心理咨询技术。

2. 学生心理资料的搜集与运用。

3. 个别与团体辅导的方法。

4. 行为问题的干预方法。

5. 人际关系的调适。

6. 学习障碍的评价与干预。

（三）心理健康教师的培训原则

1. 整体性原则。心理教育能力是一个整体结构，结构越完整，功能就越完善。培训心理教育能力，要使心理教育意识与心理教育能力协同发展，使一般能力与特殊能力协同发展，教育与自我教育的能力协同发展。

2. 发展性原则。心理教育能力是一种最复杂最高级的教育能力、教育艺术。它的形成需要经历很长的过程，它的发展是无止境的，它是一个终身学习，终身发展的过程。心理教育能力的结构也有一个由简单到复杂、由低级到高级的发展过程，不能满足，也不能操之过急。

3. 实践性原则。心理教育能力的形成和发展离不开心理教育实践活动。要想学会游泳，光看书不行，一定要下水。要想增强心理教育能力，光有心理学、教育学理论还不行，还得多参与心理教育的实践，在教育教学活动中有意识地培养学生的心理素质和教师自身的心理素质。有目的有计划地进行心理教育实验，主动地探索心理教育的规律，是提高心理教育能力最有效的办法。

4. 反思原则。在心理教育实践中还要不断进行反思，及时发现问题，主动进行调控，不断总结经验，寻找规律，有效地提高心理教育能力。

三、心理健康教师的管理

（一）关注心理健康教师自身的心理健康

心理教师心理问题的成因很复杂，但问题的直接原因往往是学校情境和教学活动。社会层面的改革和支持只是为促进教师心理健康提供了必要的前提，要切实而有效地帮助心理教师提高心理健康水平，还必须从学校和个人层面入手。学校层面的措施强调工作环境的结构改变，如降低学生和教师人数的比率，缩短工作时间，提高行政管理人员对心理教师的压力源及其他问题的敏感性，提高群体支持，给予心理教师更多的工作灵活度和自主权，提供更多职前和职中训练等。要想从根本上减少心理教师的心理压力源，必须调整学校系统运行过程中最本质的方面，即把心理教师的需要和学生的需要放到同等重要的位置上，形成两者的双主体地位。同时重视与心理教师岗位专业发展相关的问题，如：心理教师在学校中的定位，待遇与职称的评定等，不能因为心理健康教育不是所谓的主科，就取消教师职称的评定，要知道学校的最终目标是要培养德智体美劳全面发展的人才，不是仅通过成绩定其优劣。

此外，目前绝大多数学校没有完整的督导系统，这造成心理咨询教师遇到任何问题都只能独立承担，无法寻求帮助，这极大地增加了他们的心理负担。在未来希望能够建立一种心理督导支持网络，通过电话、网络等多种手段进行远程督导，这样能够有效地减少心理教师的工作压力。

（二）为心理教师设置专职岗位

心理教师应当在整个教师群体中处于一个特殊的地位，否则，全面的、系统的、有效的心理健康教育就是一句空话。要避免以下几种混淆：

1. 心理教师与管理者角色的混淆

我国一开始就是从学校管理的角度而不是服务的角度来看待心理辅导的必要性的，缺少专业的心理辅导教师，一些学校安排学生管理人员兼任心理辅导教师，学校心理咨询室的教师就是学生工作处主任、德育主任或团委书记。这种混淆一方面把管理者推向了尴尬地位，妨碍了他们作为管理者处理学生问题的客观性、果断性，妨碍了他们对纪律的贯彻执行；另一方面，也不利于心理辅导的进行。心理辅导教师与管理者的混淆使心理辅导工作的信度和效度大打折扣，使得学生不相信心理咨询者，更不敢向其倾诉。

2. 心理教师与德育教师的混淆

受师资力量的限制，许多学校的心理教师多是从德育教师转过来的，没有受过正规的心理学训练，加之品德教育的模式在他们的头脑中根深蒂固，使得他们在工作中不自觉地运用传统德育的方式和方法解决学生的心理问题，使学生对心理辅导失去了信任，甚至引起学生的反感。

3. 心理教师与普通教师的混淆

目前在我国，心理教师与普通教师的区分并不十分清楚。心理教师多是兼职，大多数心理教师往往更加认同自己的普通教师角色，认为心理辅导是业余工作。

（三）建立心理健康教师岗位职责

1. 协助校长开展提高学校全体教师和工作人员的心理健康水平的工作，帮助教师解决自身所遇到的各种心理问题，提高教师的心理调节能力，以保证全体学生能在和谐健康、积极向上的学校心理环境中健康成长。

2. 完成上级心理健康教研室布置的专项任务，发挥心理研究的促进作用，上好心理健康教育活动课。

3. 指导和协助学校班主任、德育工作者和其他教师开展心理辅导活动，主动为他们提供各种培训和指导，帮助他们提高心理健康教育活动能力和心理辅导能力。

4. 当学生面临各种心理危机，要积极从学生心理发展和心理健康教育的角度提出各项建议、意见和评价，发挥心理指导与顾问的作用。能从心理和教育的角度制订干预、矫治以及预防的措施。在学校统一安排下，为学生建立相关的心理健康档案。

5. 指导和帮助学校各年级开展家长学校的工作，为家长提供家庭教育、学习辅导、升学就业、家庭心理环境建设等方面的心理咨询和心理服务。

6. 做好学校心理咨询室的各项心理服务工作，能为学生在学习能力、人际交往、情绪调控、个性发展、青春期性健康等方面提供各种有效的自我发展方法与策略，为学生心理发展提供科学的指导。

第五节 小学生心理健康教育的绩效评估

一、绩效评估的含义

绩效评估（performance appraisal），又称绩效考评、绩效评价、员工考核，是一种正式的员工评估制度，也是人力资源开发与管理中一项重要的基础性工作，旨在通过科学的方法、原理来评定和测量员工在职务上的工作行为和工作效果。绩效评估是企业管理者与员工之间的一项管理沟通活动。绩效评估的结果可以直接影响到薪酬调整、奖金发放及职务升降等诸多员工的切身利益。

学校心理教育绩效评估是学校进行心理教育的重要一环，而对学校心理教育绩效评估体系的设计更是一项系统的工程。在确定学校心理教育绩效评估指标体系时，必须遵循绩效评估指标体系设立的可操作性原则；发展性和补救性的目标也应渗透到评估指标体系的设计中去；评估过程主要是评估方式和方法的选择和应用。对绩效评估的结果进行定量分析和定性分析，这样可以比较全面、准确地反映学校心理教育的工作绩效。

二、绩效评估的原则

在对学校心理教育绩效进行评估时必须遵循客观原则、动态原则、封闭原则等。此外，还要注意以下三点：

1. 与学校的教育和管理理念相一致。考评内容实际上就是对员工工作行为、态度、业绩等方面的要求和目标，它是员工行为的导向。考评内容是学校组织教育和管理理念的具体化和形象化，在考评内容中必须明确：学校鼓励什么，反对什么，给员工以正确的指引。

2. 要有侧重。考评内容不可能涵盖该岗位上的所有工作内容，为了提高考评的效率，降低考核成本，并且让员工清楚工作的关键点，应该选择岗位工作的主要内容进行考评，不要面面俱到。

3. 不考评无关内容。绩效考评是对员工的工作考评，对不影响工作的其他任何事情都不要进行考评。譬如员工的生活习惯、行为举止等内容不宜作为考核内容，否则自然后会影响相关工作的考评成绩。

三、绩效评估的过程

学校心理教育绩效评估包括评估指标体系设计、评估方法的选择与应用、评估的实施以及评估结果的分析评价与结果的反馈几个步骤。

（一）评估指标的设计

设计评估指标是学校心理教育绩效评估的第一步，也是进行绩效评估的前提。在确定学校心理教育绩效评估指标时，必须遵循可操作性原则。例如，我们通常谈到，心理教育的终极目标是学生心理的健康成长，包括潜能的充分开发和人格的健全完善，但将这作为评价心理教育绩效的标准就显得过于抽象而难以操作，为此有必要制订具体而可操作的评估标准。设计评估指标时不仅要从外在的形式和条件上来判断其优劣，更要考虑心理教育的内在特征，即从外在和内在两个方面来确定评估指标。各种心理教育活动的开展能否符合学生的需要？学生心理困扰是否有所减少，其程度有无下降？通过心理教育能否有效地预防学生的心理问题的产生？事实上这些才是开展心理教育更为实质的目的。只有外在体系和内在体系二者兼顾，心理教育绩效评估指标体系才能日臻完善。

目前，部分省市教育行政部门设计了心理健康教育的评估指标，在所辖范围内使用。这些评估指标各有特点，但没有统一标准。这里，我们介绍刘视湘提出的心理健康教育开展和评估的"4P模式"。根据多年的实践经验，我们认为心理健康教育的开展和评估应当从四个方面入手：心理教师（person）、心理辅导室（place）、辅导过程（process）、辅导成果（product）。因为这四个方面的英文都是以 P 开头，所以称之为"4P 模式"，如图 2-2。

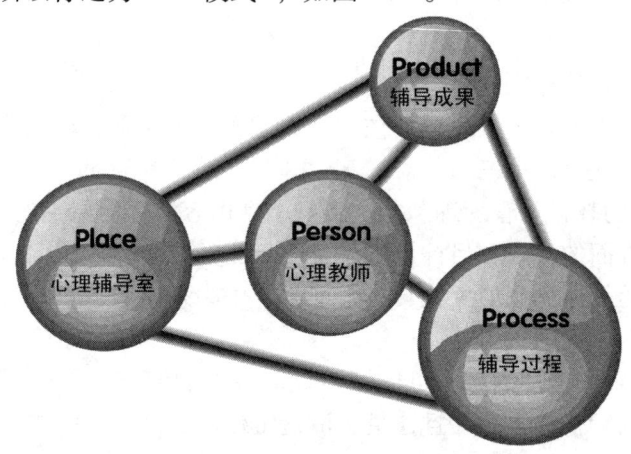

图 2-2 心理健康教育开展和评估的"4P 模式"

心理教师是"4P"的核心。没有心理教师，学校心理健康教育工作就成了无源之水，无本之木。当然，目前条件下，心理教师可由辅导员、班主任、学科教师兼任。心理教师要注重资格和专业成长。在进行评估时，不但要考察心理教师的数量，而且要考察心理教师的质量。

心理辅导室是心理教师的阵地，是开展心理健康教育的场所。因此，其规划、设备、制度的健全都应当纳入评估指标，进行考核。

心理教师有了心理辅导室这一阵地之后，就需要开展心理健康教育工作。心理教师的职责就是要规范辅导过程。辅导过程包括心理辅导的内容、途径和管理，这些都是绩效评估的内容。

辅导成果是指教学和科研成果，涉及到评估的内在指标。我们可以辅以心理检测的方式进行评估，考察心理健康教育开展之后的实际效果。

"4P模式"的含义与内容详见表2-2。

表2-2　"4P模式"的含义与内容

方面	含义	内容
心理教师（Person）	资格	特质、知识、职责、伦理
	专业成长	专业技术、团队建设
心理辅导室（Place）	规划	位置、面积、布局、环境
	设备	心理学软件和硬件设备、通用设备、办公家具
	制度	行政制度、专业制度
辅导过程（Process）	内容	自我意识、人际交往、学习管理、生活适应
	途径	专门途径、渗透途径
	管理	组织机制、预警机制
辅导成果（Product）	教学	心理档案、校本课程、实际效果
	科研	科研成果、校园文化

（二）评估方式与方法的选择与应用

心理康健教育的评估方式一般采用学校内部自我评估、校际间相互评估、由教育领导部门主办的评估等。学校内部自我评估是由学校负责心理教育的人员进行自评，由学校领导进行评估，或由本校学生评估。其优点是：评估计划的制订有助于心理教育工作者对自己所从事的工作有深入的了解；评估的过程有助于增进全校教职工对心理教育工作的认识；自我评估的结果能够促进心理教育工作者的自我改进；借助评估的机会教师可整理各种材料使其更有效地发挥作用；自我评估的结果，还可作为班主任、任课教师及学校领导协助解决问题的参考。但是这种评估方式也有一定的缺点，首先在于各学校自我评估的标准不同，较难进行比较与对照，难以看出自己学校心理教育工作开展的优劣之处；其次由于评估人员不是这方面的专家，对某些问题的评估可能较主观。

各校之间相互评估，是由几个学校联合起来，相互参观、相互评估。其优点在于：评估的结果涉及到学校的荣誉，因此，平常的工作容易得到学校各方面的支持；借着相互评估的机会，可以充分学习其他学校的长处；通过相互评估，可缩短校与校之间的工作差距，加强校际联系。但这种方法与自我评估相类似，由于评估人员训练有限，评估标准的制订常常可能不够公正客观；并且碍于校与校之间的关系，有时无法作出客观的评价。

由教育领导部门主办的评估一般是聘请有关专家学者对各学校的心理教育工

作进行评估,其优点是评估结果较为客观标准,评估所提出的建议具有较高的价值,并且容易被学校所接受,从而减少心理教育工作推行的阻力。同时由于评估结果会给予公布,因此可以引起各级学校高度重视,积极工作。但由于专家小组评估时间太短,常无法作更深入的调查,评价有时会流于表面。

评估可采用的方法有测验评价和非测验评价两大类。测验评价主要是借助于各种标准化的心理测验作为测量工具,准确地评价学生的各种心理特征,从而在一定程度上完成对心理教育绩效的评估。学校所使用的测验主要有智力测验、成就测验、性向测验、兴趣测验、人格测验等五大类。非测验评价是测量个人的内隐性行为,如动机、情绪及个人如何处理这些内在行为等。这种测量方法与测验评价相结合,两者互为补充,即从内隐和外显两方面更有效地评估心理教育绩效。观察法、轶事记录、评定量表、学生资料调查表、会谈、个案研究等构成了非测量方法。

(三) 评估活动的执行

在评估的具体执行环节中,首先学校动员,明确评估的目的和意义;其次评估委员会公布评估指标体系及评估方法和评估程序;第三,评估前准备,包括依据评估指标体系编制评估表、通过听取汇报、实地观察、会谈、问卷调查、测验、查阅有关资料等方法收集资料;最后,进行评估并对评估结果进行整理。要特别注意避免以下几种常见的评估误差:

严格误差——在评估时吹毛求疵、多方挑剔、给分过严。

宽容误差——对任何一个受评估对象都选用较优的评语。给分过宽,不愿给人作出不好的评定,使分数集中在较高的一端。

趋中误差——把被评估者放在量表的中间,尽量避免作出极端的评定。

逻辑误差——有些评估者把自己认为相互联系的特质都作同样的评定。

光环效应——对某一方面的强烈看法影响了对其他方面的评估。

(四) 评估结果的分析与反馈

1. 评估结果的分析。对绩效评估的结果进行定量分析和定性分析,可以比较全面准确地反映学校心理教育的工作绩效。在进行定量分析时可主要采用模糊评价法和关系矩阵法,通过确定指标体系和权重体系、单项评价和综合评价等过程使评价的过程更合理和科学。具体方法在此不加赘述。

2. 绩效评估结果的反馈。通过对评估结果的分析,绩效评估小组可以将最后确定的评估结果通知参与心理健康教育的所有成员。主要让他们了解心理教育工作的状况以及学生心理健康的发展情况,并和他们一起讨论今后的发展目标,确定下一个评估期限的目标,指出他们在绩效评估中反映出的问题和不足,帮助他们加以改正和克服,同时对他们在工作中的突出表现加以表扬,以激励他们的进取心。学校心理教育绩效评估委员会将对学生的评估结果归入其本人的心理档案，作为今后对他们进行更有效的心理教育的依据，从而有助于达到绩效评估的最终目的。

综上所述，学校心理教育绩效评估是一项系统且复杂的工作，建立绩效评估体系使学校有步骤地、有目的地从事心理健康教育，有助于心理教育绩效评估工作的顺利进行，同时也会更有效地促进学生的心理健康。由此可见学校心理教育的绩效评估是教育评价中不可缺少的部分，相信它会引起人们日益广泛的重视。

【建议参考资料】

1. 刘宣文．学校发展性辅导［M］．北京：人民教育出版社，2004．
2. 谌业锋．如何建立学生心理档案［J］．人民教育，2002，（8）．
3. 班华．心育论［M］．合肥：安徽教育出版社，1994．

【问题与思考】

1. 什么是心理健康档案？它有什么功能？
2. 怎样运用好心理健康档案？
3. 做一名合格的心理健康教育教师，需要具备什么素质？
4. 心理健康教育教师培训的主要原则是什么？
5. 心理健康教育教师主要的岗位职责有哪些？
6. 什么是绩效评估？它有何意义？
7. 绩效评估的主要内容和原则是什么？
8. 你能为心理档案设计些独特的功能吗？
9. 怎样运用心理档案为学校的工作服务？
10. 自我评价一下你的个人情况，符合心理健康教育教师的要求吗？
11. 作为心理健康教育教师，请为自己制订一个专业成长计划。
12. 对于你们学校的心理健康教育，适用哪种绩效评估方法？

第三章　小学生心理健康教育的实施途径

【本章提要】

　　心理健康教育是学校开展德育的重要途径，是德育工作内容的重要补充，是以活动替代说教，增强德育工作的实效性。

　　小学应面向全校学生、教师和家长开展心理健康教育工作，提供心理咨询、指导和服务。具体来说，应具有以下服务功能：开展面向全体学生的心理健康教育活动，指导学生自助，促进学生良好心理素质和健康人格的形成；为有特殊需要或心理问题倾向的学生建立心理档案；针对学生的身心发展特点，积极开展学生成长关键期和关键点、全面提升学生心理素质的指导工作，如入学适应性调节、考前减压、专业选择咨询和升学指导等活动，认识自我、完善自我，帮助学生充分认识自己的个性能力特点，以利于学生作出合适的选择；接待有心理辅导需求的学生，对有一般心理问题的学生进行个别辅导，帮助他们解决心理困扰；发现和鉴别出具有较为严重心理问题的来访者，向家长或监护人提出建议，将其转介到有关专业心理咨询和治疗机构；开展对班主任、学科教师和学校教职员工的心理健康教育知识和简单操作技能的培训，帮助教职员工掌握心理保健和心理健康教育的基本方法，作好教育、教学渗透；向家长提供有关亲子关系和家庭教育的咨询，指导家长正确认识孩子的心理特点、成长规律和教育策略。

【学习重点】

1. 团体、个别心理咨询技术在小学的应用
2. 心理健康教育课程建设的目标、意义、内容及实施方法
3. 心理健康教育内容在小学教育教学中的渗透
4. 学校、家庭、社区心理健康教育网络建设

【重要术语】

　　心理咨询　团体心理咨询　心理健康教育课程　家庭教育　学校教育　社会教育

第一节 小学生心理咨询技术

一、小学生个别心理咨询

国际心理学联合会编辑的《心理学百科全书》确定了两种心理咨询定义模式。一种为教育模式,另一种为发展模式。该书指出:"咨询心理学始终遵循着教育的而不是临床的、治疗的或医学的模式。咨询对象(不是患者)被认为是在应付日常生活中的压力和任务方面需要帮助的正常人。咨询心理学家的任务就是教会他们模仿某些策略和新的行为,从而能够最大限度地发挥其已经存在的能力,或者形成更为适当的应变能力。"

综合中外学者的各种表述,对心理咨询可作如下定义:心理咨询人员运用心理学的理论和技术,借助语言、文字等媒介,与咨询对象进行信息交流并建立某种人际关系,帮助咨询对象消除心理障碍,正确认识自我及社会,充分发挥自身潜能,有效地适应社会环境的过程。

基于对上述有关心理咨询描述的理解,在学校中开展个体心理辅导首先应遵循的原则是教育、发展的原则。我们要把学生看成是发展过程中的人,在发展过程中遇到了情感的困扰,形成了某些行为习惯,阻碍了学生的发展,需要心理教师适时适度地给予关心及帮助,因此要对个体进行心理辅导,使其身心健康成长。

在学校中心理教师开展个体心理辅导时需要完成以下任务:给学生作个别心理辅导;与教师协商,帮助教师理解学生的需求并发展学生的个性;与家长协商,讨论学生发展与进步的相关事宜;把有特殊需要的学生转介给相关专业机构。

基于以上任务,心理教师在个体心理辅导过程中的角色问题就显得尤为重要了。

(一)个体心理辅导过程中心理教师的角色

在学校个体心理辅导工作开展的进程中,心理教师始终应承担的角色是:咨询、顾问、协调、评价、服务。心理教师在个体心理辅导中的角色是由小学生的年龄特点决定的。

1. 儿童的自我觉知能力有待于进一步发展。他们不能很清晰地对自身的问题进行梳理,甚至意识不到自己的问题,很多地方需要辅导教师帮助分析、澄清。

2. 小学生语言发展上存在差异,有些儿童不能很清晰地表达自己的感受,很难对困扰自己的问题作清晰地描述。辅导教师在儿童描述过程中需要借助游戏、木偶及其他工具辅助儿童阐明观点。

3. 儿童受自身阅历的影响,对问题解决方法的领悟能力、感知能力较弱,很多情况下需要辅导教师给予直接的行为指导，具体地给予点拨。

4. 帮助孩子改善其状况的过程中，很多情况下需要辅导教师适时适度地监督指导。

5. 儿童个性的不确定性决定了儿童情绪波动较大，需要辅导教师给予帮助。

综上所述，心理教师的咨询、顾问、协调、评价、服务作用就凸显出来了。因此，心理教师开展个体心理辅导的形式应是多种多样的。

（二）个体心理辅导要遵循保密性原则

1. 个体辅导过程中始终要遵循保密性原则

保密性原则既是个体心理辅导职业道德的要求，也是由心理咨询本身的性质决定的。来访者的隐私和秘密可能就是心理问题的症结所在。来访者只有认为自己所说的一切都能得到保密的承诺时，才能敞开心扉，毫无保留地向辅导者倾诉，从而有助于问题的解决。

保密性原则不仅涉及个体辅导内容，同样也涉及辅导过程。在个体辅导中，心理教师收集到的所有有关来访者的资料，包括个人生活、思想状况、个人成长过程、人际交往、工作学习等情况，均在保密之列。未经来访者或监护人同意，决不可把个人资料泄露给别人。另外，对来访者的心理测量结果也属保密范围之内，都要受职业道德中保密原则的制约。

2. 在学校中开展个体辅导时如何履行保密性原则

（1）"亚保密"状态

心理教师在进行案例分析或向领导汇报来访学生情况时，应隐去来访学生的班级、姓名。有些问题如果必须与来访学生的班主任或家长沟通时，要做到从积极的角度阐述来访学生的问题，最大限度地得到班主任或家长的积极配合，要做到保护来访学生的情感、保护来访学生的自尊心，不能因为我们的工作不到位，给来访学生造成更大的心理伤害。

（2）说明保密性原则及保密例外

在做个体心理辅导时，要向来访者（教师、家长、学生）说明保密性原则的同时，说明保密例外。特别注意的是：对学生的一些极端行为及想法（对自身或他人有人身伤害等）必须及时与相关人员进行沟通。

（3）不随意议论

在任何情况或场合下，都不能把来访者的问题作为聊天的话题随意议论。

（4）讨论时隐去个人隐私

针对来访者的问题进行讨论时，有些内容要作处理。涉及个人隐私的，与辅导无关的话不能说。讨论时，心理教师要保持价值观中立，客观、实事求是地反映问题，不应有主观的或带个人色彩的评价。

（5）尊重来访者

在尊重来访者的基础上解决问题时，涉及到来访者隐私等问题应有所保留。

（6）小组辅导中的保密性原则

在个别辅导过程中根据情况需要，有时心理教师会针对某一问题，组织同质小组开展小组辅导。在小组辅导过程中，心理教师应要求每位成员作出保密承诺，在小组辅导过程中涉及到的问题应保密，不能随意传播。

（三）个体心理辅导的开端

1. 主动寻求帮助

由于心理教师通过各种途径进行相关的心理健康知识的宣传，在学生中开展丰富多彩、富有吸引力的活动，使学生和心理教师建立了信任关系。当学生遇到困难时愿意寻求心理教师的帮助，辅导关系很自然地建立起来了。

这是理想的个体心理辅导的开端，也是我们不断追求的，但仅仅停留于此，对小学的个体心理辅导是远远不够的。

2. 任课教师（或班主任）和家长认为孩子有某方面问题需要心理教师的帮助，把孩子送到心理教师面前。这时心理教师要澄清几个问题：

（1）首先要与送孩子来的教师或家长进行很好的沟通，收集相关信息，了解孩子的情况及问题所在。

由于前面所述儿童年龄特点，在开展学生个体辅导时，要向与孩子有关的成年人了解孩子的有关情况，避免由于孩子的语言表达能力以及对问题的深入分析能力所限，影响心理教师了解第一手材料。

（2）与孩子沟通澄清几个问题：

他们送你来这里的原因是什么？

你跟他们的看法一样吗？

你能跟我说说你的感受或烦恼吗？

3. 在团体心理辅导中，发现个性问题，要进行个体心理辅导。

4. 偶发事件中的应急干预：

（1）由于孩子的好奇、好动、畏惧、缺乏经验、认识能力不足等原因，触犯了学校的纪律，造成了不良后果；

（2）由于同伴关系紧张引发了极端行为；

（3）由于亲子关系不良、家庭不和谐造成孩子的心理负担较重；

（4）由于师生关系紧张引发儿童心理困扰。

5. 由于不同程度的学习困难引起的学业不良儿童的辅导干预。

6. 留心观察，发现异常现象，引导学生走近心理教师。

7. 在游戏中发现问题，寻找适当时机，进行个体心理辅导。

总之，心理教师要利用一切可以利用的时机观察、了解学生，发现问题冷静分析，作出正确判断，适时适度加以引导，帮助孩子健康快乐地成长。切忌给学生贴上"心理障碍"的标签，要以理服人，讲科学、有策略地处理问题，对于问题比较严重的孩子在有充分的科学依据的基础上做好转介工作，切忌大包大揽，以免影响问题的有效解决。

（四）建立良好的辅导关系

1. 真诚

表里一致、真实可信地置身于师生关系中；创设一个安全、自由的谈话氛围；教师的真诚坦白为学生提供一个良好的榜样；使学生受到鼓励，坦然表白自己的真实想法。

2. 尊重

意味着无条件接纳；意味着一视同仁；意味着以礼待人；意味着信任对方；意味着保护隐私；以真诚为基础。

3. 通情

深入学生内心去体验他的情感、思维，设身处地地理解学生；使学生感到被理解、接纳，从而感到愉快和满足；促进学生自我表达、自我探索，达到更多地自我了解，寻求解决问题的方法。

4. 积极关注

对学生的言语和行为的积极面予以关注，从而使学生看到自己的长处；帮助学生全面认识自己和周围的事物；对未来充满希望，树立自信心；立足实事求是。

5. 热情

适当询问，表达关切；全神贯注倾听；耐心、认真、不厌其烦。

（五）常用心理辅导技术

1. 阳性强化法

心理学流派行为主义理论认为行为是后天习得的，并且认为一个习得行为如果得以持续，一定是被它的结果所强化。所以如果想建立或保持某种行为，必须施加奖励。及时奖励良好行为，漠视或淡化不良行为，这种方法就是阳性强化法，也称正强化法。

阳性强化法操作流程如下：

（1）确定靶行为：设定的行为目标应该可以客观测量与分析。（例如说脏话）

（2）监控靶行为：评定靶行为的基础水平。详细观察和记录该行为发生的频度和后果。

（3）设计新的行为结果：取代以往不良行为产生的直接结果。（改掉说脏话的不良习惯，家长不骂、老师表扬、同学与之交往）

（4）实施强化：继续记录靶行为，当出现好行为时要及时给予强化。（说脏

话的次数减少就奖励）

实施阳性强化法应注意以下内容：

（1）强化的标准要切实可行，是可以达到的。

（2）订立行为契约：监督其行为有良好转变，按要求做。

（3）选取强化物：奖励对其要有足够的吸引力，要做到延迟满足。

（4）强化物最终要由物质的转变为精神的，但要循序渐进，坚持不懈。

行为的改变是一个漫长的过程，老师要有耐心，允许他有反复甚至倒退，但最终是可以改变的。

2. 沙盘游戏辅导

申荷永教授指出，沙盘游戏是一种以荣格心理学原理为基础，由多拉·卡尔夫发展、创立的心理治疗方法。具体说，沙盘游戏是在心理辅导者的陪伴下，来访者从玩具架上自由挑选玩具，在盛有沙子的特制箱子里进行自我表现的一种心理辅导。它是运用意象（积极想象）进行治疗的创造形式，"一种对身心生命能量的集中提炼"。（荣格）其特点是，在医患关系和沙盘的"自由与保护的空间"中，把沙子、水和沙具运用于意象的创建。沙盘中所表现的系列沙盘意象，营造出游戏者心灵深处意识和无意识之间的持续性对话，以及由此而激发的治愈过程和人格（及心灵）发展。

沙盘游戏辅导操作流程如下：

（1）接待第一次来访

通过言语及非言语信息，与来访者建立平等、信任的咨询关系，为来访者创设自由与受保护的空间；

向来访者介绍沙盘游戏；

在来访者自愿的前提下开始沙盘游戏。

（2）创造沙盘作品

触沙：体验沙的感觉；调整呼吸，平静心情；

创作沙盘作品：来访者根据自己的需要及想法摆放物品；

来访者根据作品讲一个故事或表达制作过程中的感受。

（3）作品讨论

根据来访者的沙盘作品，与来访者分享沙盘创作过程中的心得、感悟。

（4）作品的拆除及环境整理

待来访者离开后，陪伴者要对沙盘作品进行拍照，及时拆除沙盘作品。

除去物品上的沙粒，按类别把物品放回原处；

平整沙箱中的沙面，尽可能达到沙面无痕迹；

清理地面，桌椅摆放整齐。

实施沙盘游戏辅导应注意以下内容：

（1）陪伴者要与来访者建立平等、信任的咨询关系；不强迫来访者摆放沙盘器具；

（2）有些来访者在某些时候可能不适合接受沙盘游戏治疗，比如具有意识发展障碍或意识承受力较弱以及不能控制自己的情绪等；

（3）摆放过程中，陪伴者是静默的陪伴，要保持默默观望与守护的状态，避免干扰来访者内在的工作与表现；

（4）当来访者提出交流或帮助的要求时，陪伴者要根据基本的技术要求作出合理的回应；

（5）讨论过程中，陪伴者不分析、不评价作品，引导来访者谈出摆放过程中获得的感悟，陪伴者要尊重来访者的表达，不要妄加评论。

3. 焦点解决短期心理咨询

焦点解决短期心理咨询是指以寻找解决问题的方法为核心的短程心理治疗技术。

焦点解决短期心理咨询关注来访者现在的问题，而不去探索来访者深层次的历史和原因；认为来访者拥有解决自身问题的必要资源，在咨询者的指导下可以自己建构解决历程；认为小改变不可忽视，可以引起来访者现有思维、情感和行为方式的改变。

二、小学生团体心理咨询

（一）小学团体心理咨询的发展模式

团体心理咨询是在团体情境下进行的一种心理咨询形式，它是通过团体内人际交互作用，促使个体在交往中通过观察、学习、体验，认识自我、探讨自我、接纳自我，调整改善与他人的关系，学习新的态度与行为方式，以发展良好的适应的助人过程。

—— 樊富珉《团体咨询的理论与实践》

这里的团体不是一般的人员群体，而是具有特殊的意义，成员要在互动中达成良好的互助作用。每个成员可以在这个团体中倾诉真情实感，并得到他人的理解和关怀；可以在团体中分享彼此的经验，并共同探索解决问题的方法和途径，有利于培养学生对团队的信任感和归属感。

小学团体心理辅导应遵循学生个体心理发展的一般规律，针对小学生在不同发展阶段所面临的任务、矛盾和个别差异，促使其心理矛盾得到妥善解决，心理潜能获得有效发挥，个性和谐发展。

发展模式立足于学生发展的日常情境，注意学生发展障碍的早期发现和预防，关注他们下一阶段发展的准备情况。它强调在遗传素质、社会环境和教育机会均有较大差异的情况下，如何促使每一个人获得最有效的发展，使人的潜能和智慧得到充分发挥。

旨在"帮助学生实现最佳发展，努力排除正常发展障碍"的心理辅导发展模式，教师要把握不同年龄段学生的发展特点、主要矛盾以及这一阶段待解决的主要问题，关注学生各种心理品质的协调发展，帮助不同年龄段学生尽可能好地完成各自的发展任务，对他们可能出现的各种心理行为问题和心理危机进行积极的预防、指导和干预。因此，心理健康教育的发展模式，得到了许多人的赞同，而且这也是学校心理健康工作者的主要任务。

（二）小学团体心理咨询的一般环节

1. 前期调查

通过问卷调查，在参与学生活动中进行观察，个别访谈和组织学生座谈等多种手段，对学生的心理状况、发展需求进行专题调查，以确保辅导目标更具针对性和实效性的策略。

（1）操作步骤：结合辅导主题明确调查目的、选定恰当的前期调查法、准备调查工具、实施调查、对调查结果进行数据统计、分析数据，发现规律、提炼问题、最终转化为辅导目标。

（2）注意事项：辅导者要准确掌握所选用的调查手段的操作方法；遵循保密原则，科学使用调查结果。

2. 热身活动

这是团体心理咨询的起始环节，其目的是活跃气氛，营造宽松、愉悦、友善、平等的氛围，使师生间充分信任，调动学生参与活动、表达内心体验的积极性，有机地为展开辅导作铺垫。热身活动要短小精悍、轻松活泼。

3. 引发问题

通过创设的活动情境，引领学生提出具有针对性的共同探讨的主题。这一环节是助学生自助的第一步。

4. 共同探讨

这是团体心理咨询的关键阶段，引导学生将注意力集中在活动目标上的阶段，由若干个活动组成。从多个角度或多个层面，引导学生围绕中心问题进行探讨，最终实现辅导目标。

其主要任务是：在充满信任、理解、真诚的氛围中，使学生相互接纳、相互支持，促进学生的自我开放，表达其真实的内心体验。

5. 观点汇集

这一阶段，是对前面活动的回顾和总结。辅导教师要组织学生分享各自在活动中获得的体验与感悟，并形成认知。

在这一阶段，辅导教师不要强加给学生任何观点，而是引领学生对自己的观点进行归纳、澄清和提升。

6. 尝试实践

这一阶段，辅导教师要鼓励学生勇于尝试，将获得的方法付诸行动。学生通过完成一定的实践任务，尝试运用和巩固获得的认知和技能。

7. 自我设计

应用正确的认知与获得的技能指导实际生活的行动设计，即：把团体心理咨询的收获迁移到实际生活中。在现实生活中找到适合自己的新起点、目标和行为方式，行动起来。

8. 后续辅导

对辅导过程中发现的有特殊需要的学生开展后续辅导。辅导的形式有小组辅导、个别辅导、书面辅导、家庭辅导等。

在团体心理咨询过程中，辅导者要关注学生的情感变化，帮助学生澄清、重建认知，使其建立良好行为。

总之，在团体心理咨询过程中，辅导者要创设温馨、轻松、安全的辅导氛围，调动学生积极参与活动，使学生乐于、敢于表达自己的感受；辅导者要关注学生已有资源，发掘学生自身的成长力量，关注学生在辅导过程中的情绪、行为变化及产生的新问题予以及时、恰当的引导，促进其问题的解决；辅导过程中，辅导者要达成既定的辅导目标，使学生有不同程度的收获，不强求统一；要培养学生积极、健康的心态，掌握适应生活变化的技巧。

第二节 小学生心理健康教育课程的建设

一、小学生心理健康教育课程的目标与意义

心理健康教育课程是以培养个体良好的心理素质为目的的一门课程，是学校心理健康教育工作的一个重要途径。与其他形式的心理健康教育相比较，心理健康教育课程具有系统性、连续性和目的性等特点。因此，它是心理健康教育最重要和最直接的形式。

心理健康教育课程区别于其他课程，有更大的灵活性。课堂内容比较丰富，可采用的教学形式多种多样。因此，课程目标的设定显得更为重要，否则，将使得课程教学没有目的性和计划性。

（一）小学生心理健康教育课程的目标

1. 心理健康教育的目标

按照国家教育部的规定，心理健康教育的总目标是：提高全体学生的心理素质，充分开发他们的潜能，培养学生乐观、向上的心理品质，促进学生人格的健全发展。心理健康教育的具体目标是：使学生不断正确认识自我，增强调控自我、承受挫折、适应环境的能力；培养学生健全的人格和良好的个性心理品质；对少数有心理困扰或心理障碍的学生给予科学有效的心理咨询和辅导，使他们尽

快摆脱障碍，调节自我，提高心理健康水平，增强自我教育能力。

以此为依据，心理健康教育课程应遵循助人自助、促人自悟的心理健康教育原则，以心理课为载体，充分发挥团体心理辅导的优势，提高全体学生的心理素质。

2. 心理健康教育课程的具体目标

心理健康教育课程目标应以开发学生自我成长的潜能为核心，有针对性、选择性地挑选对学生培养和训练的心理素质或心理特征，制订心理健康教育课程的具体目标，使学生获得自我成长的动力，获得促进终身持续发展的力量和智慧。

心理健康教育课程的具体目标如下：

（1）智能和创造性。培养学生的观察力、注意力、思维能力、想象力等。

（2）自主坚强的意志特征。培养学生具有认识自己、悦纳自己和坚信自己的自信心，依靠自己解决问题，不轻易接受他人的帮助和支配的独立性，敢于挑战，有较强的成就动机和责任心等。

（3）爱的品质。培养学生爱他人、爱环境、爱集体和爱社会的品格以及良好的社会交往技能。

（4）乐观开朗的情感特征。培养学生能够看到生活中的光明面，并对未来充满信心，保持乐观的人生态度，具有较强的心理承受能力以及幽默感和美感。

（二）开设小学生心理健康教育课程的意义

第一，心理健康教育课程的首要意义，就是可以体现促进全体学生健康的发展性目标，帮助学生解决成长过程中的共性问题。如人际交往、学习适应、情绪调节、休闲与消费、危机应对等。这些内容都可以以心理健康课的形式展开，让学生在参与活动中获得心理体验及感悟，进一步改善认知和重塑行为，提高心理自助的能力。

第二，可以落实心理辅导全员性策略。开设心理健康教育课程，可以帮助教师边实践、边学习，逐步理解、掌握心理健康教育的理念、方法和技术，提高教师教育教学能力，改善教育教学观念，教学相长。

第三，可以体现课程改革的教育理念。心理健康教育课程，是以学生发展取向为主，以个体的经验为载体，以活动为中介，通过学生参与、体验和感悟，认识自己与他人，开发潜能，获得自助能力。它可以极大地调动学生的主动性。教师在教学过程中，不仅传授知识和技术，而且还为学生的人格发展提供经验，帮助学生成长。

二、小学生心理健康教育课程的教学

（一）小学生心理健康教育课程的教学方法

心理健康教育课程的教学方法有别于其他学科教学，它重在学生的参与，通过师生共同活动达到培养、训练目的。所以，在实施过程中要采用灵活多样的方法。小学生心理健康教育课程的教学方法主要是角色扮演法、矛盾抉择法、榜样引导法等。

1. 角色扮演法

通过行为模仿或行为替代来影响个体心理过程的方法。即让学生以一种类似表演的方式，展现相应的行为特点和内心感受，进而增强学生自我认识，减轻或消除学生心理与行为方面的问题，以促进学生的成长和发展。目的是通过学生对角色的模仿、想象、创造、感受、体验、思考与讨论，达到心理健康课所要实施的具体目标，在比较各种角色带来的不同体验中，澄清认知。

角色扮演中常用的一些方法有：角色互换、小品表演、哑剧表演、空椅子表演等。

2. 矛盾抉择法

心理教师利用假定的、设计的或真实的两难问题让学生判断，激起他们的内心冲突，触动其原有的心理认知结构，使他们产生不满足感，以达到改变其原有认知结构的目的，从而提高其心理水平。

3. 投射测验法

投射一词在心理学上是指个人将自己的思想、态度、愿望、情绪、性格等个性特征，不自觉地反应于外界事物或者他人的一种心理作用。也就是个人的人格结构对感知、组织以及解释环境的方式发生影响的过程，可以使隐藏在潜意识中的欲望、需求、动机冲突等"泄漏"出来，将内隐的、模糊的内在体验，转化为外显的、鲜明的体验。

由于学生通常不善于将内心的体验描述出来，不善于理清一些模糊的感受，所以为使学生能够更好地了解自己，使辅导老师能够及时，又比较准确地把握学生内在的情绪情感体验，以便实施有针对性的心理辅导，我们可以创设一个具有"投射"作用的情境，将内隐的、模糊的内在体验转化为外显的、鲜明的体验。

4. 肢体参与法

体验，是内在的感受。要使学生动情动心，不是简单的说教可以达到的。创设情境，要注意通过学生外部多种感官的参与，引发其内在的情绪情感体验。外在感官感受，是获得内心真切体验的最好媒介。必须注意的是身体上的体验，要以不伤害学生为前提和准则。

活动举例：肢体碰撞礼

（1）选好身边的一位同伴：一撞，撞出熟悉和亲切；二撞，撞出热情和喜悦；三撞，撞出智慧和信心。

（2）随机选定人员进行碰撞，先设计"三撞"，要撞出什么。

（3）自由汇报：你们撞出了什么？

（4）分享：这个活动带给你什么体会或感悟？

5．榜样引导法

心理教师可利用小学生爱模仿的特点，让他们观察并模仿榜样的行为，使自身受到强化，从而实现培养、训练的目的。榜样可以是真实的，也可以是通过传播媒体来呈现的。

（二）小学生心理健康教育课程的教学内容

心理健康教育课程的主要内容包括：普及心理健康基本知识，树立心理健康意识，了解简单的心理调节方法，认识心理异常现象，以及初步掌握心理保健常识，其重点是学会学习、人际交往、升学择业以及生活和社会适应等方面的常识。

帮助学生适应学校生活，培养学生主动学习的态度及良好的学习习惯；帮助学生了解自己的生理、心理特点以及与他人的差异，接纳自己、尊重他人；帮助学生掌握交往的基本规则，与老师和同学建立良好的关系；培养学生自主、自治、自理的能力，初步养成良好的生活、行为习惯和乐观进取的态度，增进身心健康。

小学低年级主要包括：帮助学生适应新的环境、新的集体、新的学习生活与感受学习知识的乐趣；指导学生养成良好的学习习惯，初步掌握正确的学习方法和形成乐学心态；鼓励学生参与班级活动，与老师、同学友好相处，在谦让、友善的交往中体验友情，遵守纪律，初步形成良好的行为习惯；培养学生互助友爱，关心他人的良好品质；培养学生自理、自主、自制的愿望和能力，在家长配合下合理安排闲暇活动。

小学中年级主要包括：指导学生面对学习内容加深、学习任务增多带来的挑战，掌握有效的学习方法，提高学习效率，努力克服学习中的困难，形成主动乐学心态；培养学生认识自我、悦纳自我、增强自信心和责任感；培养学生主动与他人交往的兴趣及能力，学会处理、协调与他人的关系，培养合作意识；培养学生自主、自律、自立意识，自觉遵守纪律；初步了解情绪对自己和他人的影响，学习简单的情绪调控方法。

小学高年级主要包括：帮助学生在学习生活中品尝解决困难的快乐，调整学习心态，了解自己的能力，提高学习兴趣与自信心，引导学生掌握学习策略与方法，讲求学习效能，在学习过程中体验成功感与满足感；培养积极的应试心态，学习压力处理和情绪调节的基本方法；学会接纳自己与他人，了解青春期身心变化的基本常识，接纳自己和他人的变化，肯定自己的价值；进一步了解人际交往的意义及作用，与他人和睦相处，建立良好的师生关系和同伴关系，学习与家长沟通的正确态度和方法；培养面临毕业升学的进取态度，增强对环境的适应能力，学会应对挫折，培养良好的意志品质；健全开朗、合群、乐学、自立的健康人格，培养自主自动参与活动的能力。

三、小学生心理健康教育课程的设计

明确了心理健康教育课程目标，掌握了教学方法后，接下来的任务就是设计一个单元或一个系列的心理健康教育课，使之取得应有的效果。心理健康教育课程设计包括单元设计和主题系列设计。

（一）单元设计

单元设计简单来说就是备好一个单元的课。一个单元设计，要考虑和明确单元的教学目标、课时、教学场地、教学活动方式、教学前所需的准备工作、教学活动的程序等。

例如，小学三年级心理健康教育课设计了自我心理、人际心理、生活心理、学习心理等单元的教学内容。自我心理单元的教学目标则是：了解认识自己的重要性，通过自己及他人的评价，进一步了解自己的优势与不足，提高自我评价水平，引导学生从发展的角度认识自己，悦纳自己。

一个单元一般所需课时是1—3节不等，可根据单元内容的多少来确定。单元设计要规定教学活动的主要形式，如采用认知法还是操作法，是角色扮演法还是小组讨论法等。心理健康教育课通常在学校心理辅导室进行，有时可根据教学方式的不同在教室或户外场地进行。单元设计还要考虑好课前所需的准备工作，如教学所需电教设备和材料、活动所需道具等。

（二）主题系列设计

主题系列设计有一个明确的主题，并由多个相关或同类的辅导内容组成。主题系列设计要考虑到每一个内容的安排都要具有鲜明的小主题，小主题的排列要做到循序渐进，不同的教学活动阶段要有不同的训练重点。

例如，小学三年级学习心理辅导单元按照其主题，设计了五个教学内容，即：到兴趣的乐园去、学习的金钥匙、时间里的学问、还可以这样想、我学习我快乐。该五个主题的辅导目标为：正确看待学习中的"苦与乐"，激发学习兴趣；寻找适合自己的学习方法；有效利用时间，提高学习效率；打破思维定势，领悟发散性思维；克服学习中的不良情绪。

四、小学生心理健康教育课程的评价

心理健康教育课作为专门的课程，也就有了课程评价的问题，一般说来，对心理健康教育课的评价要注意以下问题。

（一）评价的目的

心理健康教育课的评价应着重于学生心理素质的增强和教师教育理念的体现、教学水平的提高；重点检验其课程是否达到心理健康教育目标，即课堂教学

活动是否改善了学生的自我概念,是否增强了其自我教育和自我完善的意识,是否提高了行动的积极性,是否促进了学生的成长。

(二)评价的原则

1. 客观性原则:评价要客观公正,科学合理。

2. 过程性原则:心理健康教育课程的终极目标是提高学生的心理素质,培养学生的健全人格。达到这一目标要经历一个较长的发展过程,因此心理健康教育不能追求"立竿见影"的效果,要让学生在参与活动的过程中体验、感悟,看重的是学生获得体验感悟的过程而非结果。

3. 发展性原则:评价应着重教师教学理念的转变,学生获得的成长。

4. 指导性原则:通过评价要对教师的专业水平提高具有指导意义。

(三)评价的方法

对活动的效果进行评估,包括起始评价、过程评价和终结评价。

1. 起始评价

起始评价是在活动前进行的教育心理评价。主要任务是评价学生进入新的活动前所具有的前提条件如何。包括对学生能力、个性特点、各种优缺点、各种心理或行为问题类型的识别等。

起始评价的方法有许多,包括查阅学生以往的记录、心理档案、各种心理测验等。

鉴于从事活动的教师大多数都担任班主任工作,对学生的情况很了解,更容易做好起始评价工作。

2. 过程评价

过程评价是在活动进行过程中实施的评价。其目的是收集有关学生与活动的信息,从而为课程的调整提供及时的反馈信息。可参照表 3-1。

表 3-1 课堂气氛记录表(教师用)

主题内容	
课堂气氛	
学生间的相互反应	
偶发事件及处理	
活动效果评价	
活动建议	

3. 终结评价

终结评价通常是在活动结束时所进行的结果评定。包括评定学生的进步和活动方案的有效性。

根据以上的评价原则和评价方法，心理健康教育课的评价主要是过程性评价，要通过收集教师和学生的信息，对照教学目标，检查效果。看目标的达成度，主要看学生参与活动的情况，学生对课程的满意程度和兴趣，在活动课上学生的情感体验、心灵沟通、观念认同、情绪调节和心态把握的情况等。通过对这些方面的评价，及时总结经验教训，为更好地改进教学过程、提高教学质量服务。

第三节 小学生教育教学中的心理健康教育渗透

学校教育教学活动与学生心理的发生、发展密切相关。教学改革的深入发展，无论在教学目标、内容或是手段、方法上都必须面对心理健康这个领域。科学有效地开展学生的心理健康教育成为学校教育教学工作的一项重要内容。

一、班级管理中的心理健康教育渗透

（一）班主任的教育观念

在青少年学生的成长过程中，教师对学生的影响是长期的、潜移默化的，有时甚至是直接的和决定性的。在教师队伍中，班主任作为一个班级的领导者、组织者和管理者，与学生接触时间最长，交往频率最高，也最了解学生，对学生心理健康所产生的影响也最大。因此，班主任是否具有"以人为本"的教育观念非常重要。

1. 班主任要热爱学生

爱是人类特有的，发自内心的情感，它可以带给人力量、勇气、信心，使我们生活的世界更加温暖，幸福。不论是刚刚出生的婴儿，还是铮铮铁汉都需要爱的滋润。作为具有"人类灵魂工程师"之称的教师更应该懂得爱在一个儿童成长中的重要意义。通过自己的工作，把爱的种子撒进每个孩子的心田，是教师对国家、对社会义不容辞的神圣责任。

高尔基说过："爱孩子是老母鸡都会做的事情，可是要善于教育他们，这是国家的一桩大事了，需要才能和全部的生活知识。"教师对学生的爱应是充满智慧的爱。我们常把优秀的班主任比作妈妈，爱好孩子容易，爱听话的孩子容易，而班主任要爱班级中每一个孩子，所以班主任必须树立以学生为本的学生观。

学生观是指教育者对学生的基本看法，它支配着教育行为，决定着教育者的工作态度和工作方式。传统学生观把学生视为被动的客体，是教育者管辖的对象，是装知识的容器；而现代学生观则认为学生是积极的主体，是学习的主人，是正在成长着的人，教育的目的就是育人。在实施新课程中，学生是核心，新课程的核心理念是"为了每一位学生的发展"。班主任需要主动地、自觉地抛弃传

统的师生观，建立一种积极地、有效地新型师生关系。

　　班主任应该认识到，学生是具有独立人格的、发展中的、有着完整生命表现形态的生命个体。在这种全新的学生观之下，班主任对学生的教育也必须进行重新"理解"。

　　首先，学生是人。学生是独立存在的、具有主体性的活生生的人。学生不是任何人可以随意支配的附属品，他和成人一样具有独立的人格尊严、丰富的情感和独特的个性，其生命具有完整性。班主任必须真正将学生视做具有独立人格、思想感情、主观能动性和认知潜能的活生生的人，将学生真正当人看，在教育中赋予学生以"人"的含义：在教育中，班主任不仅要尊重学生的人格尊严，而且，还必须将学生视做主动、积极的、有进取精神和创造性的学习者，在教育教学活动中还给学生自由想象与创造的时间和空间，把精神生命发展的主动权交给学生，使学生真正地成为学习活动的主人。另一方面，由于学生是具有独特个性和生命完整性的人，这就意味着在教育中必须要承认和接受学生个体发展的差异性，并将其真正视为人个性形成和完善的内在资源，因材施教，促进学生的个性化发展。除此之外，在教育中班主任必须把学生作为完整的人来对待，注意还学生完整的生活世界，给予他们全面展现个性力量的时间和空间。

　　其次，学生是富有潜力的发展中的人，一方面，学生具有巨大的发展潜能尚待开发，其身心发育还不够完善，需要教育者科学、合理的开发与发掘；另一方面，学生又是已具有一定能力并享有一定权利的主体，他们享有一定的权利并具备行使这种权利的能力，成人不仅不能剥夺或者代替他们行使其权利，相反要给予应有的尊重和适当的保护。

　　学生是富有潜力的发展中的人，意味着班主任首先必须相信每一个学生蕴藏的巨大潜能，自觉地将"让每个孩子都获得成功"作为教育信条，相信、热爱每一位学生，使自己成为每一位学生发展道路上的助推器和指导者；由于学生是处在成长中的人，因此，班主任必须以发展的眼光看待学生，把学生作为一个发展的人来对待，要理解学生身上存在的不足，允许学生犯错误，并努力帮助学生改正错误，从而不断促进学生的进步和发展。在对学生进行有效的教育和管理的同时，还必须注意尊重和保护学生的合法权利。

　　最后，学生是独特的人，不是"小大人"。一方面，学生时代是人生命历程中最富生命活力，生命色彩最为丰富斑斓，生命成长最为迅速，最为重要的时段，必须肯定其作为人完整生命历程的重要组成部分所具有的价值；另一方面，必须承认学生有着生动的、独特的、成长价值不同于成人的生活和内在世界，理解并尊重学生独特的精神生活、内在感受以及不同于成人的观察、思考和解决问题的方式，肯定充盈着纯真情趣、智慧、和谐和生命活力的学生世界的价值。

　　学生是独特的人，这意味着班主任必须尊重学生并深入到学生独特的内在世界,关注学生内心的奥秘,真正地把学生当"学生",尊重学生的生活经验和独特体验,充分关注每一个学生身上蕴藏着的丰富、独特的发展"资源"。将教育由以往单纯的"塑造"、"改变"和"授予"转变为对学生潜能、灵性的"激活"与"唤醒",从而实现学生全面人格、自由个性、生命活力以及主体性、创造性的真正"解放"。

总之,班主任只有确立全新的学生观,才能全身心地去热爱学生、理解学生、尊重学生,为有悠久人文历史的中华民族培养出一批批能自立于世界民族之林的人。

2. 班主任要育人为先

胡锦涛总书记在十七大报告中指出:"要全面贯彻党的教育方针,坚持育人为本、德育为先,实施素质教育,提高教育现代化水平,培养德智体美全面发展的建设者和接班人,办好人民满意的教育。"把"育人为本、德育为先"写入报告中,充分体现了我们党对现阶段学生思想品德教育工作的高度重视。在当前,我国的社会主义市场经济基本形成,传统的思想观念面临着挑战,未成年人的思想领域同样呈现纷繁复杂、五光十色的状况,给学校教育工作带来了新的课题。有人指出,学生品德不好是危险品,学业不好是次品,身体不好是废品。可见,学校思想工作具有使命感和紧迫感。作为学生思想教育工作的重要力量,班主任必须把育人作为自己的首要工作。

(1) 言传身教

陶行知先生说过"生活即教育"。教师与学生的互动是自育与互育相结合的过程。在日常工作中,班主任的一言一行无时不在影响学生。我们常看到某个班的学生会像他们班主任老师。所以作为班主任,对师德的要求更为严格。很多优秀的班主任都把严于律己、以身示范放在教育工作的首位,因为对学生来说这才是最生动的教育。

(2) 家校配合

造成现今学生心理不健康的因素主要来自家庭和学校。从家庭方面看,许多家长对子女的管教模式往往是在物质享受上百般迁就,在学业上百般苛求。前者使他们缺少心理承受力的锻炼,而后者又使他们面临较大压力。这样的管教模式会使青少年无休止地陷入心理不平衡之中。从学校方面看,在呼唤素质教育的同时,学校还是抱着考分这个要求不放,学生的能力都量化到分数上。分数竞争激烈,学生对自我价值认识不足,自信心缺乏,难以发挥内在潜力,常处于焦虑、担忧、挫折等不平衡心理状态下。

学生的心理健康教育不只是学校的任务,更不是班主任一个人的事情,学生心理素质的形成受家庭影响很大,因此家庭对此也有义不容辞的责任。为使心理健康教育取得更好的效果,班主任的育人工作一定要与家长有机配合。配合形式可以采取办家长学校、提高家教水平、建立家校联络卡、召开亲子家庭会议等方式。需要重视的是，有效的教育依赖于班主任与家长之间建立起来的信任感。

（二）打造班级文化

荀子说："蓬生麻中，不扶自直。"这句话形象表达出学校文化对学生和教师成长的重大影响。就一所学校而言能在学生身上产生终身影响的往往不是分数的高低，也不是知识的多少，而是学校文化的优劣在学生心灵中所留下的精神印痕。学校文化对师生良好个性和素质的养成具有导向、规范和塑造的作用，对师生的发展有着巨大的影响力。而班级文化对于学生更是具有直接的影响。

班级文化主要指班级内部形成的具有一定特色的思想观念和行为规范的总和，是一个班级内在素质和外在形象的集中体现。班级文化的打造，受学校文化因素及班主任个人因素的影响。良好的班级文化会促进班级管理，为学生创设一个良好的成长氛围。

1. 班级环境文化建设

教室环境是班级形象的标志之一。美化教室环境，既建设了良好的班级形象，也可以用优美的环境陶冶人。心理学研究证明，自然环境、社会现实会对人的心理产生巨大影响。优美的教室环境能给学生增添生活和学习的乐趣，消除学习后的疲劳。更重要的是，优美的学习环境有助于激发学生热爱班级、热爱学校的情感，促进学生奋发向上，增强班级的凝聚力。

（1）教室的净化。教室卫生是班级的"名片"，是文明的标志。要保持干净的教室环境，需要培养学生良好的卫生习惯，人人参与劳动，每人都有责任区，班主任老师要在亲力亲为的同时指导学生学习劳动的技能，学会为集体服务，保持教室的清洁和美观。

（2）教室的绿化。绿色象征青春和活力，代表着希望。在教室的前面和后面摆放一些绿色的植物，如盆景、花草等，让教室充满绿色，充满自然的气息。有助于调节放松心情。

（3）教室的美化。班主任可以组织学生精心设计，巧妙布置，力求教室和谐、高雅。教室布置包括：班级发展目标、班级文化宣传内容、学生作品展示。

2. 班级制度文化建设

制度文化作为文化的集中体现，反映和维系着文化的物质层面、精神层面构成的整体。文化整体的协调互动必须依赖一个良性有效的秩序，这唯有通过制度文化才能达到。

班级制度建设要体现民主管理，就是让班级成员在服从班集体的正确决定和承担责任的前提下，参与班级管理的一种管理方式。实质上就是发挥每一个学生的主人翁精神，让每个学生都成为班级的主人。班主任可以通过带领学生制订班规，形成班级制度文化，促进良好班风的形成。

班级制度文化建设，主要以小学生日常行为规范和学校的相关制度为依据，同时根据班级实际，体现班级特色。如班级学生一周目标制度、一周工作总结制度、班干部定期会议制度、卫生制度等。制订和实施制度可以从三个方面加以注意：

（1）抓好开头。俗话说"好的开始等于成功了一半"。新生入校之际、班级成立之初都是制度建设的好时机。要让每一位学生了解班级规范，重视行为规范的养成。

（2）不断完善。学校教育的主体是学生，学生是班级的主人，所以在班级制度文化建设过程中，要充分尊重学生的意见。班级制度可以通过学生讨论、班委修改、最后全班学生投票的方式来制订。年纪小的学生也要在让他们体验制度重要性的基础上，自主修改完善制度。这样制订出来的制度才会得到学生的认可，才会有生命力和实效性。

（3）持之以恒。制度的执行不仅要靠班主任，也要发动学生自我管理。一定要长期坚持，不能朝令夕改，更不能只制订不执行，也不能因人而异。要注重落实，体现"公开、公平、公正"。

3. 班级精神文化建设

班级精神文化属于观念形态层，是班级文化的核心内容，包括班级精神、班级凝聚力、团队意识、班级文化活动等内容。这些内容反映价值观、人生观深层次的文化。

（1）班级精神的培养。一个班级要有班魂，也就是班级精神。这种精神要在班主任的引导下有意识地培养，抓住一切机会给学生讲解这些理念的含义，引导学生在实践中慢慢培养并形成这种班级精神。

（2）班级凝聚力的培养。班级凝聚力是在多因素共同作用下形成的。其中，最能调动班级学生情感，最能体现班级凝聚力的莫过于活动。班级活动是班级文化建设的有效途径之一。

班级活动一般可分为两类，一类是学校组织的活动，如军训、运动会、艺术节、读书节等。这类活动规模大、影响深，对于形成健康向上、团结进取的班级团队精神起很大作用。班主任要学会"借力"，培养学生的集体荣誉感；另一类是班级内部的活动，如班会、辩论会、演讲会、兴趣小组等。这些活动内容广泛、形式多样，更加适合本班学生的需要。

（三）同伴之间相互教育

构建和谐的人际关系对学生健康成长具有重要意义。班级里有两种非常重要的人际关系：生生关系和师生关系。良好师生关系的构建主要依靠教师的素质与能力，这里不作重点讲述。生生关系包括小干部与同学、小干部之间、男女生之间等等。它是不容忽视的一种教育力量，作为班主任应该关注并加以引导。

引导学生处理好同伴关系,包括以下内容:提倡助人为乐;心中有他人;看人要先看别人的优点和长处;正视自己的缺点和不足;培养学生的幽默感;要有团队意识和合作精神。

班主任要实行班级干部轮换制,让每个学生都有锻炼的机会,并学会与人合作。建立培养学生自我管理能力为主的班级管理制度,把以教师为中心的班级教育活动转变为学生的自我教育,即把班集体作为学生自我教育的主体。具体的做法包括:适当增加"小干部"岗位,并适当轮换;按照民主程序竞选班干部,让学生具有多种体验,有利于从小建立公民意识;引导学生小干部做"学生的代表";引导学生做合格的班级小主人。

二、学科教学中的心理健康教育渗透

学科渗透是学校开展心理健康教育的主渠道之一。通过开展学科渗透心理健康教育的活动,可以为学生营造宽松和谐的课堂心理环境,激发学生的学习动机,培养学生良好的学习习惯。从学科教学的特点出发,结合心理健康教育的原则,挖掘各学科的心理健康教育内容,寻求实施心理健康教育的新途径。

(一)发挥学科本身蕴藏的心理教育资源

各门学科本身都蕴含着各具特点的心理健康教育内容资源,如语文、英语、品德与生活、品德与社会等课程包含了大量自我认识、自我调控、经受挫折、健全人格、发展潜能方面的心理教育内容。数学、科学等课程包含着很多培养学生观察、注意、记忆、理解、思维、想象等认知活动的内容,同时这些内容有助于培养学生克服困难的意志、严谨的学习态度以及良好的学习习惯。音乐、美术等艺术类课程本身就是心理健康教育的载体,蕴含着更为丰富的心理健康教育资源,例如,音乐可以起到改善情绪状况,增强注意力,活跃思维,丰富想象力,缓解压力的作用;绘画中的颜色刺激会影响脑垂体及下丘脑,进而调节人的情绪及其他心理机能;体育课程中也蕴含着锻炼坚强的意志,调节情绪,改善人际关系,健全学生人格,提高适应能力等方面的心理健康教育资源。

新课程改革中强调教师要从情感、态度、价值观三个维度进行教学的实施。因此在教学中教师不仅要关注知识的学习,还要挖掘教材本身的资源,通过知识的概括、归纳,提炼出知识上位的能力、情感、态度、价值观,达到育人的目的。

(二)营造良好的课堂心理环境

课堂心理环境是指在课堂教学中影响学生认知的师生、生生心理互动环境,它由教师教的心理环境和学生学的心理环境两部分组成。课堂心理环境表现为融洽或冷漠、活跃或沉闷、和谐或紧张等形式,良好的心理环境对提高课堂教学效率,对提高学生心理健康水平将产生深远的影响,良好的课堂心理环境是学科渗透的关键。作为教师应如何构建良好的课堂心理环境呢？

1. 要努力增强自己的人格魅力

人格是一种巨大的潜在精神力量，是影响学生情感体验、制约课堂心理环境的重要因素。学生在课堂上不仅学知识，而且学做人；学生不信赖老师，就不会爱学这门课程，"亲其师而信其道"。教师的人格魅力来自于高尚的道德修养，来自于深厚的知识积累，来自于优良的性格气质。困难失败打不倒，积极进取、笑口常开，会给学生带来积极的情绪体验，产生不可抵御的吸引力。因此教师必须勤于学习，加强道德修养，培养良好的性格，增强自身的人格魅力。

2. 要营造融洽的师生情感氛围

营造融洽的师生情感氛围的关键是教师对学生的"爱"。现代教育中的师生关系是以人道、平等、民主作为基础的，具有爱的品格。教育是爱的事业，爱是教育的灵魂。苏霍姆林斯基说过："教育技巧的全部奥秘也就在于爱护儿童。"在课堂上教师的态度与语气要和蔼亲切，对学生阐述的观点、提出的问题要认真倾听，不管问题多么简单、幼稚，观点是多么可笑、荒谬，言辞多么尖锐，教师都要耐心、适度地进行解答。在解答学生的疑难问题时要用商量的口气，如用这样的词语："这个问题我先谈个人的看法，请同学们看看是否有道理？"提问学生时，要用"请回答"、"请坐下"等词语，学生答对了要给"好"、"很好"、"有独到见解"等一些肯定激励性的评价。通过这些尊敬的激励性话语，拉近老师与学生情感上的距离，增加他们积极的心理体验。此外，平时还要多接触学生，要经常以平易近人的态度与学生进行交流，做学生的知心朋友。这种在平时建立起来的融洽师生关系，有利于形成课堂上良好的师生情感。

3. 要尽量使用幽默的语言

语言有传递信息的功能，幽默在保持心理健康上有着独特的功效，它可以放松紧张的心理，解除被压抑的情绪，缓解人际关系，摆脱尴尬难堪的困境，减轻焦虑，冰释误会。在课堂教学中，教师如果能恰当地运用幽默语言，就犹如心灵的催化剂，使学生在轻松愉快的氛围中求知，在不知不觉中培养乐观豁达的健康心理。

4. 培养学生的问题意识

问题意识是主体意识的重要表现，是指学生在认识活动中的主动怀疑、探究的心理状态。在问题意识中，包含着人的勇于追求真理的怀疑精神和创新精神。培养学生的问题意识，有利于发挥学生的主体作用，激发学习兴趣，有助于学生良好个性的发展。教师不但要让学生掌握简单的直问直答的低级认知提问技能，还要教会学生分析提问、综合提问、辨疑提问等技巧，以多种形式培养学生的问题意识。如师生、生生之间的相互提问、辩论和讨论等。学生的质疑，教师要及时予以鼓励和表扬。教师要掌握学生学习的心理特点，将质疑升华为学生学习的动机和需要，将有利于培养学生的批判性思维和良好的个性心理特征。

5. 培养学生体验成功的愉悦

教学不仅要让学生掌握知识，更重要的让学生在学习和掌握知识的过程中，通过体验到学习成功的喜悦，使自己的个性变得更加自信，达到增进学生心理健康的目的。如确保每个学生透过教学获得成功感，没有比取得成功更能使学生激动和受鼓舞的了。对学生来讲，成功本身并不重要，真正重要的是那种成功的感觉。如果学生在校经常受老师的批评、训斥和同学的冷嘲热讽，在家经常受家长的责备，感受不到成功的乐趣，就会使学习如猛兽，提到学习就害怕，遇到考试就发慌。学习带给他们的是沉重的心理负担，他们经常失败，感到心灰意冷，就会导致自卑和失望。所以我们教师应发现每一个学生的禀赋、兴趣、爱好和特长，给予正确的引导和培植。如果要求过低，缺乏挑战意味，会失去目标对学生的激励作用；如果要求过高，又会使学生因失败而却步。

6. 发挥学生的主体作用

要体现以学生为主体的教学思想，需要学生的主动参与。新课程理念强调教师是课堂的组织者、教师是学生学习的促进者，而不仅仅是指导者，要变"牵着学生走"为"推着学生走"，要变"给学生压力"为"给学生动力"，用鞭策、激励、赏识等手段促进学生主动发展。只有学生的主动参与，生动活泼的潜力才能得到充分的展开。

三、校园文化建设中的心理健康教育渗透

(一) 校园文化蕴含心理健康教育功能

校园文化指的是学校所具有特定的精神环境和文化气氛，它包括校园建筑设计、校园景观、绿化美化这种物化形态的内容，也包括学校的传统、校风、学风、人际关系、集体舆论、心理氛围以及学校的各种规章制度和学校成员在共同活动交往中形成的规范和准则。健康的校园文化，可以陶冶学生的情操、启迪学生心智，促进学生的全面发展。

古人云："近朱者赤，近墨者黑。"一位哲人也曾说过："对学生真正有价值的东西，是他周围的环境。"学校的校容校貌，表现出一个学校整体精神的价值取向，是具有强大引导功能的教育资源。校园里的每一个角落都应给人以美的感受，蕴含心理教育价值，使学生从中得到教育和心灵的净化。如：花草树木既能装扮学校，令学习生活在其中的师生心情舒畅，又能教育学生爱护花草树木，通过划分责任区，承担一定的工作任务，使孩子接触自然、了解更多的自然常识，还能培养学生的责任感。

校园文化作为一种环境教育力量，对学生的健康成长有着巨大的影响。校园文化建设的终极目标就在于创建一种氛围，以陶冶学生的情操，构筑健康的人

格，全面提高学生素质。因此，要加强校园文化建设，发挥学校师生在校园文化建设中的主体作用，构筑全员共建的校园文化体系。要树立校园文化全员共建意识，上至学校领导、下至每个师生员工都要重视、参与校园文化建设，它与学校各方面工作都有关系，尤其体现在学校中的人际关系。学生在学校的人际关系主要是师生关系和同伴关系，直接影响着他们的心理健康状况，而良好的校风和班风以及校园文化会催人向上，使人际关系和谐。另外，校史的宣传、学生作品的展示、富有特色的学校活动及学校教职工日常工作中所展现的人文情怀，都是学校校园文化的体现，可激发学生爱校的情感，开放的心态，对艺术的热爱及进取的精神，形成对学习、对生活乐观进取的人生观和价值观。

（二）在校园文化建设中渗透心理健康教育的策略

校园文化蕴含如此巨大的心理健康教育价值，因此学校应加强校园文化建设，以优化学校心理健康教育。

1. 发挥教师在校园文化建设中的主体作用

教师队伍的素质，如教师的职业道德、责任感、情绪情感、个性和意志品质等，都对学生起着感染作用。所以，要提高学生的心理素质，首先要提高教师队伍的素质，建设好教师队伍。

教师是学校教育活动的主要实施者和主导者，只有教师队伍的素质高，校风、班风才能得到体现和落实并创新，校园文化建设的质量和水平才能提高。而且，更为重要的是才能营造出民主、和谐、积极向上的师生关系，使学生在这一软环境中不断成长。全体教师都应以其为己任，自觉地全程参与学校文化建设，做学校文化的实践者，不断追求自我完善。

2. 提高全体教师"全员参与心理教育"的意识

行动来源于认识，要发挥校园文化的育人功能，首先要求全体教师树立"全员参与心理教育"的意识，自觉地以这种意识去审视日常的教育教学工作，全方位挖掘校园文化中潜在的心理健康教育价值因素并不断创新，如，学科教师在教学中渗透心理教育；卫生老师不仅要关注学生的身体健康也要关注学生的心理健康；学校的后勤人员也要在为师生服务中关注学生心理教育，共同营造最优化的心育环境和氛围。

校园文化是动态的隐性课程，需要不断挖掘、不断创新，有赖于全体教师全员参与、全心投入校园文化建设。

3. 处处体现环境育人

学校应该是孩子最向往的地方，应该是教师最温馨的家。校园文化建设就是要为师生营造一个和谐的、愉悦的学习、工作环境，同时"让环境说话"，发挥其独特的美育功能。一方面强调环境建设中各个部分、比例及搭配的和谐，既符合人审美的要求，又能最大化地利用寸土寸金的学校资源。如，建立科技长廊、养殖角,墙壁设计和兼顾四季的绿化规划……让美丽的景色和文明的言行、快乐的心情,一起和谐地荡漾在校园的每个角落。

另一方面强调环境的整洁规范。细节决定成败,校园建设的每个角落、每个细节都容不得半点马虎,每个工作中的细节都应以认真负责的态度加以关注。如卫生无死角,厕所无异味,标牌无错字,垃圾被分类等等。美丽、和谐的校园背后,展示着教育者的精益求精,这是给予学生的最宝贵的文化氛围。

第四节 学校、家庭、社区心理健康教育网络

一、学校、家庭、社区心理健康教育网络建设的意义

一个人在人生的成长过程中,都要经历从家庭到学校到社会的过程。家庭教育是教育人的起点,父母是孩子的第一任老师。家庭教育应侧重孩子的性格培养,要给孩子树立正确的人生观,家长自己的一言一行都要给孩子做出榜样。学校教育是人类传承文明成果的一种方式和途径,学校的重要任务就是让学生掌握他们应当掌握的知识。而社区教育则是以前两项教育为基础的实践教育,是孩子感受实际的过程。

学校、家庭、社区三种教育密切结合,是提高孩子素质的重要途径,是培养社会主义现代化建设高素质人才的需要,也是深入教育改革、实现素质教育的需要。任何一个人的发育成长,都是学校、家庭、社会综合作用的结果。心理健康教育作为素质教育的重要组成部分,同时也是大教育体系中的一个组成部分,它同学校、家庭、社会都有着十分密切的联系,必须协同配合才能有效地发挥作用。当前建立学校、家庭、社会三结合的心理健康教育网络,有着重要的意义。

心理健康教育是一项全面系统工程,需要学校、家庭和社区、媒体等各方面共同的努力。不一致的教育会导致孩子认知混乱,不利于健康人格的形成。因此,在心理健康教育中,家庭和学校、社会应相互配合、合力育人,形成教育网络,从而使孩子受到来自多方面系统一致、各显特色和相辅相成的教育影响力,更好地实现心理的健康发展。这既是学生本身全面发展的需要,也是民族进步的希望所在。

二、学校、家庭、社区心理健康教育网络建设的措施

(一) 以学校为主导,构建学校、家庭、社区三结合的心理健康教育网络

1. 建立组织,完善机构

学校、家庭、社区三结合的心理健康教育网络可以通过以下几条途径来建立和完善。

(1) 学校牵手家庭教育

家庭教育中最重要的因素是父母的教育观念,没有人生来就知如何当好家

长。根据我国的国情,没有开设相应的如何做父母的学习课程,未经培训的父母的教育观念都来自原生家庭及自身成长的感悟。有的家长认为教育是学校的事,与家庭无关,将教育责任完全放在学校和老师身上,或者认为只要"学校教育得好,其孩子就一定能出类拔萃",这种观点造成"5(五天学校教育)+2(两天家长'放羊')=0"的教育怪圈。有的家长盲目把自己的孩子与其他孩子比较,"别人学奥数,我们也要学奥数","别人学英语,我们也要学英语"。这些家长把家庭教育变成了学校教育的延续,孩子的周末全泡在课外机构里,造成孩子对学习失去兴趣,心理问题增多。

苏霍姆林斯基曾说:"若只有学校而没有家庭,或只有家庭而没有学校,都不能单独承担起塑造人的细致、复杂的任务。"因此对家长的教育应成为学校教育的一个重要工作。目前比较普遍的情况是,学校通过建立家长委员会,请家长志愿者参与学校管理,家长学校开办讲座,聘请专家及富有教育经验的一线教师宣传现代教育理念,加强家庭教育交流,提升家长育子观念,使之与学校教育同步,使家长在参与学校活动中和孩子共同成长,改变家庭教育的随意、盲目和自发性状态。

(2)社会资源融入学校

学校作为教育的基层单位,要接受市、区街道办事处及教育委办局的领导与监督。有些地方在下面专门设置了社区教育办公室或校外教育办公室,这样的机构在协调各种心理健康教育力量方面发挥了重要作用。在落实全面实施素质教育的过程中,街道社区成为学生实践活动的场所,学校与所在社区的街道或居委会建立协作组织,成立校外教育领导小组,经常保持联系,主动配合,开展工作,也是一种灵活并且富有成效的组织形式。民警担任学校安全教育宣传员,讲解法律知识、自我保护知识等。学校还可以利用周边的教育资源对学生开展各种教育活动,如参观博物馆、走进军营开展军训……通过社会实践活动开阔学生视野,培养学生良好的心理品质。

除了政府部门的协调保证外,我们还可以借鉴台湾在青少年心理健康教育中的做法,发挥辖区周边专业心理咨询机构及民间青少年组织的优势,完善青少年活动基地,开展个体与团体心理辅导活动,如:冬令营、夏令营、人际交往训练营、学习困难辅导班等针对性强的专业化辅导,以弥补学校个性化教育的不足,提供更丰富的自我认知、自我发展方面的指导,适应学生的个体成长需求,满足家长的需要。这对于我们现在的独生子女教育是极为重要的。

2. 统筹协调,扬长避短

北京教育学院刘维良教授认为:在"三结合"心理健康教育网络建立的过程中,应该特别注意协调各方面教育力量,扬长避短,发挥各自优势。当前应特别做好以下几项工作:

第一，充分发挥学校的主导地位与指导作用。学校作为专门的育人机构，其专业优势是显而易见的。在开展心理健康教育的过程中，理应充分发挥其功能上的主导地位与业务上的指导作用。当前，学校不仅要在改善校内育人环境方面尽到自己的责任，而且应该在指导家长和协调社会教育资源方面发挥更重要的作用。

第二，将家庭教育纳入大教育体系之中。提高家庭教育的计划性和系统性，是提高家庭教育质量和水平的重要措施。因此，必须将原本是个体性和自发性的家庭教育，纳入大教育体系之中，使其成为自觉的教育活动。这项工作，应该由学校和社会共同承担。

第三，社区是社会力量的具体代表，应充分发挥社区教育的协调功能。社区教育的功能是多方面的，但是从其自身的特色来看，如何发挥其协调作用，应该是最突出的一点。社区教育的协调功能一是要表现在对社区各种教育资源的充分挖掘上，二是要表现在对各方面教育力量的协调上。

3. 建立机制，不断完善

"三结合"心理健康教育网络的建立，不仅要提高认识，而且要靠机制健全，要有相应法规和制度的保证，才能使之健康发展，不断完善。在这方面，有些地方已经开始意识到"三结合"网络的必要性，并在法规上提出了相应的要求。例如，上海市在2001年通过的《上海市精神卫生条例》中就明确规定"市和区（县）人民政府应当将精神卫生工作纳入本地区国民经济计划和社会发展规划，提供资金等物质保证，建立和完善精神卫生服务网络，推进精神卫生事业发展。"按照这一要求，心理健康教育网络的建立就不仅仅是教育系统的任务，而是政府应尽到的一项职责。目前，上海市教委正在积极促进这一措施的落实。这是一个值得大力推广的经验（刘维良，2005）。

（二）以家庭为核心，建立社会心理支持网络

随着社会发展加快，人们的生活压力也随之加大，而没有具备很好的压力释放、处理机制，会导致压力累积之后出现攻击行为：包括攻击他人和攻击自身。小学生虽然年龄小，但是这一时期是人的行为、性格和智力迅速发展的关键时期，由于身心变化比较快，加之文化知识及社会经验的不足，小学生很容易产生不健康的心理，导致心理问题或心理疾病。

"社会支持"是健康心理学关注的一个重要话题，它既包括我们所拥有的客观的、物质化或可以数量化的支持，更强调我们主观上对支持的感受和体验。社会支持也是我们健康生活的一个重要保障，当我们处于应激之中，良好的社会支持系统可以给我们力量和信心；当我们处于顺境之中，它同样可以给我们快乐和充实。

一般认为，社会支持从性质上可分为两类：一类为客观可见的实际支持，包

括物质上的直接援助以及社会网络、团体关系的存在和参与，其中后者主要是指稳定的如家庭、婚姻、朋友、同学、同事等和不稳定的社会联系如非正式团体、暂时性的社会交际等的大小和可获得程度；另一类是主观体验到的情感上的支持，指的是个体在社会中受到尊重、被支持、理解的情感体验和满意度，与个体的主观感受密切相关。

学术界对社会支持与健康的关系已经有了很长时间的研究。社会学和医学用定量评定的方法，对社会支持与身心健康的关系进行了大量的研究，结果发现，社会支持一方面对应激状态下的个体提供保护；另一方面对维持一般的良好情绪体验具有重要的维护作用。

我国学者胡湘明在以上假设的基础上提出中国青少年社会支持系统的前提：第一，社会支持系统应当是个开放系统，它不排斥一切有助于维护健康、预防疾患的社会因素进入该系统与原有系统因素发生整合；第二，它应该是一个沿着维护—预防—治疗这一梯度形成的功能渐进系统；第三，它应当是青少年心理易感性较强的社会因素组成的系统。同时，他还提出了中国青少年的社会支持系统应包括文化、人际交往和心理辅导三个方面，其来源为家庭、学校和社会（王铁军，1993）。

1. 家庭建立良好的亲子关系

家庭是心灵的港湾，为人们提供安全的社会支持系统。欢乐、和谐、健康的家庭生活有利于形成最佳的亲子关系，促进儿童的心理健康。在健康的家庭里，父母双方彼此相爱，爱孩子，关心孩子的兴趣、能力和志趣，愿意设法帮助孩子。家庭成员之间能互相尊重爱护，家庭气氛安定和睦、融洽温暖、民主平等、愉快欢乐。为了促进儿童的心理健康，父母还要形成最佳的亲子关系：父母要和孩子一起游戏，一起学习，发展共同的兴趣，和孩子共享经验和成果，增进父母和孩子之间的感情和相互间的了解。父母要把孩子作为平等的人，尊重孩子的爱好，给他一定的自主权。轻松和谐的家庭氛围能够使青少年在快乐幸福的感情中成长，沟通和交流则能使父母及时了解孩子们的心理变化，及时做出应对措施，帮助孩子身心健康发展。

亲子关系乃一个人一生中最早体验到的关系，也是人际关系中最重要的一环，假如这层关系发展良好，它将成为孩子一生中一连串和他人良好关系的基础。

良好的亲子关系可以给人以安全感，感到被爱、被需要、被欣赏、被接受，奠定了孩子与他人之间良好的适应基础，形成良好的社会支持系统。

2. 学校设立心理咨询室

随着经济社会的发展，学生心理问题逐渐增多，加强学生心理健康教育和心理咨询工作日益引起各级教育部门和社会的关注。建立和规范学校心理咨询室，有利于推动学校心理健康教育工作的开展。北京市教委相关部门在总结已有心理咨询室建设和使用经验的基础上制定了《北京市中小学和职业学校心理咨询室建设基本要求（试行）》，把心理咨询室建设提升到"加强德育基础建设和北京市中小学办学条件标准中的一项重要内容"的高度，从政策上予以保障。

学校心理咨询室作为心理健康教育的重要组成部分有其独特性，那就是应把它和社会上的专业咨询模式区别开来，它不是医疗机构，也不是专业咨询机构，它接触的不是成人、病人，而是学校里正常的，有了困惑、苦恼的小学生。而且由于小学生年龄较小，比起青年和成年人心理问题相对简单，特别是三年级以下儿童还很难对自己的心理问题有准确描述，因此对小学来讲心理咨询室更偏重于面向全体，培养学生良好的心理素质，建立良好的自我意识和自我发展观念，开发心理潜能，适应学校及社会生活，预防心理障碍和心理疾患。

小学开设心理咨询室，要重视发挥"宣传、预防、发展、转介"的功能，加大心理教育的宣传力度，提供安全的倾诉场所，引导学生关注自己的情绪情感，学会调节自己，懂得适时寻求帮助，帮助学生建立起良好的师生交往、同伴交往的支持体系。

3. 社会大力发展心理热线

由于小学生在成长过程中缺少生活经验和一些必要的心理准备，在他们的学习和生活中常会遇到各种问题，如果得不到适当的帮助，往往会产生各种心理行为问题。某些情况下当他们的困惑与压力来自自己的亲人或老师时，他们会更愿意向与自己不熟悉的人倾诉。

因此社会应大力发展社会心理干预资源，提供倾诉场所，使小学生掌握应付心理危机的方法，帮助他们顺利度过成长过程中的各种困难，坚强地面对生活中的各种挫折和考验，避免自我伤害性事件的发生。可以通过少工委、团工委等多种渠道提供心理干预的资源，让需要帮助的学生能得到信息和途径，获得社会支持。引导学生从小学会从多种渠道寻求帮助，建立对心理咨询的信任关系，为成年后维护心理健康打下基础。

【建议参考资料】

1. 陈永胜. 小学生心理咨询 [M]. 济南：山东教育出版社，1994.
2. 弗拉纳根. 心理咨询面谈技术 [M]. 北京：中国轻工业出版社，2001.
3. 施密特. 学校心理咨询实用规划 [M]. 沈湘秦，译. 北京：中国轻工业出版社，2005.
4. 吴增强，蒋薇美. 心理健康教育课程设计 [M]. 北京：中国轻工业出版社，2007.
5. 张明. 小学生心理健康教育（教师用书）[M]. 北京：中国轻工业出版社，2009.
6. 郑日昌，陈永胜. 学校心理咨询 [M]. 北京：人民教育出版社，2010.

【问题与思考】

1. 什么是心理咨询？心理咨询具有哪些形式？
2. 适合小学开展心理健康教育的咨询形式有哪些？为什么？
3. 开设心理健康教育课程的意义是什么？
4. 小学心理健康教育课程的目标有哪些？
5. 小学开展心理健康教育的途径有哪些？
6. 为什么要构建学校、家庭、社区心理健康教育网络？
7. 请结合小学团体心理辅导的基本环节设计一节心理健康教育课。
8. 结合具体事例谈谈如何在小学教育、教学工作中渗透心理健康教育内容？

第四章 小学生认知能力的教育与辅导

【本章提要】

小学阶段是学生的认知能力不断发展和完善的关键阶段,学校和家长都应在了解、认识这一阶段儿童认知力发展特点的前提下,采取有效措施和手段使其得到充分和全面的发展。

认知是指人们获得知识并应用知识的过程,这是人的最基本的心理过程。小学生认知能力的发展具体体现在感知觉、注意、记忆和思维四个主要方面。在此阶段的小学生的感知觉已逐渐完善,他们的方位知觉、空间知觉和时间知觉在教育的影响下不断发展,观察事物更加细致有序;小学生的注意力逐步从无意注意向有意注意过渡;小学生的记忆能力也迅速发展,从以机械识记为主逐渐发展到以意义识记为主,从以具体形象识记为主到词的抽象记忆能力逐渐增长,从不会使用记忆策略到主动运用策略帮助自己识记;小学生思维的基本特征是以具体形象思维为主要形式过渡为以抽象逻辑思维为主要形式。小学低年级儿童形象思维所占的成分较多,而高年级儿童抽象思维的成分较多。

本章从感知觉、注意、记忆和思维四个方面来叙述和讨论小学生认知能力的发展特点、相应能力的培养和训练,以及该阶段常见的不良问题的预防和辅导。

【学习重点】

1. 小学生认知能力各方面发展的基本特点
2. 教师和家长如何采取措施来促进小学生注意力的发展
3. 利用小学生记忆发展规律和特点帮助其有效复习及预习
4. 小学生认知发展的常见问题——学习困难的预防及矫正

【重要术语】

感觉　知觉　感觉统合失调　注意缺陷多动障碍　记忆障碍

第一节　小学生感知力的教育与辅导

一、小学生感知力的发展特点

7岁儿童的各种感觉器官已有较好的发展。研究表明,6—7岁的儿童脑重量已达到成人的90%,大脑皮层的枕叶、颞叶、顶叶、额叶逐渐成熟,但感觉和知觉的发展还没有完成。

（一）视觉的发展

6—7岁儿童已能辨别红、黄、蓝和绿等基本颜色，但对同一颜色深浅不同的色度难以辨认。小学期间，儿童的视觉感受性获得显著的发展。如以7岁儿童的颜色差别感受性为100%，而10—12岁儿童和7岁儿童比起来，增长率可提高60%。可见，小学阶段儿童视觉的可塑性非常强，家长及教师应抓住时机，多给予儿童视觉方面的训练，帮助其视觉能力的发育。

（二）听觉的发展

儿童的听觉入学后得到显著的发展。在学校教学特别是音乐教学影响下，小学生辨别音调的能力不断提高。研究表明：儿童辨别音调高低的能力，从6岁到19岁之间有显著的提高，如以6岁儿童辨别音调的能力单位为1，则各年龄辨别音调能力为：

7岁	8岁	9岁	10岁	19岁
1.4	1.6	2.6	3.7	5.2

小学儿童语言听觉得到高度发展，儿童不仅能辨别教师的语言，甚至还可以辨别音调，同时，自己也能发出比较正确的语音来。

（三）知觉发展的一般特征

刚入学的小学生还具有学前儿童的特点，在知觉过程中，无意性、情绪性仍很明显。例如，小学一年级儿童观察图片、标本、事物时，往往被新颖的但非重点的方面所吸引而离开观察的目的，把注意力移到次要的、与观察目的不相干的方面去。造成这种现象的原因主要是儿童注意的无意性，不能按照老师的要求有计划地知觉事物；也可能受儿童自身情绪的干扰，从而转移了观察的目标。到了中年级，儿童知觉的有意性、目的性逐渐发展起来，并在一定程度上能够排除情绪的干扰，逐渐能够支配自己的知觉过程。高年级儿童知觉的有意性明显，他们善于从知觉对象中分出基本需要知觉的东西，并能长时间、有效地观察事物。

刚入学的小学生知觉的另一个特征是笼统、不精确。一年级学生，甚至一部分二年级学生，在知觉事物时往往只限于对事物外表的认知和叫出名字，而不能深入地全面地对事物进行观察。例如，要求儿童画出一幅关于静态物体写生画，他们大多数稍微看一下，就动手去画，以致画出来的物体形形色色，很不准确。一年级的小学生很容易把相似的数字（6和9，5和2）、字母（b和d，p和q）和文字（王和主，己和已，左和右）混淆起来。观察时他们往往想尽快地把对象"猜中"，而不努力先把对象加以观察。他们也不善于看出事物的主要方面和特征以及事物各部分的联系。中高年级的学生逐渐学会比较精确地分析事物的特征，学会区分出事物的主要特征和次要特征，学会概括各个部分间的关系，从而促进儿童抽象逻辑思维的发展。

第三个特征是部分知觉向整体知觉的发展。一些低年级儿童在知觉事物时，往往只限于对事物的外表或部分的认知，而不能深入、全面从整体上把握事物。例如，有人做过一个部分和整体知觉的发展实验。向儿童呈现一些图形，观察儿童是对部分作出反应还是对整体作出反应。虽然这里每个图形显得似乎是一个整体，但它的个别部分是描绘得很突出的。研究发现，5—6岁儿童只对部分进行反应。例如，回答"两只长颈鹿"、"两根胡萝卜"等；而7—8岁的儿童对部分和整体都有反应。不过，这时儿童往往还未把部分与整体连结起来。譬如，看到一幅图时说："有一些水果。""呵，一个小丑！"一般说来，直到童年晚期（8—9岁左右）才出现把各个部分同时整合为一个单一的整体。例如，一个8岁的儿童说："我看见了一个用水果做成的人。"

（四）空间知觉的发展

刚入学的儿童，一般地说已经能够辨认各种事物的形状，能够比较各种东西的长短、大小，并能辨别各种东西的空间位置，如前后、上下、远近等。但在识别左右方位时，如不与具体的事物联系起来，他们常常发生错误。如儿童在上操时，做"向左转"、"向右转"动作，约有30%的儿童发生错误。一般地说，要到9—11岁，儿童的空间知觉能力才有显著的发展。他们在正确教育影响下，凭借自己的感性经验，已经能够在图画中表现出各种东西的位置关系，已经懂得距离远的东西画得小些，近的东西画得大些。到了高年级学了自然常识后，已经初步学会看地图。在教师指导下，能够判断上海、北京、广州、武汉等大城市所处方位。但是，儿童对广大的空间观念还是很模糊的。如对祖国的面积、长江的长度以及一些大山的高度等观念就说不清了。

（五）时间知觉的发展

一年级小学生已表现出对时间的警觉性，很怕迟到，力求准确地按时作息。他们首先对一节课的时间距离有较正确的估计，其次是对日和周的实际意义理解比较清楚，因为这都与他们的学习和生活活动有关，但是超出儿童生活范围的时间观念就模糊不清。在整个小学时期，儿童对比较长的时间单位的观念还没有充分形成，他们对历史年代的理解就更困难。如"70年代"、"世纪"、"纪元"、"古代"、"近代"以及"现代"等历史时间概念，不仅低、中年级很难明白，甚至高年级儿童也不好理解。例如，一年级有的儿童问："古时候妈妈生出来没有？"而一个二年级学生说："古代就是奶奶小的时候"，一个三年级的女生问他的父亲："你见过皇帝吗？"

可见，在整个小学时期，儿童对比较长的时间单位观念还没有充分形成，他们掌握历史事件的时间就更困难些。为了培养儿童具有正确的历史年代概念，必须把这些历史年代和每个时期的具体历史事件结合起来学习。

二、小学生感知力的训练与培养

（一）小学生感觉能力的训练与培养

人的各种感觉都是在生活实践中发展起来的。小学生感觉的发展具有很大的潜力，自小学阶段，可以利用各科教学和课外活动来培养儿童的各种感觉能力。

不同的学科可以发展儿童不同的感觉。如图画能发展儿童的视觉，音乐能发展儿童的听觉，手工雕刻能发展儿童的触觉和动觉，诗歌的朗诵和戏曲欣赏能提高儿童对语言的听觉，体育能发展儿童的肌肉运动觉。

组织各种课外活动，可以增加儿童直接接触客观事物的机会，丰富他们的感性经验，提高他们的感觉能力。实验表明，学龄儿童在开始学习水彩画的两年中，他们的色觉感受性发展比未学习水彩画时要高出三倍以上。不但在视觉方面如此，在其他各种感觉领域内，也都有同样的情形。因此，通过专门训练，可以使感受性不断发展和完善起来，甚至可以达到高度的精确和灵活的程度。

（二）小学生观察能力的培养

儿童知觉的不成熟往往表现在不善于把对象的本质与细节加以区分，也就是说，不善于分化，同时，他们不会进行分析活动。为了发展儿童的知觉能力，家长和教师应该致力于发展和引导儿童的观察力。

培养儿童良好的观察能力应做到以下几个方面：

1. 观察要有明确的目的

要进行观察，首先要有明确的目的。要明确在观察中应了解什么情况，收集哪些资料以及解决什么问题。只有这样才能使儿童把注意集中在所要观察的对象上，才能"有的放矢"，深入细致地进行观察，这与那些盲目的、走马观花式的观察，效果大不相同。

如一位教师展示一幅图画，画面是一株玫瑰花，开有九朵三种颜色的花朵；另有三只蝴蝶——一只白蝴蝶停落在一朵白色花朵上，一只黑蝴蝶正要在一朵紫红色花朵上停留，一只花蝴蝶在几朵粉红、大红的花朵上展翅向上，似乎在选择落脚的花朵。教师并没有向学生提出观察的目的，两三分钟后取下挂图，要学生回答下面的问题：画上有几朵玫瑰花？玫瑰花有几种颜色？大多数儿童只能回答看到几只蝴蝶或蝴蝶的颜色，对于教师的提问，几乎没有一个人能正确回答。

由此可见，知觉的选择性是受观察的目的制约的。上述例子中，因为教师没有提出观察玫瑰花的任务，所以学生只凭兴趣把蝴蝶作为观察的对象，没有顾及花朵的数量和颜色的种类。

教师不仅要向学生提出观察的任务，而且还要培养学生自己确定观察的任务，主动地去进行观察以发展观察的能力。

2. 观察前要有充分准备

观察某个对象之前，要让学生具有关于对象的知识。有关的知识愈深入，观察到的东西也愈多。一个植物学家可以在一小片树叶上发现很多重要的东西，而一个普通的人就观察不出。

在观察前，除了有关知识的准备以外，还要向学生讲清观察的计划、方法和步骤，以及观察中应该注意的事项。

3．观察过程中要进行指导

有指导的观察和没有指导的观察，效果是完全不同的。

（1）要指导学生有顺序地进行观察。观察的顺序因观察的对象而不同。有的从上到下，有的从头到脚，有的从近到远，有的从头到尾。对一般物体的观察，一般是从整体到部分，再从部分到整体。既照顾全面，又注意细节。

（2）指导学生选择观察的方法。观察的方法也因观察的对象和任务而不同。例如，观察事物之间的同异，可以采用比较观察法；观察事物的发展变化，可以采用连续观察法。此外，还要指导儿童边观察、边思维，透过观察到的现象认识事物的本质。

（3）指导学生用多种感官进行观察。为了提高观察的效果，要尽可能多地发挥各种感觉器官的作用。除了用眼观察以外，还要尽可能用耳朵听、用手摸、用鼻嗅、用舌尝等，这样可以在大脑皮质形成综合性暂时联系，使观察的结果更深刻、牢固。例如，让城市儿童区分葱和蒜，除了让他们看以外，还应让他们闻一闻、尝一尝。

（4）对观察的结果要进行分析总结。观察之前就应要求儿童对观察到的事物和事物的特点进行记录，以便事后进行分析。对于有专门观察任务的课题，教师也可以先印成表格让学生填写。观察之后，要根据教学的要求对观察的结果进行分析，以便把感性的知识提高到一定的理论知识水平上。但是这种分析和总结应该是在教师引导之下由儿童自己来得出结论，而不应该由教师代替儿童去做。

三、小学生常见感知力问题的预防与辅导

我们先来看一个例子：

平时一向聪明活泼的斌斌学别的东西挺快，可就是在掌握生字、词汇方面比较困难，默写时常出现漏笔画、错别字等现象。如果把一个字出示给斌斌看10秒钟后拿开，斌斌凭记忆只写得出左边部分，右边部分他怎么也默写不出来，这究竟是怎么回事呢？其实，类似斌斌这样的孩子在儿童心理门诊是十分常见的，这些孩子学习特别"辛苦"。

医生认为，斌斌的问题是由于视知觉记忆不佳造成的，要通过感觉统合训练和视觉记忆训练，以改善其视知觉功能，提高学习效率。

何谓感觉统合？感觉统合失调是怎么回事？孩子出现学习困难、不专心、适应能力差是不是感觉统合失调呢？

(一) 感觉统合失调的定义

所谓感觉统合就是大脑将从身体各种感觉器官传来的信息进行多次组织分析、综合处理，从而作出正确决策，使个体和谐有效地运作。大脑的不同部位，必须经过统一协调的工作，才能完成人类高级而复杂的认识活动，包括注意力、组织能力、自我控制、概括和理解能力。当大脑对感觉信息的统合发生问题时，就会发生运作失灵，称为感觉统合失调。

也就是说人类的感觉系统如视觉、听觉、触觉、味觉、嗅觉、前庭平衡觉、运动觉等如同一个个"通讯员"，将各种信息传递给"总司令部"——大脑，大脑对此作出协调、指挥。如果某一个"通讯员"开"小差"，无法正确有效地传递信息，就会出现某种征兆。

学习困难是感觉统合失调的继发病，感觉统合失调会直接导致学业方面出现问题。因为学习困难是一种更加复杂的思维功能障碍方面的问题，这一问题会在"思维"一节详细论述。

(二) 感觉统合失调的表现

感觉统合失调的表现基本体现在前庭平衡功能失常、视感觉不良（表现是尽管能长时间地看动画片，玩电动玩具，却无法流利地阅读，经常多字少字；写字时偏旁部首颠倒，甚至不认识字，学了就忘，不会做计算，常抄错题等）、听觉感不良（别人的话听而不见，丢三落四，经常忘记老师说的话和留的作业等）、动作协调不良（平衡能力差，容易摔倒，不能像其他孩子那样会滚翻、系鞋带、骑车、跳绳和拍球等）、本体感失调（如手脚笨拙）和触觉过分敏感（表现为紧张、孤僻、不合群、爱惹别人、偏食或暴饮暴食、脾气暴躁、害怕陌生的环境、吃手、咬指甲、爱哭、爱玩弄生殖器等）。这些问题无疑会造成儿童学习和交往的障碍，因为这样的儿童尽管有正常或超常的智商，但由于大脑无法正常有效地工作，因而直接影响了儿童学习和运动的完成。

(三) 感觉统合失调的原因

造成儿童感觉统合失调的原因很复杂，主要与孕育过程中的问题和出生后的抚育方式有关。例如：流产、怀孕时用药或情绪处于应激状态、早产、剖腹产，出生后家长摇抱少，尤其是没让孩子经过爬就会走路，孩子静坐多，活动少，过分限制孩子的活动范围等。

这些问题在孩子幼年时也许不会表现出来，到了学龄期，就会在学习能力、人际交往和性格方面表现出这样那样的障碍，让家长和老师非常操心。

因此教师在教学的过程，应及早发现学生的学习问题，并且找到问题出现的真正原因，区分对待。

(四) 感觉统合失调的预防与辅导

只要我们的父母了解什么是感觉统合，什么是感觉统合训练，只要婴幼儿时期注意训练孩子，感觉统合失调是完全可以预防的。

我们可以借助专门的感觉统合训练来预防和矫正该问题。

感觉统合训练是一种具有趣味性、针对性和有效性的训练游戏，就是让儿童在"玩"的活动中，建立愉快的情绪和良好的自信。感觉统合训练的关键是同时给予儿童前庭、肌肉、关节、皮肤触摸、视、听、嗅等多种刺激，并将这些刺激与运动相结合。

感觉统合训练涉及心理、大脑和躯体三者之间的相互关系，而不只是一种生理上的功能训练，儿童在训练过程中获得熟练的感觉，增强自信心和自我控制的能力，并在指导下感觉到自己对躯体的控制，由原来焦虑的情绪变为愉快，在积累积极经验的基础上，提高对各种感觉的统合能力。

感觉统合训练就是要用耐心培养孩子的兴趣，建立孩子的自信心；要让孩子在游戏中感到快乐，自动自发才有效；感觉统合训练因人而异，让孩子每天都有多样的感觉刺激。这种"感觉训练游戏"就像"心理疫苗"一样，能起到预防作用。尤其是3岁以前的早期干预，效果更为理想。但针对小学生也有相应游戏训练模块可帮助改正此类问题。具体方法就不在此赘述，家长和教师可借助专门机构或书籍，学习这方面的知识和技巧，系统地帮助孩子摆脱障碍。

第二节 小学生注意力的教育与辅导

小学生在课堂上注意力不够集中，一直都是老师们比较头疼的一个问题。有些孩子甚至在课堂上大喊大叫，不由自主地站起来或来回走动，做事虎头蛇尾。辅助孩子做作业更是一项需要家长和老师投入巨大精力的"任务"。其实，只要我们了解了这一阶段儿童注意力的发展规律和特点，遵照科学的指导方法，就可以很好地帮助小学生加强注意力的集中、分配和转移，而且良好的注意力更可以为培养勤奋感奠定坚实的基础。

注意是我们所熟悉的现象，但注意本身不是一种独立的心理过程，而是感觉、知觉、记忆、思维、想象、情感、意志等心理过程的一种共同特性。注意是一切心理活动的开端，是学生认识客观世界、获得知识、发展智力的门户。学生学习成绩的优劣，智力发展的快慢，固然要受到许多主客观条件的制约，但注意的集中却是非常重要的条件。注意的品质有注意的稳定性、注意的范围、注意的分配和注意的转移。这些品质的发展程度代表了注意力发展的全面性。为此，教师要从学生入学起，就要重视培养学生的注意力，使他们在学习中能持久地把注意稳定在一个总的方向上，不断地扩大他们的注意范围，使他们不仅善于分配自己的注意，而且又能主动、灵活地转移自己的注意。这是学生的注意力得到充分发展的标志。家长和老师们也会注意到在小学生中存在一小部分注意缺陷多动障碍儿童，对他们要给予特殊的帮助。

一、小学生注意力的发展特点

（一）注意更具可控性

从注意的发生这一意义上说，可以把注意分为无意注意和有意注意。儿童入学后随年龄增长，神经系统进一步成熟，在学习活动的要求下，注意能力有很大的提高，这主要表现在小学生更能控制自己的注意（有意注意），使自己注意更能适应任务的要求（注意的分配和转移）和更有计划地获取有关信息，提高活动的效率。

控制性是指儿童能有意识地把注意集中于目标，而不顾无关信息的能力。如经常告诫自己，上课时要注意听老师讲课，思想不能走神，即使老师讲的内容不是十分有趣，也要用心去听。因此有意注意是一种要付出一定努力的注意，是儿童主动地有选择地获取信息能力的一种表现。一些观察材料表明：7岁儿童可以连续注意10—15分钟；三四年级的学生，在组织得好的课堂教学中，能连续保持30—45分钟。

凡是生动、具体、形象的事物，形式新颖、色彩鲜艳的对象，比较容易引起学生的兴趣和吸引他们的注意。可见兴趣对唤起学生的注意有重要作用。对故事性课文、历史故事等，学生比较感兴趣，因而能长时间地集中注意。那些比较抽象的概念、道理，学生不感兴趣，因而不能长时间集中注意。所以，教师要善于培养和激发学生的兴趣。

（二）注意更具任务针对性

随年龄的增长，小学生越来越能根据任务的要求主动地转移注意于不断变换的任务目标。如参加接力赛跑中，担任起跑第一棒的学生，最初把注意力集中于听老师的哨音和启动自己的起跑动作，哨音一响，立刻拔腿飞奔，到交接棒时，注意调节减慢自己的步速，把棒准确递交到第二棒同学手中。在复习熟记英语单词时，把更多的注意放在那些还不熟悉的英语单词上。这表明学生能根据一定的目的，主动灵活地把注意从一个对象（或一种活动）转移到另一个对象（或另一种活动）上。注意的转移跟注意的分散是根本不同的。后者是在需要稳定的情况下，受到无关刺激的干扰，而使注意离开了所需注意的对象。

（三）注意更具计划性

所谓计划性是指儿童系统地收集和过滤信息，计划自己行动的能力。如晚上在家学习的时候，能计划先做什么，后做什么。在学校轮到自己做教室卫生值日时，也能计划自己的行动：等同学都离校后，先洒水，后扫地，再抹去桌椅板凳上的灰尘，把教室打扫得干干净净。这种计划自己注意的能力随年龄而提高。

二、小学生注意力的训练与培养

即使小学生在注意的有意性（有意注意）方面获得充分发展，但无意注意仍在此年龄段发挥着重要作用，所以我们应该充分利用无意注意和有意注意的规律，对小学生的注意力进行训练和培养。

（一）充分利用无意注意的规律

无意注意既可造成学习上的分心，也可以用来为教学服务。教师在教学中可以充分利用无意注意的规律来促进学生注意力的发展。

首先，要控制引起注意分散的因素。教室周围环境必须尽可能保持安静。教室内的布置要朴素，教师的仪表要端庄。有时不适当地展示直观教具也会使学生分散注意。因此，在教学中必须正确地运用直观教具，不要上课一开始就把直观教具展示出来，而要在使用时展示，使用完了立刻收藏起来，以免分散学生的注意。此外，教室内的空气、光线、课桌椅的高矮、座位的安排等等，都对学生保持注意有一定的影响。

其次，要保证教学方法灵活多样。语言是教师进行教学的武器，也是组织学生注意的工具，教师的每句话都要使学生听懂、听清，而且是动听的，能启发学生思维的。教师在讲课时可以改变声音大小和说话快慢来引起学生的无意注意。教师还可以用语言来调节学生注意的方向，如提示学生注意什么等等。

再次，教学内容要结合学生已有的知识经验，使学生感到有兴趣。凡是能在学生已有知识经验上增加新的知识的事物都能引起学生的兴趣和注意。有些学生对学习没有兴趣，注意力不集中，就是由于他们对前面的教材没有掌握所造成的。如果教学内容是学生完全已知的，在讲课中没有添什么新东西，就不会使学生发生兴趣和注意听课。所以教材内容不要太难太深，也不要太易太浅，要深浅适当，从而吸引学生的注意。

（二）努力发展学生的有意注意

因为学习是一种自觉的、有目的的、以一定的方式组织起来的活动。所以学校教学才成为培养有意注意的重要手段。为此，教师应当利用教学手段促进学生有意注意的发展。

首先，要使学生明确学习的目的和要求。在低年级，每个教学活动，都要让学生知道现在应注意听什么，注意看什么，注意做什么，必须达到什么具体要求。对高年级学生，在授课时要向他们提出明确的目的和任务，增强他们学习的责任心，提高他们学习的积极性，这是保证注意的必要条件。

其次，培养学生的自制力也有利于有意注意的发展。教师要正面向学生说明什么可以做，什么不可以做（即说清道理，不是简单禁止或鼓励）。加强教学常规训练，培养学生专心工作、学习的习惯；发现学生注意分散，要机智地提醒学生把注意集中在学习上，不要采用粗暴的训斥。通过组织活动，培养学生的责任心、义务感及对待课业的正确态度等都能培养学生的自制力。

也可以组织一些丰富有趣的游戏活动。根据一定的目的，设计相应的游戏活动，让学生在活动中增进心理机能、领悟心理知识。如：要使学生控制自己的动作，做到上课不东张西望、不打哈欠、设计"做合格的听众"游戏，锻炼学生的自我控制能力。为了杜绝学生上课讲话的问题，可以设计"假如我是讲话者"游戏，让学生扮演相应的角色，体验做讲话者的情感，进而产生心理移位。

（三）要善于运用无意注意和有意注意相互转化的规律来组织教学。

在教学中如果过多要求学生依靠有意注意来学习，就容易引起疲劳和注意分散，但如果学生单纯依靠无意注意来学习，又不能完成艰巨而复杂的学习任务。所以教师要善于运用两者相互转化的规律来组织教学。例如，一开始上课时，学生的注意往往容易停留在上一节课的有趣活动中，教师必须通过组织教学引起学生的有意注意。然后在教学过程中运用灵活多样的教学方法，生动的语言，使学生对学习内容产生兴趣，从而转化为无意注意。在讲到重点和难点时，又需要加强学生的有意注意。经过紧张的学习之后，再适当地改变教学方式使学生产生无意注意。下课前，学生的注意力容易分散，教师在布置作业时，要对学生提出一定的要求，使他们把注意力集中到布置作业上来。

这样运用两种注意转化的规律，使学生的注意始终保持在学习上，从而使课堂教学得以顺利进行，提高教学质量。

三、小学生常见注意力问题的预防与辅导

我们先来看看小刘老师的"苦恼"："我们班有个小朋友叫陈东东。刚接班的时候，陈东东的一双大大的眼睛吸引了我，大眼睛炯炯有神，充满了灵气。可是过不了多久，问题就出来了。上课的时候他注意力不能集中，不是转东转西，就是手上玩东西，有时人都找不到了，原来在桌子底下。作业拖拖拉拉，几乎每次都不能按时完成。有一次任课老师告诉我今天陈东东'犯病'了，课上到一半的时候，陈东东突然站起来，无缘无故地把邻桌小朋友的笔扔到了窗外。几天以后又发生一件事，旁边小朋友因为生病刚好在服双黄连感冒药，陈东东趁她不备，一把抢了过去，一口就把口服液给喝完了。幸好是中成药，我连忙让他多喝开水。邻桌同学的家长几次三番提出来要求更换位置。发展到后来是愈演愈烈，小朋友午餐吃过的糖醋排骨，陈东东一盒一盒翻出来放在嘴巴里啃。同学告状"陈东东又在欺负他们"是家常便饭，任课老师向我诉苦陈东东纪律差、学习差是屡见不鲜……"

以上这种情形想必其他教师也或多或少经历过，对于这样孩子身上所表现的诸多问题着实头疼不已，其实陈东东身上所反映出的问题都是注意缺陷多动障碍（attention-deficit hyperactivity disorder，ADHD）的集中表现。那什么是注意缺陷多动障碍呢？成因是什么？我们又怎样借助教育的手段加以改进呢？下面我们就来对这一系列问题进行解答。

(一) 注意缺陷多动障碍的定义

儿童注意缺陷多动障碍又称脑功能轻微失调（MBD）、多动症等，是以注意缺陷、活动过度和冲动行为等为主要特征，属于破坏性行为障碍。患儿常伴有不同程度的学习困难，但智力正常或接近正常，有时出现动作不协调、性格或其他行为异常的综合征。其症状一般在 7 岁以前就表现出来，典型年龄为 3 岁，8—10 岁为发病的高峰期。发病率的统计差异很大，从 1.3%—15.87% 不等，平均发病率为 3%。男女比例为 4∶1—9∶1，男童发病率明显高于女童。

(二) 注意缺陷多动障碍在学龄期的表现

由于进入学校后，有许多曾在幼儿园允许的事情在小学是不被允许的，因此会逐渐浮现出 ADHD 儿童的问题。一些之前家长或幼儿园老师未曾发现的症状，会随着环境的改变而很明显地浮现在眼前。

所以，为了了解为何发生这种问题，必须回想幼儿期曾有过的现象与其成长过程。智能较高的 ADHD 儿童在三年级前，也有安安顺顺度过的例子。但是到了四年级起，由于上课内容变复杂、变难，因此 ADHD 儿童逐渐会在校园生活感到困难。ADHD 儿童的行为特征有：在教室里无法坐在座位上，摇晃椅子，注意力集中时间短，无法专注于课业或无法在规定时间内完成课题，在语言方面也具有冲动性，而且不停地吵闹，当受到压力时，会更无法掌控，过动行为更加严重。

(三) 注意缺陷多动障碍的原因

目前有各种假说，有人认为是因为先天体质缺陷和器官异常，染色体异常，父母的精神病等遗传因素或母亲怀孕和分娩障碍，都会不同程度地影响孩子的脑功能，造成孩子先天缺陷，从而导致多动。从目前医学发展来看，有的多动症儿童是因为过多地吸入了汽油燃烧时产生的含铅气体导致铅中毒；电视和荧光灯的小量放射作用也与多动症有关；还有的是因为对某些食物过敏，也有的是因为心理紧张，据调查发现，多动症儿童的父母经常干涉孩子的活动，在孩子做错事时多用批评指责甚至体罚，由此引起的焦虑会使孩子产生分心、冲动的表现。

(四) 注意缺陷多动障碍的预防与辅导

6—14 岁是孩子学习、成长的重要时期，也是一个孩子形成健康的人格、品行、思想的重要时期，这个时期应积极做好儿童多动症的预防，临床常用的预防方法如下：

1. 避免轻微脑组织损害：有些多动症儿童是因为神经递质传递信息失调所导致的，因此为了预防儿童多动症，要避免妊娠时病毒感染、服药、早产、过期产、脑缺氧、剖腹产等引起的感染以及外伤等。

2. 避免维生素缺乏、食物过敏、糖代谢障碍。

3. 心理因素：因为儿童心理发育不成熟，如在此期间，家庭关系不和睦，易导致抽动或多动等行为异常的现象。

4. 避免微量元素的缺乏，环境污染或中毒等。

5. 应密切注意对食物产生变态反应（尤其食物中所含添加剂，人造色素，调味品，防腐剂）。

做好儿童多动症的预防工作，对所有儿童的健康发育来说至关重要，建议广大家长能够积极做好预防工作。

此外我们还要积极做好发生后的教育和辅导工作。有关 ADHD 的矫正方法很多，包括药物治疗，行为矫正，饮食治疗及心理治疗等。从家长及教师的角度，我们要以注意力的培养为重点，考虑儿童活动量的调整和管教方法的改进。下面就为教师提供几个比较具有实操性的方法：

1. "分散学习"的办法。将多动症儿童的学习时间化整为零，每隔 10 分钟老师就注意并提醒他。周边的学习环境尽量保持安静、舒适、单纯，提醒他除了学习用品外，不要放其他分散注意力的东西。

2. 给孩子安排一些户外活动，如打球、跑步、跳舞等，使孩子过多的精力得以宣泄，也可结合孩子的兴趣让其参加一些兴趣班，如弹琴、画画、书法。

3. 训练儿童养成规律生活的习惯，无论起床、吃饭、学习、游戏均应形成规律。不要过分迁就，可给儿童立简单的规矩，这些规矩应简单明了，便于执行。

4. "自尊心提高"的办法。对于这类儿童，老师应耐心地反复地进行教育和帮助，培养他们的自尊心和自信心，消除他们所存在的紧张心理，帮助他们提高自控能力，作为老师应该与父母和医生经常保持联系，帮助医生了解教育孩子的情况，征求医生关于治疗上的指导性意见。

5. 加强学校和家庭的联系，了解儿童在学校和家庭的表现情况，表现良好的行为应及时表扬鼓励，以利于巩固。对不良行为不一味迁就，要说服教育，必要时取消奖励。家长和教师双方相互配合，要有始终如一的纪律要求，教育态度应一致。

第三节 小学生记忆力的教育与辅导

良好的记忆能力，是保证学生进行学习、发展智力的重要条件之一。小学阶段，课本中涵盖了大量需要识记的任务和知识，更加需要儿童善于运用良好的记忆能力和记忆方法去学习、复习和巩固。因此这一阶段儿童记忆力的培养也就成为家长和老师能否帮助学生取得好成绩的关键。

记忆是一种复杂的心理过程。它是人脑对客观事物的识记、保持、回忆的心理过程。记忆主要以回忆（又叫重现、再现）和再认（又叫认知）的方式表现出来。从记忆有无目的，可分为无意记忆和有意记忆；从记忆的方法来分，可分为机械记忆和意义记忆。小学生入学后,要学习各种文化课,发展读、写、算等各种技能,在教学活动中教师经常给学生各种有意识记的要求,在学校集体生活中,他们要学习和理解各种日常行为规范,记住这些规范的要求并把它们应用到日常生活中,因此跟有意注意一样有意记忆的能力也很快地发展起来,成为小学阶段儿童的主要记忆方式。每个人都希望自己有良好的记忆品质,良好的记忆品质主要有四个方面:记忆的敏捷性,即记得快慢问题;保持的牢固性;再现的正确性,即对记忆的材料再现时没有歪曲、遗漏,没有主观的增补和臆测;记忆的准备性,即是否能够迅速将知识库中的必要材料提取出来。

小学生记忆力发展有何特点?怎样根据这些特点去有效帮助学生记忆、再认和回忆?这一阶段儿童在记忆方面容易出现什么问题?我们又应怎样培养自己的记忆力呢?这些便是本节中所要讨论的主要问题。

一、小学生记忆力的发展特点

小学生的记忆力有很大的发展,其特点是从无意记忆向有意记忆发展。

(一) 从记忆目的看,无意记忆仍占主导,有意记忆逐渐增强

小学低年级学生的记忆,仍然是无意记忆占主导地位,记忆的目的性还较差。对一些有趣的事情能很好的记住,而老师交给的学习任务却忘了;老师叫抄写生字、新词才去抄,老师叫背课文才去背,缺乏记忆的自觉性。有时自己认为记得差不多了,就不再去记。到了要考试的时候,才下工夫去背。中年级以上的学生学习目的逐渐明确,有意记忆逐渐占主导地位。他们开始懂得记忆的重要意义,记忆的自觉性、积极性日益增强。主要表现在自己认为该记的东西,就主动去记,不一定等到考试才去记它。高年级学生记忆的自觉性有了更进一步提高,能努力去记忆记不住或难记的东西,有的学生还能主动地检查识记的效果。尽管小学生有意记忆在逐步发展,可是也不能忽视无意记忆的作用。教师应在发展学生有意记忆的同时,利用和提高学生无意记忆的能力,提高学习效果。

(二) 从记忆的内容看,具体形象记忆仍占主导,词的抽象记忆逐步发展

小学低年级学生最容易记住一些具体的、直观的材料,对抽象的词、公式和概念的识记有较大困难。在教学的影响下,随着学生掌握了丰富的词汇和抽象的概念,他们的抽象记忆能力逐步发展,四年级以后发展尤为迅速,并逐步占主导地位。到了高年级以后,抽象记忆和具体形象记忆之间的差别逐渐缩小。

(三) 从记忆的方法看,机械记忆仍占主导,意义记忆日益起主要作用

低年级学生更多的是运用机械记忆。实验研究表明:小学二年级记忆利用事物的外部联系,反复背诵的平均占72%,而利用意义联系记忆的占28%。随着知识的增长,理解能力的提高,中、高年级意义记忆逐渐起着主导作用。从学生复述课文来看,低年级学生常常逐句背诵或模仿教师谈话的方式复述,中年级学

生能加入部分自己的语言,高年级则能根据课文大意进行自由复述。

由此可知,学生在低年级机械记忆起主导作用,越到高年级作用越小;而意义记忆在低年级起次要作用,越到高年级作用越大。但必须正确认识,在学生学习中,两种记忆都是必要的,他们是相辅相成的。因此,教师应培养学生机械记忆和意义记忆的能力,并指导学生将两种记忆结合起来。

小学阶段是记忆迅速发展的黄金时代,教师应激发学生记忆的积极性,促进他们记忆力的发展。

(四)元记忆能力产生及发展

元记忆是人对自己记忆和记忆过程的认识,是元认知的一个重要的方面。例如,如果儿童意识到他们的记忆是有局限的,有些东西比另一些东西容易记忆,有些策略比另一些策略更有效,儿童就有了元记忆,这种能力是随着年龄的增长而发展的。

儿童对自己记忆估计的准确性反映了儿童的元记忆能力。有研究发现,从7岁开始,儿童的这种能力不断改善。近期研究表明,7岁以下的儿童意识不到记忆策略,如复述、组织等对他们记忆的用处,即使他们知道有意义联系的记忆内容比没有意义联系的记忆内容更容易记,他们也说不出原因。7到9岁的儿童能够认识到复述和组织策略对记忆都有效,11岁的儿童已能认识到组织策略比复述更加有效。这说明了年龄较大的儿童更有能力去了解自己的记忆过程,较强的元记忆能力使他们能选择更适合的策略来完成任务,也能更仔细地监测自己的记忆过程。

二、小学生记忆力的训练与培养

(一)充分利用无意记忆,提高有意记忆能力

无意记忆并不是一种不好的记忆,如果运用好的教学方法,使学生产生无意记忆,其效果往往比强记(不讲方法的有意记忆)省劲儿而且效果好。特别对低年级学生来说,无意记忆和有意记忆效果差别不大。

1. 在教学中增强记忆材料的直观性,引起学生兴趣,调动学生智力活动的积极性和多种感官参加,都能使学生产生较好的无意记忆,提高记忆的效果。

调动各种感官(视、听、触等)参加的记忆,学生记得牢,效果也好。有人做过这样的实验,选择100个句子让学生听、读、写。结果:听只记住40%;读记住60%;写则记住80%。这就告诉我们要学生记住某一教材,最好让他们既听、又读、又写,使多种感官参加,以便记得更牢固。

2. 教学中利用学生的好奇心和喜欢儿歌的特点,引起学生无意记忆,记牢教材。在教学中把外语的字、单词、汉语拼音编成歌曲,将常用标点符号编成口诀让学生诵读有助于记忆。

3. 把需要记住的材料变成学生活动和思考的直接对象，无意记忆效果最好。学生常看地图，但往往不能默画出全国行政区划图。如果让他们自制"中国地图拼版"，进行拼图竞赛，不需多久，他们就能记住各省形状、方位，并能较准确地默画出全国地图来。

（二）在利用无意记忆的同时，提高学生有意记忆能力

现在教材中有很多知识需要学生全面、精确和牢固地记住，这就需要发挥学生的主观能动性去进行有意记忆。发展有意记忆必须注意：

1. 教师应注意给学生提出具体的识记任务。小学生有意记忆还在发展，他们往往不能给自己提出识记的目的、任务，还分不清主次，这时，教师应该经常给学生提出具体的识记任务。哪些字词必须会认、会写、会用；哪些课文段落要背诵或复述；哪些公式、定律和口诀要熟记等。

2. 坚持检查提问。检查的内容可以是当堂讲的，上节课讲的或以前学过的。这样可以使学生给自己提出长远识记的任务，从而提高有意记忆能力。

3. 让学生理解教材，把意义记忆和机械记忆结合起来。学生熟记教材，最好是把两种记忆方法结合起来，记忆的效果更好。学生背诵教材，最好是在理解的基础上进行，如果不理解教材内容，单纯的死记硬背是毫无价值的。有的低年级学生能逐字逐句地背下全篇课文，你要问他是什么意思时，却回答不出。这样的记忆意义不大。所以教师首先要把教材讲清楚，使学生听懂、能理解，然后指导学生去熟记这些教材，积累一些知识。在字词教学中，可以利用学生的已有知识和生活经验，用意义记忆和机械记忆结合的办法进行记忆。如背乘法九九表，对小学低年级学生来说是比较困难的，如果教师使学生理解"乘法是相同数连加的简便法"，然后再去反复背诵和练习，把它熟记住，可以少费些劲。

（三）和遗忘作斗争，组织好复习

1. 复习要及时。遗忘的规律是先快后慢，因此复习要及时，要"趁热打铁"。

2. 复习时间应合理分配。分散复习比集中复习效果好。研究表明：三个小时的复习内容，分成每天一小时，连续复习三天，比一天连续复习三小时效果要好。集中复习容易疲劳，内容互相干扰效果差。但也不宜太分散，间隔时间也不宜过长。

3. 阅读与尝试回忆结合。因为尝试回忆容易发现难点，可以集中精力记忆难点；尝试回忆是积极的活动过程，注意需要高度集中，因而印象深刻，记得牢固。学外语时每天早晚把单词在脑中"过过电影"有助于记忆。

4. 合理安排课程和休息。记忆中两种材料互相干扰，先学的材料影响后学材料的记忆，后学的材料影响先学材料的巩固；而且两种材料性质越相近，干扰越大。所以，课程安排上要注意：记忆两种材料之间应有短暂的休息，消除脑神经的疲劳；性质不同的学科交错安排，这样可使两种材料的互相干扰小些。而且

为保证大脑功能的正常，必须确保学生的休息和充足的睡眠。

5. 复习的方式多样化。复习不等于机械的重复。复习的方式单调，容易产生消极情绪和疲劳。如果适当地变化方式，提出新的理解要求，就会使学生感到新颖，激起智力活动的积极性，也能使他们更深入更巩固地掌握旧知识。

三、小学生常见记忆力问题的预防与辅导

记忆障碍（impaired memory），指个人处于一种不能记住或回忆信息或技能的状态，有可能是由于病理生理性的或情境性的原因引起的永久性或暂时性的记忆障碍。记忆障碍有三种类型：记忆增强、记忆减退、记忆错乱。小学生对以往的学习和经历，有记忆，也有遗忘，是一个过程的两个方面。记忆过程受到许多条件的制约，如当时的情绪状态、大脑的机能状态、当时的学习内容和学习性质等。小学生一般会遇到的只是在学习疲劳或不利刺激后的轻度记忆力减退。

小学生要做到善于学习，有规律、不间断地用脑。保证足够的睡眠，让大脑得到充分的休息。用脑时，应安排短暂休息和户外活动。

尽量避免过度紧张、焦虑和激动。防止不良情绪对脑细胞造成强烈刺激，同时要加强思想修养，提高心理素质，妥善处理各种关系，以和睦、宽松、愉快的心情对待周边的人和事，才有利于预防智力和记忆力的衰退。养成良好的生活习惯。物品放在相对固定的位置，使用后放回原位，对于一些重要的事情可以采取用笔记录的方式。增加脑的营养，多吃一些富含维生素B、C的食物，新鲜蔬菜，以及富含矿物质、胆碱的食物，如杏、香蕉、葡萄、橙、海藻、鱼、蛋黄和卷心菜等。玉米、糙大米、全小麦、黄豆、蒜头、蘑菇、酵母、奶、动物肝脏、沙丁鱼、瘦肉类等亦有益于脑。

第四节 小学生思维力的教育与辅导

小学生思维能力的培养一直都是小学生家长和老师帮助其成长的重点。望子成龙的家长们当孩子很小甚至不满3岁时就开始送儿童去参加各种智力开发或思维训练的课程班；为锻炼小学生的逻辑思维能力，一上小学就开始参加各种奥林匹克数学竞赛班……可见，在普通人眼中，都把思维看做高于感觉、知觉、记忆、注意任何一种心理现象的能力。但大人们在行动之前，还要充分了解到这一阶段儿童思维发展特点及儿童个体差异，再有的放矢，才能达到既科学培养了儿童的思维能力，又促进儿童快乐学习、自信生活的目的。

思维是人脑对客观事物的间接的和概括的反映，是认识事物的本质特征和规律的心理过程。从个体发展来看，思维可分为动作思维、形象思维和抽象思维。动作思维依靠感知并在实际操作过程中进行。形象思维运用已有的直观形象（表象）来解决问题。抽象思维最高级，是以概念、判断、推理的形式达到对事物本质特征和内在联系的认识。这种认识是通过对事物进行分析与综合、比较、抽象与概括等基本思维过程而实现的。通过头脑中的分析、综合、比较、抽象与概括等思维过程,人们就能对感知的材料进行去粗取精、去伪存真、由此及彼、由表及里的加工,使对事物的认识更加全面、深刻和正确,由感性认识上升到理性认知。但是,并非任何年龄的儿童都能认知事物的本质和规律,儿童的思维过程经历着一定的发展阶段。

小学生的思维发展有何特点?我们该如何对此能力进行培养和训练?这一阶段的儿童又易产生哪种思维方面的不良行为和心理问题呢?下面我们就来一一探讨和解答。

一、小学生思维力的发展特点

（一）小学生思维力发展的一般特点

1. 从以具体形象思维为主要形式逐步向以抽象逻辑思维为主要形式的过渡

他们的抽象逻辑思维在很大程度上仍然是直接与感性经验相联系的,仍然具有很大成分的具体形象性。只有在中高年级阶段,小学生才逐步学会区分出事物的本质和非本质,学会掌握初步的科学定义,学会独立进行逻辑论证。

小学生的思维由具体形象思维向抽象思维的过渡,存在着一个转折时期。一般认为在小学四年级（约10—11岁）,这个"转折点"何时实现,主要取决于教育。研究表明,儿童思维的发展有着很大的潜力,正确的教育可极大地促进儿童思维的发展。

2. 小学生思维的基本过程日趋完善

儿童的分析与综合能力是在活动中形成的,并在发展中表现出不同的水平。小学低年级学生只能在直接感知条件下进行分析和综合。例如,小学生学习计算,总是通过数手指或数实物来进行。他们还不能脱离具体事物,在头脑中进行分析和综合。随着知识的不断积累,小学中高年级学生已能在表象和概念的基础上进行抽象的分析和综合。

小学低年级学生在进行比较时,一般不善于分清事物本质与非本质的特点；在解决具体任务时,往往不善于用比较的方法。有研究表明,小学生的比较能力的发展处于从正确区分具体事物的异同逐步发展到区分抽象事物的异同；从区分个别部分的异同逐步发展到区分许多部分的关系的异同；从直接感知条件下进行比较发展到运用语言在头脑中引起表象条件下进行比较的阶段中。随着年龄的增长,特别是到了高年级时,儿童逐渐能够根据事物的本质特征进行分类比较。

（二）小学生掌握概念的特点

概念,是反映事物本质属性的一种思维形式。从结构上讲,概念是思维的基本单位。从功能上讲,概念是正确思维的基本条件。小学儿童的概念经历了一个由不精确到精确的发展过程。低年级儿童往往还不能把握事物的本质特征，高年级儿童则能说出一类事物的本质特征，形成正确的概念。他们已经掌握各类概念，其中包括数字概念，如整数概念、分数概念、小数概念；空间方位概念，如上下、前后、左右；自然概念，如动物、植物、生物、家禽、鸟等；社会概念，如父母、亲戚、兄弟、国家等；时间概念，如昨天、今天、明天、小时、分钟等，此外，还有许多其他的概念。可以说，在教学的影响下，他们已经形成了比较系统的概念体系。而且，随着年龄的增长，他们的概念日益丰富。在此基础上，他们的判断能力也进一步提高。例如，他们对一星期之内的时间间隔的判断已经比较准确，而且，随着年龄的增长，判断的准确性不断提高。

（三）小学生理解力发展的特点

理解在思维活动中占有重要的位置。理解的速度、广度和深度反映了思维的水平和质量，是思维发展的一个重要指标。理解是个体运用已有知识、经验来认识事物之间的联系和本质规律的思维活动。我国心理学家以寓言和比喻词为实验材料研究小学生理解的特点，发现其理解存在三级水平。

第一级是直观形象水平的理解。小学生理解寓言或比喻词只停留在对故事的具体情节或词的表面了解上，不能揭露寓于故事情节中的意义或语词的转意。小学生能复述寓言故事的情节，却不理解其中的道理。

第二级是形象—抽象水平的理解。达到这一水平的小学生试图揭露寓意或隐喻，但还脱离不了直观的情节，还局限在寓言和比喻词所描述的具体、特殊事件上理解意义。例如对"两个近视眼"的寓言，中年级小学生认为"这个故事告诉我们既然是近视眼就应承认，不要夸称自己的眼力，如果夸称也是没有用的，别人还是知道你是近视眼"。通篇议论仍离不开故事中讲述到的"近视眼""视力"，并没有引申开来。

第三级是抽象水平。小学生开始能够摆脱故事的具体情节，脱离直观的形象来揭示寓言的寓意或比喻词的隐喻。例如，高年级学生对"两个近视眼"的理解是"平常我们应该实事求是，知道就是知道，不知道就是不知道，不能自作聪明"；认为"一毛不拔"就是"很小气"等。

可见，小学生理解水平的高低不仅受心理发展的影响，也受材料性质、难度和他们的生活经验的影响。低年级小学生绝大多数属第一级水平，小学高年级学生第二级水平和第三极水平差不多各占一半。对于比喻词的理解，趋势也是如此。

二、小学生思维品质的训练与培养

（一）运用变式和比较，帮助小学生形成正确的概念

概念是思维的单位，让小学生掌握正确的概念，是发展思维的首要环节。在概念的形成过程中，变式和比较起着重要的作用。变式就是将概念的正例（一切符

合概念的具体实例）加以变化，它有助于排除无关特征，突出有关特征。而比较则是让小学生在正例与正例（如大碗与小碗；塑料碗和瓷碗等）和正例与反例（如碗与筐子）之间作对比，以便发现例证之间共同的本质特征和非本质特征。

（二）教给小学生思考问题的方法

首先，针对小学生抽象思维水平不高的特点，教会学生以直观材料帮助思维，例如小学数学教学中的线段图，就是帮助思维的好方法。教师要有意识地培养学生逐步借助线段图理解题意，引导学生练习看图、画图、讲图，训练学生看图后准确说明图上怎么表示已知条件和问题，明白已知条件与问题间的关系，要求学生自己动手画。第二步，在学生借助直观图帮助思维的同时，注意教给学生逻辑推理的方法，而不是停留在乱猜硬套，或"依样画葫芦"，培养学生归纳和演绎的推理能力和抽象概括能力。

（三）适当开展思维形式训练和教学技术训练

教师应结合教学采取多种方式进行思维形式训练，如按三段论的不同格式进行演绎推理训练，从不同变式的材料中进行归纳推理训练。并在此基础上，通过暂缓作出评价，让学生踊跃发言，以便引出多种多样的解答方案。每一个发言者都要遵守以下规则：

第一，禁止提出批评性意见（即暂缓评价）；

第二，鼓励提出各种改进意见或补充意见；

第三，鼓励各种想法，多多益善；

第四，追求标新立异，允许观念离题。

通过这种思潮冲击法训练，可有效提高学生的创造性思维。

教师为了启发学生思考的转化，可将启发思维方向的提示排列成表，公布在黑板上。如：

1．提出其他用途（如"砖头除了盖房子，还有什么用途？"）；
2．应变（从不同方面想问题，如"推不成，拉拉看。"）；
3．改进（如把汽车上的喇叭声改用音乐声）；
4．利用（如用玻璃纤维替代贵重的铜丝）。

三、小学生常见学习障碍的预防与辅导

学习障碍（learning disabilities，简称 LD）问题在最近十多年来受到我国教育学、心理学以及医学方面的广泛关注。这是因为，这种病症在儿童中的发生率占到6%左右，并且给这类儿童本身的学习和生活带来很多烦恼和痛苦，也给家庭和学校带来很多问题、负担和无奈。那什么是学习障碍呢？有学习障碍的儿童表现如何？我们该如何加以预防和矫正呢？这些问题都需要广大教师和家长认真思考，并在教育的过程中加以注意和学习。

（一）学习障碍的定义

学习障碍的概念由美国心理学家柯克（S. Kirk）在 20 世纪 60 年代首先提出。有关学习障碍的定义较多，至今尚无统一的定义。目前国内较一致的观点是指智力正常或接近正常的儿童（智商多在 70 以上），由于环境、心理因素等方面的原因，致使学习发生明显困难，表现为经常性学业成绩明显落后一年以上；这种学习障碍不是由于缺乏学习机会、中枢神经系统疾患或其他躯体疾患所造成的。主要包括阅读障碍、拼写障碍和数学障碍。

（二）小学生学习障碍的表现

学习障碍的儿童在入学后，表现最突出的特征就是学业成绩不良，与其智力水平所能达到的成绩相比明显落后，也明显低于相应智商的儿童。其学习技能的缺陷主要表现为以下方面：

1. 语言能力缺陷

言语不流畅，句型简单，逻辑性差；朗读不顺畅，常出现省略、停顿；阅读速度慢，重读同一行或跳行等。

2. 书写的技能缺陷

经常把字、词、数字或符号写错，写字吃力，容易疲劳等。

3. 理解能力缺陷

对算术应用题的理解、列式困难，有的儿童会朗读，但是对其内容却不甚理解，表现为阅读理解障碍。

4. 计算能力缺陷

主要表现为数量、数学概念混乱，数学符号命名、理解与表达、基本运算和数学推理障碍等。

除此之外，学习障碍儿童还常伴有行为和情绪问题。还有多动、攻击、违纪等行为问题，这常与言语和认知功能障碍有关；常有焦虑、抑郁等情绪问题，部分患儿性格孤僻古怪。

（三）学习障碍的原因

学习障碍的原因到目前尚不清楚，仍处于探索阶段，普遍认为是多种因素综合作用的结果，既有内因，又有外因；既有个人生理心理方面的因素，也有家庭社会等环境因素；既有先天因素，也有后天因素。总之，造成学习困难的原因是多方面的，是内外因素综合作用的结果。近年来的科学研究显示，学习困难是由于小脑发展迟缓造成的，小脑功能若无法有效发挥，将导致各类的学习困难。因为每一个人的小脑发育程度不同，所以每个人的学习困难的症状也不会完全相似，症状也常常相互重叠。

由于小脑是学习过程中重要的信息处理中心，能将我们的能力"自动化"。有了自动化功能，日常生活中的许多事物和技能，在我们学会后是不假思索就可以直接做出来的。一旦小脑无法有效自动化运作,每做一件事都要重新学习,那就很可能让阅读书写、动作协调、人际关系等一般人都轻易可学会的生活技能变成困扰,甚至变成灾难与噩梦,不论怎样奋斗挣扎,却总是陷在一筹莫展的困境里。

（四）学习障碍的预防和辅导

这类儿童有不良的自我意识,缺乏自信,易放弃努力等特征。要根据其认知特点及发展水平确定治疗教育计划。前提是务必理解接纳他们,强化其自信心,预防其自我低评价。尤其关注其易感失败的地方,超负荷的训练矫治"有百害而无一益",故忌高起点、超负荷的训练。要求综合治疗,争取家庭和学校的协调,始终要求父母的参与和介入。

1. 耐心和持之以恒

学习障碍儿童的行为和不适状态往往是"冰冻三尺,非一日之寒",有些甚至可持续到成年期。因此,改用耐心的对策,切忌急于求成。

2. 早期诊断及治疗

早期诊断及治疗的目的在于防止这类儿童因基本学习能力缺欠而出现丧失自信、自我评价低下、情绪障碍等继发性障碍。尽早了解生育史异常的儿童,及时对这类儿童进行发育评价和平衡性运动训练,并且对那些高危儿童（如早产儿、难产儿、高烧痉挛史儿童、癫痫儿童、产伤史儿、气质难养型儿童等）的家长及时进行咨询指导。

3. 预防为主

导致儿童学习障碍的原因多而复杂,要做到防范一切致病原因并非容易。但许多围生期的诱因已明确,有些可做到"防患于未然"。出生后如能早期诊断早期干预,亦能得到"事倍功半"的效果。

4. 在学校或家庭开展矫治训练

（1）手眼协调训练：如划消实验、触觉辨认训练、电脑操作训练、手语训练、视动训练、书法训练、运动等。

（2）视觉分析训练：半视野速示训练、立方图辨认、点状图定位训练、结构图辨别训练、重叠结构辨认、方向辨认训练、物体体积面积判断训练等。

（3）结构化训练：如知觉训练、视觉理解训练、书写训练、意义理解训练、正确发音训练、注意力（自控）训练等。

（4）感觉统合训练。

5. 医疗保健机构的干预方法

医疗保健机构具体矫治方法包括：（1）感觉统合疗法；（2）行为疗法；（3）正负强化；（4）游戏疗法；（5）社会技能训练；（6）理解规则训练；（7）结构化教育训练等。

6. 运动治疗方案

如果被诊断出有读写困难、动作协调困难、注意力缺失过动症或有相关症状,很可能就是小脑发展迟缓。

运动治疗方案是直接针对造成学习困难的问题根源——小脑发育迟缓,以运动刺激小脑的自动化机制,改善脑部管理阅读、书写、注意力、动作协调等特定区域的效率,而且一旦改善后,就不会退步,这种脑部生理特性改变的可能性,称为"脑神经细胞的可塑性"(neuroplasticity)。

【建议参考资料】

1. 胡振坤. 小学心理学[M]. 武汉:华中科技大学出版社,2001.
2. 伍新春. 儿童发展与教育心理学[M]. 北京:高等教育出版社,2004.
3. 朱秀芳. 小学儿童教育心理学[M]. 北京:人民教育出版社,2000.
4. 戴蒙,勒纳. 儿童心理学手册[M]. 林崇德,李其维,董奇,等,译. 上海:华东师范大学出版社,2009.
5. 方富熹,方格. 儿童发展心理学[M]. 北京:人民教育出版社,2006.
6. 林礼元. 小学儿童心理学[M]. 北京:教育科学出版社,1981.
7. 洪俪瑜. ADHD学生的教育与辅导[M]. 台北:心理出版社,1988.
8. 吴汉荣. 开启智慧之门:儿童学习困难预防与矫治[M]. 上海:华东师范大学出版社,2006.
9. 邵智. 儿童心理及障碍防治[M]. 重庆:西南师范大学出版社,2003.
10. 马什,沃尔夫. 异常儿童心理[M]. 徐浙宁,苏雪云,译. 上海:上海人民出版社,2009.

【问题与思考】

1. 小学生感知力的发展特点是什么?如何提高小学生的感知力?
2. 小学生注意力的发展特点是什么?如何提高小学生的注意力?
3. 小学生记忆力的发展特点是什么?如何提高小学生的记忆力?
4. 小学生思维力的发展特点是什么?如何提高小学生的思维力?
5. 教一年级小学生写字时,其姿势开始坐得很直,并且握笔正确。但是当他们集中注意写字时,整个姿势就乱了,这种现象反映了小学一年级学生注意的什么特点?教师应如何做才对?
6. 简析下表中数据主要说明了哪些问题。

各种记忆效果的比较

年级 \ 组别	精神表扬组(%)	物质奖励组(%)	批评组(%)	对比组(%)
二	9.82	11.62	9.10	6.73
四	14.73	15.27	11.73	7.73
六	19.55	17.18	16.27	13.64
平均值	14.70	14.69	12.36	9.36

第五章 小学生自我意识的教育与辅导

【本章提要】

老子曾经说:"知人者智,自知者明",一个人首先要了解自己,对自我有一个准确的认识和分析,才能更好地进行自我设计和自我发展。每个人都有关于自己的身体状况、能力、社会角色、天赋和个性等诸多方面的看法,这些对自己的看法综合在一起就形成了一个人的自我意识。自我意识,就是自己对所有属于自己身心状况的认识,它会影响个体对自己的整体评价。

本章介绍了小学生自我认知的发展阶段和意志品质的发展特点,重点阐述了小学生常见的心理挫折,对挫折的心理反应,以及如何培养学生管理情绪和应对挫折的能力。

【学习重点】

1. 了解小学生自我认知的发展特点及自我认识的发展阶段
2. 了解埃里克森的心理社会性发展阶段理论和塞尔曼的社会角色采择理论
3. 了解小学生情绪的发展特点
4. 了解小学生意志品质的发展特点
5. 了解小学生常见的心理挫折和对挫折的心理反应,以及如何培养应对挫折的能力

【重要术语】

自我认识　自我评价　自尊　自信　自爱　自强　情绪心境化　情感辨析技术　情境体验法　有效情绪表达　无效情绪表达　合理宣泄　调控情绪　自我调控能力　自觉性　坚持性　果断性　自制力　成就挫折　人际挫折　情绪挫折　攻击　倒退　负性情绪反应　人际孤立

第一节 小学生自我认知的教育与辅导

一、小学生自我认知的发展特点

(一) 自我认识的发展阶段

自我认识的发展具有阶段性的特点,了解自我认识发展阶段的相关理论,对于开展中小学生自我认识的辅导和教育有重要意义。关于自我认识的研究有很

多，影响较大的包括埃里克森（E. Erikson）的心理社会性发展阶段理论和塞尔曼（R. Selman）的社会角色采择理论。

1. 埃里克森的心理社会性发展阶段理论

埃里克森把人的心理发展分为八个阶段，认为在每一个阶段个体均面临一种发展危机，每一种危机都涉及到一个积极选择与一个潜在的消极选择之间的冲突。表5-1呈现的是埃里克森心理社会性发展的前四个阶段。

表5-1　埃里克森的心理社会性发展阶段理论

生命阶段	心理社会冲突	特　　征
婴儿期 （0—18个月）	信任与怀疑	当婴儿受到温暖、持续的照顾时，他就能建立起信任感；缺乏照料或照顾不够则产生怀疑和不信任感。
幼年期 （18个月—3岁）	自主与羞怯	当鼓励儿童探索自我和环境时，自主感得以发展。当儿童的探索受到抑制时，羞怯感和怀疑产生。
童年早期 （3—5岁）	主动感与内疚感	当鼓励儿童进行各种各样的尝试时，他们的主动性就得到促进。如果父母嘲笑他们或过度批评他们，就会使他们产生内疚感。
童年中期 （6—12岁）	勤奋与自卑	当儿童受到表扬时他们就会获得勤奋感。当他们所作的努力被认为是不充分的或者是差劲的时候就会让他们产生自卑感。

2. 塞尔曼的社会角色采择理论

美国心理学家塞尔曼从社会认知角度提出社会角色采择理论，他认为，自我意识的发展是社会认知发展的结果，他的理论被认为是"最详尽地说明自我意识发展的理论"。塞尔曼采用两难故事法研究儿童的观点采择能力。他根据儿童的反应，将儿童的观点采择和自我意识的发展分为以下四个阶段：

阶段1（约3—6岁）：未分化的角色采择。儿童理解他们身体的存在，但未表现出对独立心理存在的意识。这一阶段没有出现观点采择。

阶段2（约6—8岁）：社会信息的角色采择。儿童能够将心理状态与行为区分开来，他们认为外部表情和言行总是与内部的情感和思想一致。因此，可以通过观察一个人的行为和言谈来了解他的自我。

阶段3（约8—10岁）：自我反省的角色采择。儿童开始能够观察和评价自己的内在自我，意识到自己比别人更能直接地监控自己的行为和思想。

阶段4（约10—12岁）：相互角色的采择。儿童开始意识到自我代表了一个稳定的个性成分，开始从具体的心理状态认识到人格的一般特征，开始能够以一种一般的、公平的第三者的眼光看自己。

国内学者傅宏、王晓萍对于自我意识发展阶段的总结也具有很高的借鉴价值。他们在综合分析国内外相关研究的基础上认为，个体自我意识发展的历程可以概括为如下三个阶段：

阶段1：自我意识萌芽时期（出生至1岁前后）。人出生后的第一年，几乎没有什么自我感觉，当然也谈不上自我意识。比如，0—1岁的小孩子照镜子时却不知镜中的自己是何人，他们会盯着瞧，会伸手抓。他们有时会津津有味地吮吸自己的小手，玩弄自己的小脚，就如同小手和脚不是他们的而只是玩具一样。这时的小孩不能意识到自己身体的存在，人我不分，物我不分，不能区别"我"与"非我"的概念，也就无自我意识可言。

动作的发展对儿童自我意识的发展产生了重要影响。当婴幼儿学会爬行和走步以后，能自主地将身体移动到自己想去的地方，这对自我意识的发展起着重要作用——自己能支配自己的身体和行为了。这就意味着他们可以有一定的自由度使用自己的双手或者身体的其他部位去探索自己感兴趣的外部世界。

阶段2：自我中心时期（1—3岁）——生理自我。1岁后，因活动增多、语言的发展，"我"字在言语现象中出现，儿童逐渐能用"我"来代替"军军"、"宝宝"、"阳阳"等原先的自我称谓。这时，儿童的心理产生了"自我"的概念，这个时期的儿童以自我为中心，常会说"我高兴"，"我不喜欢"，"我不好意思"，"我难过"等句子。语言的发展进一步对自我意识起着重要作用。这时，儿童发展出的是生理自我。

1岁半左右是儿童自立的一个关键时期。儿童大约从1岁半左右开始学会说"不"字，这是儿童自我选择能动性的表现，他们逐渐获得了自我决定的能力。

阶段3：客观化时期（3岁—青春期）——社会自我。3岁左右，儿童开始进入幼儿园，开始表现出自尊，具有发挥自己能动性和主动性的愿望。在家里，他们最喜欢说的话就是"我自己来"，"我自己穿鞋子"，"我要自己吃饭"等。由于儿童内在心理发展的需要，他们对集体性游戏产生了兴趣。在集体游戏活动中，由于扮演不同的角色，儿童逐渐开始觉察到自己在集体中的地位，学会对自己和他人进行评价。由于儿童有了更多的社会交往，他们打破了原先狭小的生活圈，并逐渐发展出社会自我。

（二）小学生自我认识的发展趋势

随着年龄的增长，儿童越来越多地参与社会交往活动，其社会认知能力不断发展，个体的自我系统也随之不断发展变化，我国学者张林认为一般主要表现为以下几种发展趋势：

1. 自我认识的内容从主要反映外部的、具体的、有明确参照系统的自我特点到反映内部的、抽象的、不能直接观察的和参照系统模糊的自我特点。

2. 自我的结构从简单的结构到分化的、多重的结构，并逐渐出现层次性的结构，最后形成复杂的、整合的自我结构系统。

3. 自我评价一方面从以他人评价为标准发展到独立的自我评价，另一方面不断脱离自我中心，自我评价的客观化程度逐渐提高。

4. 从自我的功能来看，社会适应性逐渐提高，区分外部自我和内部自我的能力逐渐增强，儿童逐渐能比较实际地判断社会交往情境，表现出复杂的社会自我，并能够根据自己的内部价值标准和外部的社会需求调整自己的行为。

（三）小学生自我认识发展的特点

对于小学生而言，他们的自我认识能力和自我评价能力在不断发展。但是他们的自我描述更多则是从外部的特征进行的，比如在回答"我是谁"这个问题时，他们往往会从姓名、性别、年级和身体特征等方面进行描述。他们的自我认识具有具体性和绝对化的特点。小学高年级的学生开始从外部特征的描述向对内部品质的评价发展。小学生的自我概念，主要是指社会自我、身体自我和学习自我，他们的自我评价也是从学业、运动、社会接纳、身体外表和行为表现等方面进行的。

小学阶段是儿童自我意识发展的加速时期。"背着书包上学去"对小学生来说是头等大事，他们从"小孩子"变成了"小学生"。生活中的主要内容从幼儿阶段的游戏，转变为小学阶段完成集体交给的各种任务。通过正确的教育，每个儿童都想成为班上的好学生，能得到同学、家长、老师的信任和尊重，并学会主动地考虑自己应当怎样学习和行动，儿童的自我意识逐步提高到一个新的、较高的水平。在小学阶段，社会交往以及各种社会关系对儿童自我意识的发展产生了重要影响。

小学阶段的儿童是在人际交往互动中采择到适当的观点以满足他们自尊的需要，从而学会更好地调节自我，促进其自我意识发展的。在儿童成长的过程中，人际之间交流和沟通的机会越多，观点采择的经验就越丰富，像父母与子女之间进行的感情交流，师生之间的沟通、同伴之间的讨论都是观点的采择。在沟通和交流的过程中，双方不仅能够互相了解对方的观点，而且能够互相感受对方的情感，从而有助于彼此情感的接受。在这一过程中，如果对儿童的反应评价积极而稳定，就能促使儿童形成良好的自我概念；如果对儿童的反应缺乏恒定性，儿童没有稳定的可采择的观点，他们的自我意识的发展就会受到阻碍。

二、小学生常见自我认知问题的预防与辅导

"自我"是指一个人对他自己的概念，即自我意识。自我意识由自我认识、自我体验、自我控制三种心理成分构成。"小学生认知自我"主要是指小学生具有自我意识的能力，即小学生对其自身的认识、评价、情绪体验、态度、调节和控制等能力。在构成自我意识的多种因素中，小学生往往由于自我认识、自我评

价、自我体验、自我控制等几个重要有机部分发展不平衡而影响整个自我意识的良好发展。

由于生活环境的不同，常常出现缺乏正确评价自我和他人、自我调控能力弱等问题。

(一) 形成原因

1. 自我知觉的不统一

心理学家希金斯在"自我不一致理论"中指出，现实自我和理想自我之间往往存在不一致。如果理想自我总是高于现实自我，个体又意识到了这种差异，就会产生不良情绪，自我认知上产生偏差，喜欢为自己不合理的行为寻找合理的依据，考虑问题从自己的角度考虑，更多地看到别人的缺点，带着挑剔和批判的目光看问题。

2. 周围人片面的评价

对自己的认识是通过别人对自己的评价进行的，本来并不认为自己如何了不起，在老师家长的片面理解和使用"正面教育"和"鼓励教育"中更助长了学生自我中心的势头。当学生取得一些成绩时，父母夸奖，老师关爱，同学赞扬，使学生过高地评估自己，只看见了自己的长处，看不见自己的短处。

3. 受家庭教育的影响

自我意识不是与生俱来的，而是个体在与周围环境相互作用的过程中，随着身心成长逐渐产生和发展。例如，有些独生子女学生是家里的小太阳，备受家长的宠爱，特别是祖辈的溺爱。这种爱使得学生在交际过程中会倒向"自我中心型"这一交往模式。这类交往模式最突出的特点是"我"字优先：生活上沿袭着在家中当"小皇帝"的习惯；学习上缺乏刻苦精神、合作精神；活动中只考虑自己的利益，听不进去别人的建议和想法，很少考虑他人利益与心理感受。还有些家庭经济条件富裕或家长地位较高的孩子，优越的家庭条件助长了孩子的霸道、任性、攀比、不愿吃苦耐劳、依赖、享乐的心理与行为。

(二) 辅导方法

1. 改善小学生自我认知的策略

(1) 引导小学生自我知觉的统一。首先，鼓励学生积极探究自我，将认识和了解自己当成一件乐事。其次，帮助小学生正确认识生理自我和心理自我，并要接受生理和心理上的自我，不断积累自我经验，使现实自我与理想自我相统一。家长和教师对学生的期望要符合他们的实际情况，承认独特性，有助于形成正确的自我概念。

(2) 引导学生进行正确的成败归因。归因理论认为，学生对自己的学习和行为结果往往归为四个方面的因素：努力、能力、任务难度和机遇。这四个因素又可划分为三个维度，即内在—外在因素，稳定—不稳定因素，可控制性—不可控制性因素。在教育中根据不同的情况来分析学生的归因，正确运用归因理论，给学生以成功的体验，鼓励他们对自己进行内在归因，有利于学生形成正确的自我概念。

（3）引导学生正确评价自我。向学生展示规范行为的榜样，提供评价行为的参考信息，并创造有利的环境，使他们形成正确的自我评价。例如：教师首先应以身作则，通过自己的言行为学生树立自我评价的榜样。教师的模范行为，对学生起着潜移默化的作用。同时，在集体中有意识地树立"小模范"作为儿童的学习榜样，或者用学生熟悉的模范人物的思想和事迹去启发他们，为他们找到自我评价的标准。此外，由于教师和家长的评价对儿童的成长具有指导性，因此他们的评价一定要正确、适当且及时。孩子做了好事，有了成绩应予以表扬；做了错事，出现问题要予以批评。通过评价引起学生自我教育、自我完善的一种需要，从而促进其自我意识的发展。

（4）引导学生产生积极的自我体验。激起学生的成就动机，不断创造条件增加学生的成功体验。具体来说，教师应注意发现学生身上的闪光点，从多方面挖掘学生的潜能，使其在某些方面取得成功和进步，这些措施都有利于唤起学生的自尊、自重、自强的良好体验。当然，帮助学生树立符合实际的理想，对于培养学生的自信心也是十分必要的。例如，有的学生争强好胜，常常在给自己确立目标时好高骛远，当努力失败、境况不如愿时，极易产生自暴自弃、悲观消沉等不良体验。遇到这些学生，教师应首先引导学生明确努力的目标。

（5）引导学生学会自我控制。应注意培养学生良好的意志品质，提高学生调节、控制情绪的能力。引导学生从多个角度全面地理解问题，避免因片面看问题而导致消极情绪的产生，同时指导他们恰当、适度地表达情绪，这有助于达到心理的相对平衡。

综上所述，家庭教育对学生自我意识的发展起了举足轻重的作用。在学校教育中，教师应根据学生实际情况，在教育实践中认识学生自我发展的趋势，积极创造有利环境、情境引导学生自我认识、自我体验、自我控制。

2. 提高小学生自我意识的方法和途径

（1）创设环境，熏陶感染

有关调查研究表明，一个人的个性与其从小所处的环境紧密相关，健康积极向上的环境，有利于良好个性的形成。在激励下会变得自信；在有爱心的环境中能学会关心；在积极向上的环境中，会更富有理想和进取……因此，借助班级文化作铺垫，积极进行有效的环境建设，有利于学生在潜移默化中健康地成长。具体可以从两个方面入手：

一是文化心理环境建设。就是利用教室的空白处，张贴、悬挂班训、班风、名人名言，当学生看到这些语句及画面时，不时触发学生的种种激情和向往，并与自己的行为作比较，引起丰富的联想。在情感的激发下，不断转化自己的行为，在愉悦中接受教育。

在具体操作中，主要通过设计黑板报、智慧榜、中队角等，全方位地对学生心理施加影响。如利用"中华之子"、"科学家的童年"等栏目为学生展现成功者的足迹，为他们树立学习的榜样；利用智慧榜中的"学习广角"、"知识博览"、"新科技成果展"等知识性栏目，拓宽学生视野，增强他们的知识修养；利用"创作园地"、"小作家"等栏目展示学生作品，为他们提供表现自己的机会；利用"一日新闻"、"每周一个好消息"等栏目，紧跟时代步伐，宣传社会新闻，引导学生了解时事，关心国家大事。

二是人际心理环境建设。人际心理环境指师生之间、同学之间，形成和谐的人际关系氛围，它包括教与学、管理与被管理、人与人之间的关系，涉及到班级所有管理制度对人心理行为的影响。

营造良好的人际心理环境，首先，要从班级管理制度入手。只有在"人本化"的制度之下，才能形成人与人之间和谐的心理氛围。如在处理班级日常事务方面，要充分尊重和听取学生的意见和看法，指导学生制定出班级管理的制度，把教师对学生提出的要求，变成学生自己的要求，也就是说变外部要求为自我约束。其次，建立和谐融洽的人际关系。师生关系是人际关系中最重要的，良好的师生关系有助于学生以积极的心态和行为去面对学习与生活。在具体操作上，可利用课间时间和学生聊聊他们感兴趣的话题。这种聊天看似漫不经心，但能逐渐消除学生的心理防线，转变师生关系。其次，设立心理信箱。利用信箱为中介，与学生互通信件，用情真意切的话去鼓励、帮助他们，使学生主动接受教育。

(2) 搭建平台，引导体验

学生认知自我不能只通过外部环境熏陶，而必须依靠学生的自我认识、自我体悟、自我实践。把引导体验作为实施心理自我教育的主旋律，通过多种生动活泼的方式、手段，启发学生自己感知、领悟、实践。具体可以从以下几方面入手：

①加强心理辅导。心理辅导训练体现个别与集体相结合。根据问卷调查的结果，了解了队员中存在的普遍的及个别特殊的心理问题，有的放矢地制订教育方案，进行集体和个别相结合的心理辅导训练。

A．综合辅导。进行集体心理辅导，对学生存在的共同问题进行剖析，提出同学们可以接受的建议，让大家朝着明确的方向努力。还可以根据目标要求，利用班队会时间开设"小学生心理素质训练"活动课。或者利用家长会对家长进行集体心理知识讲座，指导家长掌握儿童心理及运用儿童的学习心理去帮助孩子克服心理障碍。

B．个别辅导。对个别有心理问题，需要帮助的学生进行咨询，帮助他们分析自己存在的问题，并与之共同商量克服心理障碍的具体措施。可以教给学生一些常用的心理辅导方法来认识、调节自己的行为，还通过建立个别学生心理档案，根据"观察—自查；辅导—自省；激励—自评"的基本环节记录学生的成长情况。

②给学生营造生动活泼的辅导情境。心理自我认识辅导课，形式要丰富多样，如玩一玩游戏，演一演心理短剧、写一写激励自己的话语，读一读蕴含心理知识的儿歌，测一测自己的受欢迎程度等等。活动形式的确定既要符合主题的需要，又要贴近学生的心理特点，做到寓教于乐，在潜移默化中滋润学生的心田。

A. 游戏领悟。游戏是心理辅导中最常用的一种方法，游戏中学生要进行交往、配合，合作的能力就得到锻炼。采用"情境表演"、"空椅子表演"、"自由想象"、"角色扮演"等方式，让学生更多地参与，更多地思考，自己去领悟其中的真谛。比如"角色扮演"是让儿童根据一定的情节扮演某个角色，并通过言语、行为、姿势、动作、表情等表现该角色的特征，从中体验到某些情境下该角色的心理感受，进而在现实生活中遇到类似情况时作出相应的反应。如每个月设立一个特殊的游戏活动日——残疾日。每到这一日，全班同学被分为几组，有的充当"盲人"，有的扮做"瘸子"、"聋子"、"哑巴"……总之，一屋子都是"残疾人"（所扮演的角色，每月轮换）。游戏结束后，有的同学说，没有眼睛的日子可真难过啊！以后我不再嘲笑盲人了，游戏中我体会到了以前从未体验过的快乐——我帮助了一个比我更"不幸"的人，因为他是"盲人"。

B. 归因训练。归因训练可以运用团体发展法和强化矫正法。团体发展法以集体活动和讨论的形式进行，如开展一次活动，一起分析、讨论活动成败的原因。每当学生作出比较积极的归因时，随即给予鼓励或奖励，并对那些很少作出正确归因的学生，指出归因误差，给予暗示和引导，促使他们形成比较正确的归因倾向。如：在一次班级民主评优中，从一位工作认真、品学兼优的班干部落选这件小事上，教师发现学生中存在着嫉妒、报复心理，立即确定"告别嫉妒，发展自己"的辅导内容并予以实施，及时让学生认识到自己心理发展上的偏差，并自我矫正。

心理自我教育辅导提倡以学生为主体的原则，整个过程让学生多想、多动、多参与、多感悟，教师不作过多的讲述。这种自悟自得的方式让学生真正成为自己的主人，在自我剖析、自我调适、自我疏导中，达到自助的境界。

③给学生提供发展自我的活动舞台。心理学研究认为：儿童的需要是逐步发展起来的。在参与活动中，体验到乐趣，产生一种需要的满足，从而激励自己奋发向上，形成一种良性循环。要让这种循环周而复始，在活动中提高能力，在能力提高的基础上发展自我，推动学生的心理素质逐步完善。

小学生爱表现自己，特别希望得到他人的关注，这是人自身具备的一种发展潜能，这种潜能只有成为个体的活动要素时，才能对学生个体的发展产生现实作用。因此，要开展生动活泼、适合学生心理特点的活动，如"你行，我也行"系列活动、"唱童谣，做快乐少年"系列活动、"小鬼当家"体验活动等，都对学生心理发展产生了强大的冲击波。通过这些活动，有的学生展露了自己的才能，获得了成功的快乐体验；有的学生在活动中克服了羞怯心理，感受到了战胜自己的快乐；有的学生在活动中发现了自己的不足，学会了虚心向同伴学习；还有的学生在活动中认识到了自己不善与人合作的不足，确立了完善自己的新目标。

④给学生相互交流的广阔空间。心理学中同伴效应的力量是很大的。学生与学生因年龄相仿，相似体验多，共同语言多。开辟阵地，让学生多一些交流机会，对心理认知自我教育有积极的促进作用，开通"互动论坛"、"学生频道"、"雁过留声"等网上栏目，设"小秘密"信箱，开展心理互助活动，让学生在网上、纸上相互交流、倾诉痛苦烦恼或传达愉快之情，交流认知自我的体验和收获，在积极、愉悦的互动中促进心理自我调节。"心理互助"活动的操作流程如下：各自倾诉→同学解答→针对解答评判。

活动操作步骤：第一步，在学生自愿的前提下，让学生用代号在网上以书信形式写出自己的心理烦恼或心理问题；第二步，根据学生已有经验，按提出的内容有针对性地写好回话，在网上发表或在信封上写明收信人的代号，学生可自己在信箱中找；第三步，经阅读后，写出自己的评议或意见。

（3）客观评价，完善自我

正确评价自我和别人是认知自我能力的重要因素。学生往往在自我评价时专讲自己的优点，而在评价别人时，只关注对方的缺点和不足，互评变成了互相"挑错"和"指责"，在评议中发生争议和冲突。教师要抓住这样的机会，引导学生客观公正地评价自己和他人。随着年级的升高，学生慢慢掌握了评价的方法。此时，多给学生创设一些评价的机会，并引导学生多检查自己，少要求别人，对于学生认识自我，认识他人，正确与人交流大有益处。

①评价自我。小学生的自我评价表现出最初的批判性，此时，他们不仅能看到自己的优点，而且也开始注意自己的一些不足，并试图去改掉它们。因此，每个月发下一张自我评价表，由学生对自己的进步与不足进行评价。这当中，学生对自己的优点有所夸大，但不能指责，要相信学生会朝着他们自己期望的自我，健康地发展。

在自我评价的基础上，学生人手一本心理成长录，在成长录上学生记录自己心理成长的点点滴滴，在记录中反思自己、评价自己，同时可以把自己的心理记录给自己信任的老师、同学或是家人看，让他们来评价，以激励自己。如小芳写道："昨天我和小强因为一件小事争执起来，我们俩事后谁也没理谁，我仔细想了想，觉得是我的错。放学后，我主动向他道歉，我俩又和好了。"小欣没有被选上优秀队员，他写道："这次评选优秀队员我没有评上，大家都选了小欢，我仔细想想，她确实比我强，我以后一定要更加努力。"

②评价教师。由过去单纯地教师评价学生到现在的学生评价教师，这是一个全新的转变，使学生真切地看到教师是如何面对自己的缺点的，是如何用毅力克服自身的不足的。如在一次班干部会议上，学生给某老师的评价是：上课内容不生动，教学方法单一，吸引不了同学们。这无疑给老师的心情重重的一击，此后，该老师改变教育观念和教学方法，终于上了几堂让学生叫好的课。

③评价他人、他事。学生是社会个体，教师应该引导学生将视野拓宽到周围的人和事，为学生的社会化打下一定的基础。在日常教学中，可以把每周二设为"自主心理午会"时间，出示他们收集到的一个热点话题，由全班学生展开讨论。例如，有个班同学分组围绕"亲近大自然，节约水资源"的主题进行探究活动，各小组拿着探究报告到同年级的其他三个班级进行汇报交流，由其他班级同学对他们的成果进行评价分析。三个班级的学生积极讨论，踊跃发言，公正地评价了探究成果，使活动取得了双赢效果。

培养学生认知自我是一项长期的、复杂的、动态的工程，它不仅需要学校的实施，也依赖于家庭和社会教育的配合。

三、促进小学生自我接纳

（一）自尊的培养

自尊也称自我尊重，是一个日常用语。有关自尊的问题涉及社会、学校、家庭和个人的各个方面，研究内容涉及心理学、教育学和社会学等不同学科领域。从直觉上讲，每个人都知道自尊是什么。但是对于自尊含义的概念界定，研究者们仁者见仁、智者见智。国内学者张林在综合国内外对自尊概念界定的基础上，提出自尊的内涵是个体对其自身价值的一种积极的认知评价，是个体在不断追求自身价值实现过程中的一种内在的与自我信息相关的认知加工活动过程。在现实生活中，高自尊的人群具有这样的特点，即高度喜欢和热爱自己；低自尊的特点则是对自己正反情感并存。一些极端的低自尊者甚至怨恨并自我嫌弃。自尊影响人们处理消极的、与自我相关的反馈（比如课堂的失败或被人拒绝）。此类事件让低自尊者为自己感到耻辱和羞愧，并认为自己各方面都不能胜任。而失败却不会对高自尊者产生这样的影响。当高自尊的人失败时，他们会感觉到失望，但他们能够接受失败意味着自己某一方面特定能力的缺陷的事实。他们不会把失败当做对自己品质的整体否定，失败不会让他们觉得耻辱和羞愧。

教师可以从以下几个方面来培养学生的自尊心。

1. 教育学生学会自尊自重

一个不尊重自我的人也不会得到别人的尊重，教学生学会尊重自我，是非常必要的。

（1）教师要引导他们积极地评价自己，这是促使他们产生自尊感、克服自卑感的关键。教师应引导学生明确每一个人都有自己的优点和缺点、长处和短处，对自己的长处要充分发挥，对自己的短处也要正确对待：既不能护短，也不能因为有某些短处而灰心。既要客观地分析短处，扬长避短，又要能够接纳有优点也有缺点的自己。

（2）教师要教育学生正确对待挫折和失败。教师应让学生明白每个人在成长过程中难免会有失败；同时还要教育学生有勇气面对挫折，认真总结经验教训，树立不达目的决不罢休的决心。同时教师还应帮助学生在遇到挫折时积极思考并寻找解决问题的办法，在应对失败的过程中，逐步建立信心。

（3）教师要教育学生积极地悦纳自我，以戒骄戒躁、不卑不亢的健康心态面对自我，愉快地接受自我。只有这样，学生才能正确对待自我、尊重自我，最终才能赢得别人的尊重。

2. 注意维护培养学生的自尊

（1）尊重学生。尊重学生是为人之师的基本准则。在人格上，每个学生和教师都是平等的主体，需要互相尊重。要培养学生的自尊心，就要像朋友、同事甚至亲人一样尊重他们。在交流的过程中要以平等的口气和他们交流，听取学生的意见，正确的意见就采纳，错误的意见则心平气和地向他们解释，引导他们认识到错误，不要当众批评学生。教师在教育学生时应注意选择合适的方式和方法。

在教育过程中，教师应处处保护学生的自尊心，即使在批评甚至处罚学生时，也要尊重学生的人格，不能熄灭任何一点自尊的火花。当然教师也应教育他们正确认识自尊、被他人尊重及其相互关系。

（2）信任学生。教师如果相信学生是一个有自尊心的人、有责任心的人、能够自立的人，那么学生必定会成为一个很自信的人。现在有很多教师在平时的言行中对学生流露出不信任的表情，这样会深深地刺痛学生的自尊心。其实教师可以放心地把一些事情交给学生去做，相信学生，让他们自己去安排。在教会他们知识的同时树立起"他们自己决定着自己的命运"的观念，从而建立起做人的尊严感。

（二）自信心的培养

自信心是对自己能力的充分估计，深信自己一定能够实现所追求的目标，它是个人对自己正确而积极的认识和评价。自信心是个体在成长与发展过程中不可缺少的一种重要的心理品质。它主要体现在：相信目标能够实现，相信自己有解决问题的能力；在遇到困难、挫折和失败时，能冷静、耐心、客观地分析主客观原因，合理地分析目标是否适当；如果分析认为目标适当，就能有信心反复尝试,直到最后成功。一个有信心的人看得起自己,相信自己的能力。当他接受一项任务时,他相信"我能行",从而可以采取积极的行动。

教师可以从以下几个方面对学生进行自信心的培养:

1. 给予学生积极评价

中小学生对自己的看法受生活中重要他人尤其是教师态度的影响。内化教师的积极评价是中小学生自信心形成的心理基础。因此,给予学生正确而积极的评价,鼓励学生"你能行"是教师要采取的首要措施。教师要尊重学生,不轻易作出否定的评价,不要单纯以考试分数的高低来评价学生。

对学生的表扬应不仅仅在乎结果,更应注重过程。正如长跑比赛的第一名只有一个,但所有参赛者都尽了最大努力,因此,包括中途跌倒的都应该得到尊重和承认,切忌总是把学生作横向比较。只要学生的学习成绩提高了,尽管离出色尚远,也一定要给予表扬和鼓励。让学生们兴奋,激发他们的自尊、自信,不断进步。表扬学生要得体适度,要真诚。

"你真聪明","你太棒了",这样的表扬太笼统,需要变成"我非常欣赏你理解这道题的方法和思路","我很喜欢你今天早上这么礼貌地和王阿姨打招呼",这样具体的表扬会促使学生积极向上,对自己充满信心。

2. 因材施教发掘潜能

学生在思想品德、知识技能、人格等方面的发展总是不均衡的,存在着较大的个体差异,但每一个人作为独一无二的个体都有其存在的价值,每个人都有一种对自尊和来自他人的尊重的需要,这种需要的满足使他产生自信,使他意识到自己是有价值的,每个学生都应享有均等的机会来发展自己的潜能。因此,教师要在承认差异、肯定价值的基础上,因材施教,从学生的实际出发,用不同的标准要求学生,从而使每位学生在各自的起点上取得进步,形成自信,最终获得成功。

3. 自我竞赛获得自信

自我竞赛是指自己跟自己比赛,是让学生将今天的"我"与昨天的"我"进行比较,只要比过去有进步,哪怕是一丁点的进步,都是成功的。开展自我竞赛,即使最差的学生也有取得进步的机会,他们会因为不断看到自己的进步而认定"我也行",从而产生自信。

4. 创造机会发挥特长

每个人都有自己的优点和长处,都有显示自己才华的愿望。因此,教师要多给学生创设机会,组织丰富多彩的活动,让他们在活动中看到自己的能力,看到自己比别人优秀的地方,这会使他们产生自信。这种在活动中获得的自信,有助于学生克服困难,而对困难的克服又会进一步增强学生的自信心。

5. 集体赞许互相尊重

每个学生都渴望得到他人的积极评价，得到班集体的认可和赞许。当学生感到自己的存在受到集体的尊重时，他们会体验到一种真正的精神上的满足，自信就会在心中萌发。因此，教师应努力营造良好的班集体氛围，要起到榜样示范作用，鼓励同学之间互相尊重、互相欣赏，坚决制止嘲笑、挖苦、讽刺等伤害性行为。

（三）自爱的培养

自爱就是向自己敞开胸怀，使自己能感受周围和自身的一切；愿意接受自己所做的一切，给自己以足够的重视与关注；做自己生活以及所经历、所领悟和所发现的事物的主人，并对其承担责任；不要脱离世界其他部分去观察自己，体验自己，而要把自己作为整个世界的一部分来理解；给自己一个生活方向："我要使自己成为一个有爱心的人"。

通过倾听自己，感受自己，从而表达自己，表现自己，有助于自己更好地了解自己，更多地认识自己。你是否自爱，取决于你的感觉如何。当你热爱自己时，你就是强者，你表现自己越少，你认识自己也就越少。如果你愿意爱自己，别人也会爱你。

教师可以从以下几个方面对学生进行自爱的培养：

1. 对学生进行珍爱生命的教育

教育孩子懂得生命来之不易要珍惜。一位前人说过：死，是生者的痛苦。要充满爱意深情地告诉孩子，生命不仅仅属于个人，它连着亲朋和社会。父母养他不容易，大家都在关爱着他，对他寄予希望。他突然离开，包括他所有的亲人和那些喜欢他的叔叔阿姨老师小朋友怎么受得了。他想让那些喜欢他、关心他、爱护他的人痛苦吗？再说，他还没有体验美好的丰富多彩的人生，没有报答父母养育之恩、没有报效国家、服务社会，怎么能选择轻易离去呢？并要反复强调，选择轻生是懦夫，是愚蠢的行为。

多与孩子进行思想交流，要教育他正确的人生观，提高他的思想境界，要多用鼓劲的方法增长他的自信心，奋发向上，百折不挠。时时关注孩子的微小变化，及时在思想上"防微杜渐"，避免悲剧发生。

2. 对学生进行感恩教育

学会"感恩"，对于现在的孩子来说尤其重要。因为，现在的孩子都是家庭的中心，他们心中只有自己，没有别人。要让他们学会"感恩"，其实就是让他们学会尊重他人。当孩子们感谢他人的善行时，第一反应常常是今后自己也应该这样做，这就给孩子一种行为上的暗示，让他们从小知道爱别人、帮助别人。学会感恩，先要学会知恩，要理解父母的养育之恩、师长的教诲之恩，朋友的帮助之恩。西方的感恩节就是要教化人们学会感恩。让孩子学会感恩，关键是通过家庭、学校的教育，让孩子学会知恩、感恩。

(四) 自强的培养

自强是中华民族的传统美德。自强是支持着中国人自立于世界民族之林的一种精神，一种信念，一种境界，是流淌在中华民族文明血管中的生生不息的血液，是中国人民代代相传的传世之宝。

1. 自强首先要求自立，确立靠自己不靠别人的观念，与一味依附别人的奴化心理彻底决裂，与依赖别人恩赐的侥幸心理划开界限，把争取个人利益和幸福放在自己努力的基础上。自己的利益自己争取，不求别人代办，不求别人恩赐。这是因为，由别人争取来的利益不是真正意义上的个人利益，由包打天下情结形成的依赖关系，最终将转化为依附关系，而形成新的奴役关系。所以，自强规范不但要求自己，也要求别人不越俎代庖。自强要求的自主，是自己对自己负责，自己承担对自己的责任，把命运掌握在自己手里。当然，我们说的自主绝不是自我封闭，而是强调矛盾的主要方面在自身，主要责任在自身。在争取自身利益上，友谊和援助是次要的，是辅助性的。同时，也只有做到自立自强，才能赢得友谊和援助。

2. 自强的规范要求自信，自己对自己有信心，充分认识自己，相信自己的力量。自信的人才能自主，才不对别人抱有幻想。依附于别人的人，往往是缺乏自信的人。信心就是力量，力量来源于信心。人因为失去信心而自我萎缩，人也因怀有信心而自立自强。自信不是自高自大，孤芳自赏，自信是建立在对自己全面认识的基础上的。自信不是认为自己无所不能，而是对自己克服困难的勇气、信心和毅力的信任，是对自己会做得尽可能好的信任。自信的本质是一种自我宣誓式的决心。自信不是对别人不信任。相反，充分信任同志，充分信任环境的人，才会有真正的自信。对周围条件和环境的充分认识和了解，对友谊和支援的尊重，是建立自信的条件。怀有自信心的人，才会坚持自主意识，坚持对自身潜力的开发。自强规范依赖自信心的支持，自信心是自强规范的必备要素。

3. 自强规范必然要求自勉，自己勉励自己，自己鼓舞自己，自己激励自己。也就是自己激发自己的积极性，自己作为自己的动力源，自己开动自己，自我发动。无论是自主还是自信，必然要落脚到行动上，落脚到积极奋发向上的人生态度上，落脚到充满希望、精神激昂的人生开拓中。有为的人生哲学，乐观的人生态度，积极的开拓行动，昂扬奋发向上的精神，才是"自强不息"的真正含义。不悲观，不颓废，不自弃，调动自己整个生命中蕴含的活动能量，去进行人生的创造。

4. 自强规范要求自责。自责就是自我责备，勇于承担责任。在社会生活中，有成与败，有得与失，有荣与辱，有幸与不幸。自强规范要求把成败、得失、荣辱、幸不幸归因于己，不怨天，不尤人，从自身方面找原因。外因是变化的条件，内因是变化的根据，外因通过内因而起作用。这样的道理虽然人人懂得，已成常识，但是在具体到个人际遇的问题上，特别是遇到不称心、不如意的境况时，有的人就会怨领导，怨同事，怨客观条件，把个人的挫折归因于客观环境，或者由怨而恨，移怒于人，疑人偷斧，徒生猜忌；或者由怨恨转为消沉，自暴自弃，破罐子破摔，自甘堕落而不自知，从而自毁前程。在困难和挫折面前怨天尤人，是对困难的畏惧和怯懦，是对自己能力的怀疑和不信任，是长他人志气，灭自己威风。这样的认识归因，会使自己产生挫败心理，自我萎缩。自强的人，必是勇于自责的人；勇于自责的人，才能做到自强。

自强的规范不只是个人修养的规范，它通常在三个层次上使用。第一，一个国家、一个民族要有自强不息的精神。第二，自强的规范在团体的层次上使用。每一个单位要做到自强不息，才能立于不败之地。第三，自强规范在个人品德中使用，在人生征途中应做到自强不息。

教师可以从以下几个方面对学生进行自强的培养：

1. 要尊重孩子

孩子都渴望能像父母那样处理自己的事务，管理好自己。如，当孩子按自己的方式布置自己的房间，和同学一起踢球，参加科技小组时，其主动性和自主性也能加强。如果父母过分担心和怀疑孩子的能力，禁止或限制孩子的这些活动，就会打击孩子的积极性。所以，有关孩子的一些事情，要和孩子共同商定，要尊重孩子，而不是一切等着父母安排，让孩子逐渐养成自己的事自己做的习惯。

2. 让孩子参与劳动

适当让孩子参与家务劳动，承担一部分家庭责任，有利于培养孩子的自强精神。这可以从很多小事做起，如让孩子自己收拾书包，整理房间等。另外，还可以组织孩子开展为集体服务的劳动等，在这些活动中，孩子行为的坚持性、克服困难的能力、耐心等品质可得到培养。久而久之，可磨炼出较高的意志水平，养成独立的自强性格。

3. 帮助孩子树立奋斗目标

没目标就没有方向，每个孩子情况不同，定目标要切合实际，让孩子"跳一跳，够得着"。如果定得太高，总是达不到，孩子会失去自信心。对于问题较多的孩子，目标要具体，内容要少一点，不能一下子贪多，多了达不到，也难以建立自信心。孩子每达到一个小的目标，就要及时肯定和表扬，给孩子增加一分自信，增加一些自强精神。

4. 要多支持鼓励

成功是由小到大的点滴积累，在追求成功过程中遇到困难时，最需要支持和鼓励，这是培养自强精神的关键。每个孩子都有成就动机，问题再多的孩子，也渴望有成功的机会，品尝成功的喜悦。因此家长在帮助孩子定出具体奋斗目标时，还必须有达到目标的具体措施，比如可行的学习计划，劳动计划，具体内容要求，检查办法等。要明确自己的任务和责任。

5. 变责备为激励

对于遭受失败或犯错误的孩子，越责备越没有信心，严重的会自暴自弃。家长要转换思维方式，从寻找孩子的缺点改为寻找孩子的优点，从否定评价变为肯定评价，从责备变为激励。常用的语言是："这次干得不错，有进步，我很高兴"，"好样的，再努力会更好"，"你真行"，"好棒，该庆祝一下"，"知错就改，挺好的"，"别泄气，失败是成功之母"，"有什么困难，咱们一起想想办法"等。

6. 取消包办代替

父母要把孩子当做一个独立的人来看，了解孩子，观察他的愿望、兴趣，不要因为孩子小、能力弱，就包办代替。不管是在生活中，还是在学习上，凡是应该自己做的，家长不要越俎代庖。应该坚持孩子能干的决不替他干；他不会干的，教他干；让他干的，要考虑该不该干的原则。如果家长包办代替，孩子就养成依赖性，依赖是自强最大的敌人。有的家长认为在生活方面多替孩子服务，让孩子把时间用在学习上会有好处。其实不然，生活上的依赖会干扰、阻碍学习上的自强精神的形成。有自强精神的孩子，生活上也不会依赖家长。

7. 教育孩子正确对待挫折

孩子的成长，必须经过各种考验，教育孩子在遇到挫折时，不灰心，不丧气，总结教训，振奋精神，继续前进，这是培养自强精神的重要时机。让孩子从小懂得"人生无坦途"，只有树立大无畏的精神和勇气，才能取得成功。

教师在对学生进行自我接纳的教育与辅导的过程中应明确：自我接纳和能力是构成自尊和自信的两大基石。学生如果能够自我接纳，并且有不断自我完善的动机和行为，总有一天，就会具备能力，并最终更加自尊、自信。

第二节 小学生自我体验的教育与辅导

一、小学生情绪的发展特点

自我体验实际上就是人的情绪体验。小学生情绪发展的显著变化出现在青少年时期，并且很多情绪问题的发生也都在这个时期具有突出表现，教师只有尽可能了解青少年情绪的种种特点，才能更好地认识青少年的情绪表现，并在与青少年的教育辅导中加以注意和引导。

（一）情绪内在体验的发展

1. 情绪波动明显

青少年很容易产生某种情绪，而且情绪一旦产生，其强度就可能比成人大得多。

心理学家霍尔曾把青少年时期称为"疾风骤雨"时期。孔子也曾说"少之时，戒之在斗"。这些都说明青少年的情绪起伏波动比较大，具体又表现在两个方面：

一是青少年会因为一时的成功，欣喜若狂、激动不已，又会因一点挫折，垂头丧气、懊恼不已。表现为情绪在两极间的明显跌宕。有时面对同一对象，同时出现两种对立情绪；有时对于同一种情绪，可能产生两种对立的效能；人们认为平常的是是非非，却在他们那里引发出高强度的反应，而在一些重要的事情面前，有时又显得平常、冷静。有实验表明，对于同等事件，青少年可能比成人多五倍的报告感觉"非常开心"，和可能多三倍的报告感觉"非常难过"。

二是青少年还常出现似乎莫名其妙的情绪波动、交替。国外曾进行过一项有趣的研究。被试分高中生和成人两组，每人身上带有一架遥控信号发生器和一本情绪记录表，该仪器从上午七点半至午夜这段时间里，随机发出信号。当被试一听到信号，便在情绪记录表上记下自己当时正在进行的活动和心境。结果发现，青少年的情绪和成人相比，显得变幻多端，反复无常。他们的情绪往往在不同的时间、地点，从一个极端变到另一个极端。

造成青少年情绪这一特点的原因主要有两个：其一，个体进入青少年期后，影响情绪的各种社会因素和生物因素大量出现，如学习成绩、交往情况、与父母关系、发育带来的身体变化等。有些因素被清晰意识到，有些因素则未被自己所意识到。例如，女性的月经引起的焦虑、烦恼，便是常被忽略的一个因素。其二，青少年时期是充满各种矛盾冲突的时期，常在青少年内心得以体验。而青少年的辨证思维发展水平不高，对待矛盾易产生偏激认识，因而引起情绪上的两极反应。

2. 情绪心境化

心境是一种比较微弱而持续时间比较长的情绪状态。青少年，尤其是进入青年早期，会出现情绪反应时间明显延长的情况。这种延长表现在两个方面：一是延缓作出情绪反应，二是延长情绪反应过程，从而出现情绪反应心境化的趋势。例如，有的中小学生在班上受到老师的批评，心里很不愉快，但当场并没有发作，老师也不注意，谁知道他（她）竟会因此闷闷不乐好几天甚至几个星期，情绪的潜伏期延长了。这种情况在儿童早期是没有的，幼儿的情绪反应快，一会儿就成了多云转晴。但高年级的小学生情绪体验的时间延长，情绪一旦产生，就会在以后的较长时间内对个体的情绪发生影响，这就是所谓的"心境化"。同时，青少年的心境本身也呈现出独特的色彩。李冬梅研究发现，青少年的心境主基调是稍微偏向积极的状态，随年龄的增长，这个主基调呈现下降趋势。青少年的心境波动周期为7天到28天，在一天内的心境波动中，积极心境在中午某个时段达到最高点。然后逐渐下降，而消极心境一天内的波动趋势则是从早上到晚上呈现递增趋势。从周一到周日，心境波动呈现出类似正弦波的趋势。

3. 自尊感体验深刻

自尊感是与人们要求他人尊重自己的需要相联系的一种情感。它在儿童生活早期就已展露，只是随着个体进入青少年期，主体我和客体我一分为二，青少年不仅能认识自己的所作所为，还能把做出这些行为的自我作为客观对象加以分析、评定，从而引发自我体验。青少年仿佛第一次发现自己，开始认识自己并主动塑造自己。心理学家因此把青少年时期称为"第二次诞生"。

青少年的自尊感强烈，表现在两个方面：一是青少年往往把自尊感放在其他一切情感之上，当自尊感与其他情感发生冲突的时候，他们常会毫不犹豫地为维护自尊感而牺牲其他情感。例如，青少年十分珍惜朋友间的友谊，但一旦发生彼此间有损自尊感的行为，往往会从根本上动摇友谊。二是青少年对自尊感的情绪体验特别强烈，当自尊感受到损害时，往往表现出极大的愤怒、恼火等情绪反应，甚至为此爆发激情，干出不顾自身安危、无视社会法纪的事来。有的青少年会为一件小事争得面红耳赤，有的则会为此闷闷不乐或耿耿于怀，还有的甚至发生斗殴，不惜诉诸武力。细析原因，这些小事在那些青少年心目中都是涉及维护自尊感的"重大原则问题"，绝不能等闲视之。例如，一位男生在文艺晚会上因为唱歌走调被大家哄笑，自觉当众受辱，自尊感受损，回家竟自杀了！

（二）情绪外在表现的发展

情绪的内心体验和外在表现都是情绪现象的有机成分，二者不可分割地联系在一起。但由于青少年期的特点，导致情绪的表现具有不一般的特点。而且，由于情绪显露于外，使得情绪具有了社会功能，直接影响到青少年的人际交往和社会适应。

1. 情绪文饰现象增多

情绪文饰现象是指个体内部的情绪体验被外部的情绪表现所掩饰，出现表里不一致的情绪现象。儿童的情绪表现明显而真实，高兴就是高兴的样子，不高兴就是不高兴的神态，甚至笑则捧腹不已，哭则当即流泪，外部的情绪表现与内部的情绪体验是一致的。但青少年则会出现内心很难过却脸带微笑，明明很得意却装得若无其事，在课堂上很想发表自己对问题的看法实际上却又把课本挡在脸前，心里喜欢班里某位异性同学却又在公开场合表现得十分冷漠的种种情绪文饰现象。

情绪文饰现象是个体从儿童向成人过渡过程中，情绪由不成熟向成熟发展的表现。造成文饰现象的直接原因是青少年社会意识和自我意识发展的结果，是他们既注意到自己情绪在特定社会情境中表达的适当性，以保持自己在他人心目中良好的形象，又逐渐具有了情绪的自我控制能力，使强烈的情绪反应得到一定的调节。从这个意义上说，青少年出现情绪文饰是其情感能力增强的体现，并因适应具体情景而具有了社会意义。情绪文饰现象使得青少年的情绪生活变得复杂化，令人难以捉摸。

2. 表情更加成熟

作为情绪特有的外部表现形式，表情具有独特而重要的社会交往功能。研究发现，在 13、14 岁之前，个体的表情认知发展速度较快，在这之后，明显减缓，达到基本成熟、形成一条年龄分界线。对人类六种基本表情正确认知到 76% 的年龄为：高兴和愤怒 4—5 岁，轻蔑 9—10 岁，厌恶 11—12 岁，惊讶和恐惧 13—14 岁。这就是说，到了青少年期，个体基本表情认知初步成熟。但是某些复杂的表情，如苦笑、尴尬、谄媚等，还需要在青少年进一步发展，其中谄媚表情认知最为困难。

近年来，由于研究方法的改进，表情研究的成果愈加丰富。一项对早期青少年表情认知的研究表明，13—15 岁少年对愤怒表情的觉察特点与成年人的基本一致。蒋长好通过事件相关电位研究发现，随着年龄的增长，青少年的情绪调节能力逐步增强，大脑高级功能的发育日趋完善。

二、小学生常见情绪心理问题的预防与辅导

正常的情绪认知就是能够根据情绪发生的情景进行正确的认知评价，能很好地觉察和认识自我情绪，进而正视和理解自己的情绪，敏锐地体察他人的情绪。有些人在生活中之所以受欢迎，麻烦少，就是因为他们能够敏锐地知觉与评估自己和他人的情绪，并能及时地对自己的情绪进行有效的调节和控制。另一些人往往对自己和他人的情绪都不能及时地知觉和了解，这样，在现实生活中就容易制造不快，处处碰壁。情绪认知包括两个方面：一个是对自己情绪的认知，另一个是对他人情绪的敏锐体察。

（一）情感辨析技术

能科学地对情绪客体进行主观评价，进而认识和理解自己的情绪是一个人具有良好情绪认知的基础。在学校，为了提高学生的情商，可以利用情感辨析技术来帮助学生辨别与分析其内在情绪情感的复合状态，使他们明晓其中所涵盖的各种情绪的性质、程度和比例，使其情绪情感状态在意识层面上从"混沌"趋向"有序"。情感辨析技术主要包括运用情感性质甄别表、情感强度指示器和情感比例百分图等三项技术，具体方法请参考有关情绪调节的书籍。

（二）情境体验法

还可以引导学生利用情景体验法来体验情绪的发生，更好地觉察和理解他人的情绪。情境体验法就是通过一定的设计，让学生进入模拟的情景、实际的情景或想象的情景去体验、思考、分析，了解自己的心理反应，获得情绪情感的体验。

对他人情绪的及时正确的觉察和评估，是具有良好人际关系的根本。可以通过以下两个方法训练学生对他人情绪的良好感知能力：

1. 移情训练

移情训练是指引导学生关心他人，体察他人的情绪，理解他人的情感，为他人着想，富有同情心，站在他人立场上看问题的训练方法。

移情训练法包括情绪追忆、情绪换位、作品深化等三个子方法。

情绪追忆是运用语言指示唤醒学生在过去生活经历中亲身感受到的最强烈的情绪体验，加强情绪体验与特定社会情景之间建立的联结。

情绪换位就是提供一个假定的社会情景，让学生换位到他人的位置去体验情景。通过情绪追忆和情感换位，学生更易于把过去的情绪体验迁移到相应的社会情景，使自己置于其中，加强对情境中他人状态的替代性情绪情感反应。

作品深化则是对上述活动的引申，让学生用书面语言记录自己的真情实感，使他们不再拘泥于具体情景，而是掌握抽象的普遍性的情绪情感规律。学生描述自己的情感后教师应提供反馈信息，强化学生作品中的正确反应。例如，我们可以设计一个场景：当你因为先天缺陷而遭到同学的嘲笑的时候，你的情绪体验是什么？

2. 情绪表演

情绪表演法主要包括两种方法：一种是哑剧表演，顾名思义就是教师设定一个场景或主题，要求学生不用语言，只用面部表情和肢体语言来表达情绪情感。运用哑剧表演方法，可以提高学生表达情绪和识别他人情绪的能力。另一种就是空椅子对话技术，这种技术与哑剧表演不同，是一个人进行的，面对面摆放两只空椅子，要求一个学生扮演角色，学生首先坐在一个椅子上大声说出自己的一个观点，然后到对面椅子上，站在对方立场上来对话，利用这个技术，可以令学生更好地识别他人的情绪。

（三）有效的情绪表达

我们不但要教会学生正确认知自己和他人的情绪，还要教会学生一些适当表达情绪的方法。

1. 选择讨论感受的时机

有了情绪是否要表达出来？有人认为表达情绪会暴露隐私或使别人受伤，就选择不表达，但长期压抑情绪会损害人的身心健康。情绪需要表达，但表达情绪的时候一定要注意两点：第一，在极端情绪状态时，为避免说出日后后悔的话就暂停情绪表达；第二，选择讨论感受的时机，有些人喜欢在人多的时候或仗着权势来表达情绪，事实上这并不好，应该选择彼此能够专注、没有压力和不疲倦的情况下讨论情绪感受。

2. 进入自己的内在语言并学会调整

想想看，当你深陷某种情绪的时候，你会采用什么样的内在语言？"气死我了"，"我恨死他了"，这些都是一些极端情绪语言，这个时候要学会注意自己的内在情绪语言，并进行调整，"气死我了"——"我对他的这种行为很生气"，"我恨死他了"——"你的行为令我感到愤怒和失望"。

3. 使用"我讯息"表达自己的情绪

例如对方多次以不友善、不尊重的语气和你说话，此刻的你可使用"我讯息"说"我不喜欢你用这种口气来对我说话"来代替对他大吼说"你给我闭嘴"，前者在传达自己的情绪，后者在大声制止对方的行为。

4. 运用理性途径消除不合理性的想法而改变情绪

埃利斯（A. Ellis）的合理情绪疗法认为，人的不合理情绪是由不合理的信念引起的。因此，利用理性的途径消除不合理性的想法可以改变情绪。他用一个ABC模型来概括这种理论和方法。A代表诱发事件；B代表信念，是指人们对A的信念、认知、评价或看法；C代表结果。埃利斯认为，并非诱发事件A直接引起结果C，A与C之间还有中介因素在起作用，这个中介因素是人对A的认知评价或看法，即信念B。简言之，个人对刺激情境的信念和认知是引起情绪反应的直接原因。正如叔本华所言：事物的本身并不影响人，人们只受对事物看法的影响。

下面是一个大家都熟悉的故事：

有两个秀才一起去赶考，路上他们遇到了一支出殡的队伍。看到那一口黑乎乎的棺材，其中一个秀才心想：完了，真触霉头。心情一落千丈，走进考场，那个"黑乎乎的棺材"一直挥之不去，文思枯竭，果然名落孙山。另一个秀才也同时看到了，心里却想：棺材，噢，那不就是有"官"又有"财"吗？好兆头，一定高中。于是心里十分兴奋，情绪高涨，走进考场，文思如泉涌，果然一举高中。

可见，情绪甚至可以改变命运。利用ABC理论模型来分析两个秀才的情绪反应模型。对于落榜者，A是诱发事件：看到一口棺材。B是信念："完了，真触霉头"。C是结果：郁郁寡欢，名落孙山。而对于高中者，具有同样的诱发事件A：看到一口棺材。所不同的是B信念："棺材，噢，那不就是有'官'又有'财'吗？好兆头"，因此也就导致了不同的结果C：心情喜悦，一举高中。从这个例子分析中，可以看出：同一个诱发事件，改变一下对事件的信念和想法，则会产生两种截然不同的情绪状态，也就会产生不同的结果。因此，当学生被消极情绪包围的时候，要教导学生，不要急于表达自己的情绪，是不是可以改变一下自己的信念，从而就会有不同的情绪体验。

（四）无效情绪表达

1. 使用模糊的语言

例如："少啰唆"，"多嘴"，"很烦"，"你别闹了"等语言表达情绪，这些陈述确实表达了某个人的某些情绪，但却是无效的表达，例如"少啰唆"是表示愤怒、罪恶、羞耻还是紧张的情绪？我们不得而知，有时这些表达会受到个性、年龄、表达能力等因素的影响。

2. 惯用非语言动作

以"沉默"来代替情绪，有某种情绪但闷声不响，然后以此动作来传达情绪。青少年时期的学生因为情绪的延迟性和文饰现象，往往会采用这种无效的情绪表达方式。例如朋友之间为了小事吵架了，开始的时候可能没什么，一天之后，一方明明心里不满，却不表达出来，还是正常交往着，但是心理却很厌烦，而另一方却可能会雨过天晴，和好如初。

3. 依赖虚假的情绪语言

虚假的情绪语言是指看似表达了情绪但事实上却未真正表达出自己的感觉，例如："别闹了，我受够了"，以此来抗拒进一步表达自己的感受；有时是自己也搞不清楚是何种原因造成的，自己该如何表达才好。

4. 无法拥有感受

例如："都是你害的，是你惹我生气"，"是你让我失望伤心"，别人的语言和行为会影响我们的情绪，但是决定别人行为的意义和我们情绪感受的却是自己而不是别人。依前例而言，你可以更加火暴地回应他，也可以选择"我讯息"的方式回应他，向对方说："当你忘了帮我的忙时，我感到很伤心、失望"。如此说法才是清楚地传达了自己的感受，希望在关系中获得帮助。

有效的情绪表达的训练不是一日之功，教师要辅导学生在日常生活中，正确表达自己的情绪，帮助学生理清产生情绪的原因，平时多加强训练，才能使学生掌握合理表达情绪的方法。

三、小学生情绪的自我管理训练

情绪管理就是善于掌握自我，善于调节情绪，对生活中的矛盾和不幸事件引起的反应能适可而止地排解，能以乐观的态度、幽默的情趣及时地缓解消极的情绪（诸如自卑、厌烦、紧张、急躁、忧虑、沮丧、冷漠、消沉、嫉妒、抑郁、悲观、孤独、焦虑、恐惧、愤怒、憎恨、生气、情绪不稳定等）。

青少年时期正处于"多梦"的年龄阶段，有"疾风骤雨"和"心理断乳期"之说，人类几乎所有的情绪都可在青少年身上体现出来。当青少年步入一个纷繁多彩的情绪世界时，他们所具有的情绪控制与调节能力，对其心理健康的影响是长期和深远的，并扮演着越来越重要的角色，这就要求青少年必须认识、理解和掌握相关的情绪知识和情绪管理策略。

郑日昌在电视台的讲座中提出了下列情绪管理策略：

（一）合理宣泄

情绪既然是健全心理中不可缺少的一面，我们对正常的情绪就不能过多压抑，而要加以宣泄。当情绪发作时，人体内潜藏着一股能量，须借情绪的发泄加以释放，否则积聚起来，将有害身心。如果我们的情绪表达经常受到压抑或禁制，便易引起身心疾病。在身体上常见的有胃病、高血压和心脏病等；在心理上常见的是病理紧张、神经症等。情绪上所受的抑制太多，或所受的心理压力太大，还能引起心智障碍，影响记忆、思维等心智活动的效率。如家庭或学校的气氛过于严肃，对儿童的限制太多，或对他们的好奇心不予满足，都会导致"心智的僵固"，有碍智能的发展和创造性的发挥。一个在情绪上受到过多限制的人，个性通常不够开朗，而且可能产生不合作、不合群，甚至反群和反抗权威的行为，这自然会使他在社会适应和人际关系方面大受影响。

情绪的宣泄有直接和间接两种方式。直接的宣泄就是直接针对引发情绪的刺激来表达情绪。当直接发泄对于别人或自己不利时，则可用间接发泄使情绪得到出路。心中有了不平之事，可以向老师汇报，向周围同学或朋友倾诉，并接受他人的批评，通过自己感情的充分表露与从外界得到的反馈，增加自我认识而改变不适当的行为。与人闹了矛盾，要开诚布公地与对方交换意见，解开疙瘩，消除误会，千万不要让怒气积压在胸中。万不得已，在至亲好友面前大哭一场，述说心中的委屈痛苦，得到安慰和同情，心里也会好过一些。痛哭本身作为纯真的感情爆发，是人的一种保护性反应，是释放积聚能量、排出体内毒素、调整机体平衡的一种方式。好比洪水暴涨，水库即将决堤，打开溢洪道，便可避免一场灭顶之灾。国外还有一种喊叫疗法，就是到空旷的地方，去大声喊叫几声。要领是腹部发声，胸腔扩张，口要张大，"啊——啊——"喊几声。还可以去心理咨询中心的情绪宣泄室去击打宣泄人，或者涂鸦。此外，体育锻炼和文化娱乐活动也是消除心中郁结、宣泄情绪的好方法。

情绪应该宣泄，但宣泄必须合理。有的人不分时间、地点、场合，对引起自己不快的对象大发雷霆，甚至采取违反道德和法制的攻击行动，这种直接发泄常常引起不良后果。还有的人将不良情绪胡乱发泄，迁怒于人，找替罪羊。如著名的"踢猫效应"，就是一个工作中不开心的丈夫，回到家里将心中郁闷的情绪发泄到妻子身上，深受委屈的妻子把情绪发泄到儿子身上，而弱势的儿子将这种不满发泄到家里的猫身上，踢无辜的猫一脚。还比如，在学习上受到挫折的学生把火发在家长身上。还有的人，不管什么事，只要不合自己的意，便发牢骚、讲怪话，不但影响团结，使他人厌烦，而且不能使他人理解你的情绪，因而是不可取的。

（二）调控情绪

对正常情绪应当宣泄，对不良情绪则要控制。要控制情绪，首先必须承认某种情绪的存在；其次，要弄清产生该情绪的原因；最后，对于使人不愉快的挫折情境要寻求适当的途径去克服它或躲开它。

以下几种方法教我们如何适当控制情绪,作好情绪管理:

1. 理智

人是有感情的,更是有理智的,我们要教育学生用理智驾驭自己的情绪、情感,而不是做情绪、情感的奴隶。理智是指在遇到一个情景或者境况的时候,能够以理性、辨证的思维来考虑境遇,做出合理的判断和情绪反应。

例如,小米和小清都是尊敬老师的好学生。一天,当看到教数学的王老师从教室门口匆匆走过的时候,两个同学同时向老师礼貌问好。平时王老师都会很温和地微笑着回礼,但是这天,王老师急急忙忙,好像根本没有看到两位同学一样一晃而过。放学以后,小米同学一直闷闷不乐,第二天上数学课的时候,小米就不能专心听讲了,一直在想:王老师是不是不喜欢我了?是不是因为我上次数学测验没有考好?而小清同学却一如既往的高高兴兴,因为她认为数学老师太辛苦了,下课都专心思考问题,才没看到我,因此对王老师更尊敬了。在此例中的小清同学作出了更为理智的判断,而小米的判断就是一种自我中心的绝对化判断。

在挫折面前,人应当以对事物的理性认识来控制个人的情绪。当忍不住要动怒时,要冷静地审察情势,检讨反省,以确定发怒是否合理,发怒的后果如何,以及有无其他较为适当的解决办法,经过如此"三思",便能消除或减轻心理紧张,使情绪渐趋平息。与人发生争执时,倘能设身处地地站在对方的立场上想一想,也就可以心平气和了。

具有辩证观点的人往往是比较理智的,很多表面看上去令人悲伤的事件,如果从另外一个角度或从发展角度去看,常可发现某些正面的积极的意义。塞翁失马,焉知非福,坏事、好事是可以相互转化的。

2. 转移

在发生情绪反应时,头脑中有一个较强的兴奋灶,此时如果另外建立一个或几个新的兴奋灶,便可抵消或冲淡原来的优势中心。当火气上涌时,有意识地转移话题或做点别的事情来分散注意力,便可使情绪得到缓解。在余怒未消时,可以用看电影、听音乐、下棋、打球、散步等正当而有意义的活动,使紧张情绪松弛下来。有的人生起气来拼命干活,这既是一种转移,也是一种宣泄,不失为一种行之有效的制怒方法。但此时需提醒他注意安全,因为在被激怒的情况下,动作往往不够准确协调。

3. 幽默

高尚的幽默是精神的消毒剂,是极有助于个人适应的工具。当一个人发现一种不调和的或对自己不利的现象时,为了不使自己陷入激动状态和被动局面,最好的办法是以超然洒脱的态度去应付。此时,一个得体的幽默往往可以使一个本来紧张的境况,变得比较轻松,使一个窘迫的场面在笑语中消逝,使愤怒、不安的情绪得以缓解。

美国总统林肯先生是一位出色的领导者，具有很高的情商。一次，当他开会的时候，他将自己一条长长的左腿伸到了桌子外面，一位官员看到了，很不礼貌地说："这应该是世界上最长的一条腿了。"林肯先生笑着将右腿也伸出来说："哦，不，这里还有一条跟它一样长。"幽默的话语就解除了自身的尴尬并避免了一场可能的争吵和不快。

善于幽默的人，不开庸俗的玩笑，更不随便拿别人的生理缺陷寻开心，而是以机智的头脑、渊博的学识，巧妙诙谐地揭露事物的不合理成分，既一语破的，又使人容易接受。在一些非原则问题上，宁可自我解嘲，也不去刺激对方，激化矛盾。

4．升华

升华就是将不为社会所认可的动机或欲望导向比较崇高的方向，使其引发具有创造性、建设性的行动。

姗姗是一位刚刚入学的住校生，因为是第一次离家，非常想念家人和熟悉的环境，对生活学习都很不适应，甚至半夜会在宿舍里哭泣。班主任老师觉察这个情况后，主动引导姗姗进入集体生活，姗姗慢慢将对家人的想念转变成学习和积极参加活动的动力，组织班里的文体活动，并得到了大家的认可。年终的时候姗姗还被同学们选为班长。

升华是对情绪的一种较高水平的宣泄，是将情绪激起的能量引导到对人、对己、对社会都有利的方面去。比如歌德年轻时，曾遭受失恋的痛苦，几次想自杀，但他终于抑制了这种轻率的行为，把自己破灭的爱情作为素材，写出了震撼世界的名著《少年维特之烦恼》。遇到不公平的事情，一味地生气、憋气，或颓唐绝望，都是无济于事的，做出违反法制的报复行动更是下策，是在用别人的错误惩罚自己。正确的态度应该是升华，将挫折变成动力，做生活中的强者。

5．辩证

人们对一个问题会有很多看法，而哪些看法容易导致负性情绪产生呢？一般来源于三个方面：（1）片面化。看问题以点带面，以偏概全，只见树木，不见森林。比如，学习不好的学生就不是好学生，这种片面的观点使学生失去自信，使他们相应地在其他方面也不能好好表现。再比如当一个老师批评了一个学生的时候，学生认为自己不能得到老师的喜欢，甚至认为所有人都不喜欢他而产生负性情绪，这就是将问题片面化。（2）绝对化。就是追求绝对真理，绝对准确，绝对公平，绝对完美。比如，两个学生都回答出来了一个比较难的问题，小明得到了老师的表扬，而小亮没有，这时小亮认为老师不公平，因此产生负性情绪就是绝对化。（3）静止化。就是不能以发展的眼光看待问题，总以为目前的境遇就是最终结果，其实，世界上没有永远不变的事物，好事可以变成坏事，坏事也可以变成好事。

正确的做法是以辩证的方法看待问题。（1）变片面为全面，这个方面不好，可能有另外一个好的方面。一个学习不好的学生可能非常喜欢劳动，同学关系很好。老师对一个学生的批评可能是因为喜欢和关注。（2）世界上没有绝对的真理，也没有绝对的公平，要把绝对变为相对，"不好中有好"。比如，危险中有机会，痛苦中有快乐。（3）变静止为发展，"现在不好将来好"，万事万物都在运动当中，都在发展变化当中，静止是相对的，变化是绝对的。"时来运转，否极泰来"。目前的困境可能是黎明前的黑暗。

6. 暗示

暗示就是在不自觉、潜意识中受到自己或者别人言语行为的影响。受到自己的影响叫做自我暗示，受到他人的影响叫做他人暗示。这种暗示可以是正面的，也可以是负面的。暗示对人的影响极大，能影响我们的行为、情绪，甚至还能引起我们的生理反应。杯弓蛇影、望梅止渴都是心理暗示很好的例证。

7. 放松

通过训练，人们还可以用自我放松法控制情绪。即按一套特定的程序，以机体的一些随意反应去改善机体的另一些非随意反应，用心理过程来影响生理过程，从而取得松弛的效果，使紧张和焦虑的情绪解除。一般这种放松可以在学校的音乐放松室内进行。音乐放松的一般程序是：播放音乐和指导语，听着音乐中的指示，深呼吸，然后根据指示，想象一个宁静祥和的情景，然后慢慢全身放松：头部——颈部——肩部——手臂——手——背——腰腹——臀部——大腿——脚。当学生能够熟练运用这个方法后，对于缓解压力，放松紧张焦虑的情绪非常有效。

8. 自我安慰

除了以上方法外，还可以教给学生一些自我安慰的方法，以应对目前的困境。如"酸葡萄心理"和"甜柠檬心理"等。

当一个人追求某项事物而得不到时，为了减少内心的失望，常为失败找一个冠冕堂皇的理由，用以安慰自己，就像吃不到葡萄说葡萄酸的狐狸一样，所以称作"酸葡萄心理"。与此相反的是"甜柠檬心理"，即用各种理由强调自己所有的东西都是好的，以此冲淡内心的不安与痛苦。这种自欺欺人的方法，偶尔用一下作为缓解情绪的权宜之计，对于帮助人们在极大的挫折面前接受现实，接受自己，避免精神崩溃，不无益处。但若用得过多，成为个人的主要防卫手段，则是一种病态，会妨碍自己去追求真正需要的东西。

第三节 小学生自我调控的教育与辅导

人的自我调控能力实际上是人的意志品质在日常生活、学习和工作中的具体体现。

一、小学生意志品质的发展特点

（一）小学生意志行动动机和目的的发展

小学低年级学生还不善于自觉地、独立地提出行动的动机和目的。到了中年级以后，随着知识和经验的增加以及思维水平的提高，学生逐渐学会了自觉、独立地向自己提出行动的动机和目的，并逐步具有了远景的、抽象的、有一定社会意义的动机和目的。

（二）小学生意志行动任务的决定与执行的特点

小学生对意志行动任务的责任感，在克服困难、完成任务中有着极其重要的作用。小学生在学习的过程中，对待困难的态度是不一样的。例如，小学二、四年级的学生在规定的小学生体育运动标准达标的体育锻炼中的情况是有差异的：二年级小学生大部分表现得懦弱、慌张，遇到困难就垂头丧气；而四年级小学生则大部分表现得有信心，沉着，能够克服困难。

（三）小学生意志品质的发展

小学生的意志品质，是指他们在学习活动中形成的比较稳定的意志特征，是人格的重要组成部分。

1. 自觉性的发展

意志的自觉性，是指人们在行动中表现出的具有明显的目的性，充分认识行动意义，使行动服从任务要求的意志品质。小学低年级学生自觉性较差，他们的行动常常要依靠外界的力量来督促。中、高年级小学生的自觉性逐渐发展起来，他们能按照老师的要求完成多种活动任务，并逐渐学会自觉地计划和检查自己的活动。

2. 果断性的发展

意志的果断性，是指人们根据任务要求迅速而合理地作出决定并立即采取相应行为的意志品质。在意志的果断性方面，小学低年级学生还不能当机立断地处理事情，要从中年级开始才能逐渐在处理事务中表现出意志的果断性品质。但在整个小学阶段，要求小学生能经过深思熟虑之后果断地处理一些充满矛盾的问题还是比较困难的。

3. 坚持性的发展

意志的坚持性，是指人们在行动中能以坚忍不拔的毅力克服种种困难并能把任务坚持到底的意志品质。小学生坚持性的发展有一个过程。最初是在读、写、算等学习活动中逐渐形成的，也是从靠老师和家长等外力的影响发展成为靠他们内部力量驱使形成的。以后，随着动机稳定性和自觉性的发展，到小学三年级时，这种坚持性才渐渐成为他们的意志品质。

4. 自制力的发展

意志的自制力，是指人们自觉地、灵活地控制情绪，调节行为达到目的的意志品质。小学低年级学生的自制力发展较差。他们容易兴奋、激动，不善于控制自己，在课堂上不注意听讲、做小动作等现象时有发生。但在教育和教学活动的影响下，通过执行《小学生守则》等规章制度，特别是通过集体生活的制约，到了三年级，小学生的自制力会得到显著的发展。但就整个小学时期而言，学生的自制力还是初步的、低水平的。

二、小学生常见意志品质问题的预防与辅导

（一）有效培养意志品质的四种途径

意志品质作为学生学习活动的保证和身心发展的重要条件，不是生来就有的，特别是良好的意志品质，更需要在后天教育和实践活动中有目的地加以培养。

1. 加强世界观和人生观教育，确立正确的行动目的

自觉目的性是意志行动的重要特征，学生意志品质的发展都建立在一个正确而合理的行动目的的基础上。为此，在学校教育活动中，应该对学生加强科学的世界观和正确的人生观教育，使他们勇于探索人生的意义和价值，学会明辨是非，分清善恶、荣辱。只有这样，才能使他们既具有崇高的人生目标，又能在日常生活和学习中确立有意义的行动目的。

在对学生进行世界观和人生观教育的时候，应该紧密结合社会现实和学生当前的学习、生活实际，帮助他们把个人的理想和价值追求同国家、社会、集体的利益联系起来，既具有远大的目标，又能转化成日常学习和生活中的苦干和实干的精神。例如，我国著名的数学家陈景润童年时在一位数学老师的启迪下，立志要摘取哥德巴赫猜想这颗数学王冠上的明珠，为中国人争光，在以后的十几年中，他不顾政治运动的冲击和生活条件的简陋，埋首于数字和草稿纸中，夜以继日地进行推导、演算，终于取得了重大突破，得到了世界数学界的认可。

2. 组织实践活动，加强意志锻炼

坚强的意志是在克服困难的实践活动中磨砺出来的。在学校教育中，日常的学习、劳动和课外活动，都需要为达到一定的目的付出艰辛和努力，这正是培养学生良好的意志品质的最好途径。特别是学习活动，更需要一种锲而不舍的顽强的学习毅力。所以，教师应该科学、严谨地组织学生的学习活动，合理安排班集体的劳动和课外文体活动，使每个学生融入其中，全身心地投入。当学生形成了良好的学习习惯和劳动习惯，他们的意志品质也必然发展起来。在学校日常活动之外，教师也可以有意识地组织能磨炼学生意志的实践活动，如晨练、爬山、野营、徒步旅行等，甚至有时可以人为地给他们制造一些挫折和磨难。前苏联教育家马卡连柯就曾经说过：不应当捏塑一个人，而应当锻炼，锻炼出一个人，这就是说，先要好好烧红，然后再用锤去锤……

另外，在意志锻炼中，还要根据学生的实际情况因材施教。对于学生在实践活动中表现出的良好意志品质，教育者要及时肯定，帮助他巩固下去；对于不良的意志品质，则要及时指出，设法教育、纠正。例如，对于行为盲从、易受暗示的学生，教师应该培养他们对集体和他人的义务感和责任感，启发他们的独立精神和自觉意识；对于行事轻率、行为鲁莽的学生，要帮助他们认清行为的不良后果，帮助他们学会控制自己的情绪，理智行事；对于优柔寡断、怯懦的学生，则要树立他们克服困难的信心和勇气，帮助他们学会审时度势，当机立断；对于行为偏执、性情孤僻的学生，要从心理上接近他们，帮助他们正确看待个人与社会、集体的关系，使自己的行动符合群体的利益。

3. 发挥教师和班集体的影响，给予必要的纪律约束

在学生意志品质的形成中，离不开周围的人和环境的影响。特别是在学校教育中，教师和班集体发挥着不可忽视的作用。除了父母之外，学生对在学校生活中与自己朝夕相处的教师有一种特别的信任和尊重，并不自觉地去模仿其言行。因此，教师如果想培养学生良好的意志品质，自己首先在工作中要表现出目标明确、处事果断、兢兢业业、不畏困难的作风。俗话说，"身教重于言教"，教师的行为榜样对学生意志品质的培养有特殊的效果。

学生所在的班集体是其成长的重要环境，在具有良好班风的集体中，同学之间互帮互助，注重集体的利益，也为自己是集体的一分子而自豪。当学生建立起对集体的义务感和荣誉感时，就会为了集体的目标和利益，去努力学习，热心支持集体活动，在此过程中，独立、坚强、勇敢、自制等意志品质也得到培养。当然，要形成良好的班风，还要有严格的纪律去约束集体成员，朝共同的目标努力。

4. 启发学生进行意志的自我锻炼

学校的政治思想教育、课内外的实践活动以及教师和班集体的影响，要在学生的意志品质形成中真正发挥作用，还必须调动学生自己的主观能动性。随着学生自我意识的增强和自我评价能力的提高，他们逐渐意识到意志品质的重要性，以及自己意志品质的缺点和不足对学习的影响，就会主动接受这些教育影响，予以积极配合。这个时候，也为教师启发学生进行意志的自我锻炼提供了条件。在教育实践中，人们发现学生能够做到意志品质的自我锻炼，并有一些行之有效的方法和途径，如用格言、座右铭警醒自己，用杰出人物的事迹对照、监督自己的言行；同身边的榜样相比较，找出差距，迎头赶上；制订作息计划和学习计划，并严格执行；自己设计一些加强意志锻炼的活动，并努力实践；每天坚持记日记，反思自己的言行和思想，发现缺点，及时改正等。

（二）在意志上战胜自己

中国古代思想家孟子在总结自己的成功之道时曾说，"吾善养吾浩然之气"。

他说的这个气，就是正气、勇气、毅力和信心，也就是我们现在所说的顽强而豁达的意志。孟子就是凭着自己自主、自立、自强的意志，从早年丧父的贫困家境中走出了一条成才之路，成为与孔子齐名的大学者。当然，对于学生来说，树立顽强的意志品质，并不限于去顽强地啃书本知识。在一个人成长的关键时期，若意志薄弱，轻易地松气、泄气，就无法战胜自身的弱点，把握不住成功的机遇，也就无法实现自己理想的目标。那么，如何在意志上战胜自己呢？

1. 立志，树立远大的志向

在我国古人看来，"意志"就是"志气"，所谓"养浩然之气"，指的就是要有志气。一个人若没有"志"就难有正气和勇气，而只能有邪气、郁气、怨气。人离开了"志"，就没有奋斗的目标和动力，便会神情恍惚，魂不守舍，懒惰散漫，浑浑噩噩地度日子。一个人的成功，往往是从"立志"开始的，人们常说"有志者，事竟成"，说的就是这个道理。

当我们感到自己生活乏味，无所事事，什么东西都对自己缺乏吸引力的时候，就应该认真地想一想，我到底有什么志向没有？我这一辈子究竟要干什么？究竟怎样去度过生命的分分秒秒？这个问题解决了，目标确立了，就会觉得生活又有了希望，又有了一只无形的手，在牵动自己的每一根神经，将自己引向一个富有魅力的世界。

立志并不难，难的是能否坚持志向的"一以贯之"。一个人步入学校之后，就开始萌发了志向的闪念，就开始勾画朦胧而美好的理想蓝图。然而，并不是每个人都能将理想付诸实施，不少人经不起困难和挫折的磨砺，或半途而废，或浅尝辄止，变成"常立志又常后悔"的人物。研究表明，只有那些意志坚强、事业心强、能适应各种社会压力的人，才能充分显示自己的才华。一个人的成功，并不在于智力水准，主要的还是在非智力因素上，特别是取决于有无良好的意志品质。所以，青少年学生若要争气，就要坚持不懈地朝着既定目标努力，一分汗水一分果实，一分耕耘一分收获，成功的大门，从来都是向生活的强者敞开的。

2. 自觉，扬起意志的风帆

许多人可能都有这样的体会：当完全自觉地从事某项活动时，便能保持活跃、清醒的头脑，十分理智地控制自己的情绪，好像自己不再是奴隶，而是个主人，自己所从事的活动，也有意想不到的好效果。同学中，凡是学习成绩好的，都是学习上比较自觉的。他们能严格遵守纪律，及时认真地完成作业和学习计划，遇到问题能主动去解决，对自己感兴趣的事情，还能更广泛、更深入地去思考、去动手，从而培养出良好的意志品质和心理素质。

有了自觉性，人才能将精力集中在既定目标上，意志力才能真正在头脑中起作用，行为才能产生效果。怎样才能使自己具有自觉性呢？自觉性的舵手就是人的自制力。它是人在意志行动中控制自己情绪的能力，它一方面促进人们努力克服执行决定中产生的怯懦、犹豫、懒惰等，另一方面善于在行动中克制冲动行为，从而更坚定地执行自己的决定。缺乏自制力的人，行为必然带有很大的盲目性，情绪也极易受干扰。今天有好电视，就搁下了书本；明天想打球，又丢下了书本；后天到邻家去打扑克，结果又与书本无缘。如果我们总是凭一时兴趣、一时冲动去干事，到头来可真的就是"少壮不努力，老大徒伤悲"了。

3．拼搏，培养顽强的品质

如果你在为人处事或在向某个既定目标迈进中遇到困难时，做到了坚忍不拔，不达目的誓不罢休，说明你是个意志顽强的人。顽强的意志，有着无穷的渗透能力，它可以水滴石穿，聚沙成塔，完成艰苦卓绝的事业。意志的顽强性说来也简单，就是一个"恒"字。不论干什么事，只要你有恒心，尽管条件非常恶劣，只要"咬定青山不放松"，也能扎下根，生出一片绿荫。

4．自信，鼓足生活的勇气

悲观消极是意志薄弱的一种表现，但人并不是一开始就表现消极的，其第一个信号是缺乏自信心，或是信心不足。对所从事的事情信心不足，会使自己自动放下武器，否定自己，最后失去进取之心，或一蹶不振，或功败垂成。

自信心常常能医治意志的缺憾，因为人几乎在孩子时，就有着羞怯感和自卑感，这种心态或情绪会使人的能力大为逊色。自信心是心态调色板上最鲜亮、明快的色调，它可以使人闯出沉闷压抑的灰色自我。比如，一些名列前茅的学生高考落榜，而成绩平平的学生尚能闯入重点，这里就有一个信心足不足的问题。

一个人有了自信心，才能相信自己有能力、有力量将事情办好，才能勇气十足地面对现实，才能战胜自己的怯懦与自卑。树立自信心不是讲讲而已，更不是盲目自信，而需要有一定的底气为基础。除了自我的心态平稳外，还需要有一定的知识水平和能力结构作保证。如果一个人在学习和事业上不努力，还去表现一种自信，那只不过是妄自尊大、华而不实，不仅于事无补，反而成为人格上的残缺者。

5．勤奋，克服自己的惰性

懒惰是一种十分有害的精神病毒，它的危害不亚于鸦片。当一个人被惰性所支配时，整天没精打采，死气沉沉。或者只说不做，空耗时间；或沉湎于幻想，没有激情、没有冲动、没有竞争意识、没有创作欲望，整个生活枯燥乏味。

应该说，惰性在每个人身上都或多或少地存在着。学生中滋生的惰性，主要是心理上和精神上的，例如厌倦学习、怕吃苦、不勤奋、不上进等等情绪状态，都是一种惰性的表现。真正的懒惰是心理的而非身体的，起于观念及情感作用，而非起于身体或工作状况。一些学生不能很好地克制自己的惰性，常常用疲劳来掩饰怠惰，这只能使自己越来越厌学，若不加以克服，是非常有害的。

懒惰同生理疲劳没啥关系，却同心理疲劳有关系。同学们可以做一下这样的试验：将4个手指捆住，只留下1个手指去拉动一根绳，绳下系一重锤，反复拉上、放下，动作渐缓，最后便精疲力竭，拉不动了。这时，有人突然刺激这个手指，手指又立刻动起来。可见肌肉并未疲劳，只是神经对于这个工作已经厌倦了，这便是心理疲劳。长久的心理疲劳会使人养成惰性。惰性还起于喜欢空想和缺乏兴趣两大原因。青年人爱空想的居多，缺乏兴趣也是惰性最主要的生成原因。人一旦对什么都失去了兴趣，那么现实中的一切都没有吸引力了，也就谈不上什么目标，动力和来自学习、创作的快乐体验了。

克服惰性要从以下三个方面做起：

（1）认真地检查一下自己是否经常出现心理疲劳，确认后，想一想怎样通过情绪调节来使自己保持充沛的精力，下决心今日事今日毕。

（2）如果你是一个有志气的人，就不要老是想明天怎么样，而是想怎样把眼前的事做好。你不妨排个日程表，每天都要排几项应该干的事，如果你能每天都坚持干一两件实事，惰性自然就会同你分手。德国大诗人歌德在教育自己的孩子时说："你的昨天若是明朗而自然，你今天工作就自由而有力，也能够希望有一个明天，明天就能取得不少成绩。谁若游戏人生，他就一事无成；谁不能主宰自己，永远就是一个奴隶。"

（3）培养和寻找你的兴趣。前苏联著名教育家马卡连柯提出"明日欢乐论"——人生若是毫无乐趣可言，他就不能活在世上，人类生活的真正刺激，就是明日欢乐。教育人们，就是给他们提出未来的美好前景。

三、小学生意志力的训练

（一）加强小学生行为的目的性教育

小学生的意志活动是与活动目的紧密联系的，只有让他们明确行动的目的，才能自觉地、独立地调节自己的行为。在整个小学阶段，小学生按照一定的活动目的调节自己行为的能力是比较差的，需要依赖教师的指导和监督。

根据小学生的这一特点，教师要逐步提高小学生的自觉性，培养他们按照行动目的来自觉调节行为的能力。教师在教学活动中，布置的任务要明确，并要指导小学生按照预定的目的和计划一步一步地完成任务。对完成任务好的要给予鼓励和表扬，对他们的意志行为要进行强化，使其逐渐形成意志的自觉性。

（二）培养小学生的自我调控能力

小学生的自我调控能力较差，他们的行为往往需要成人的指导和监督。因此，教师应有目的、有计划地帮助小学生学会逐渐摆脱对外部控制的依赖，形成内在的控制力。有研究表明，帮助小学生以言语调节控制自己的行为是发展他们自制力的有效措施。在克服困难过程中，让小学生不断以言语指导自己的行动，常常会收到较好的效果。此外，心理学家还认为，集中注意也是自我控制的一个有效方法。在面对诱惑时，不要过多注意诱惑物，要将注意力集中在所从事的活动之上。为此，可对小学生进行集中注意的训练，来强化其自我调控能力。

（三）培养小学生良好的行为习惯

小学生良好的行为习惯可以使他们不必付出太大的意志努力便能很好地完成任务。实际上，良好的行为习惯是小学生行为规则内化的具体表现。

培养小学生的行为习惯要从小事做起，如遵守作息时间、按时完成作业、做完作业后收拾书包、自己收拾房间等。培养小学生行为习惯时要对他们严格要求，如要求他们该完成的任务一定要完成，决不能半途而废；要求他们改正的缺点就要监督他们逐渐改正。这样，在小学生形成良好行为习惯的同时，也培养了他们良好的意志品质。

（四）培养小学生具有克服困难的精神

意志品质的培养必须与克服困难相结合。因此，教师在教育教学活动中要有意识、有目的地创设一定的困难情境，为小学生提供锻炼意志的机会。但困难的程度要符合小学生的年龄特点，过难或过易的困难情境对培养小学生的意志品质都是不利的。若情境过难，小学生无法克服这些困难，会丧失信心；情境过易，又起不到激励小学生克服困难的作用。所以，创设的困难情境应该是需要小学生付出一定的意志努力但又能够克服的。例如，要求他们坚持独立完成作业，坚持参加各种活动，坚持为集体做好事，坚持体育锻炼，坚持做一些家务等，这样才能培养他们良好的意志品质。

（五）充分发挥班集体和榜样的教育作用

具有良好班风的集体能培养学生对集体的责任感、义务感、荣誉感以及自尊等，这些情感有助于自制、坚毅、勇敢等意志品质的形成。所以，教师应努力使自己的班级形成良好的班风，充分发挥集体的作用，培养学生良好的意志品质。

此外，还应注意榜样的作用。对于以模仿为天性的小学生来说，榜样的力量是无穷的，因此，教师要适时向学生提供可资模仿的勇于战胜挫折的榜样，加深学生对挫折的认识，激起内在的上进热情，进而转化为战胜挫折的信心、勇气和动力。榜样可来自科学家、发明家、劳动模范、革命先烈以及文艺作品中的优秀人物等。

教师还要善于从学生周围，主要是同伴中树立典型，并及时选择时机对学生进行教育，这样的榜样在学生身边，因而可信、可亲、可学。教师也要为学生作出榜样，因为教师的模范作用具有极其重要的意义，正所谓"言传身教"。

（六）启发学生加强意志的自我锻炼

在培养学生良好意志品质的过程中，一切外部影响都必须通过学生的自我锻炼才能真正起作用。小学中高年级学生是能够进行意志的自我锻炼的。因此，教师必须针对小学生的特点，启发他们加强意志的自我锻炼，并根据小学生的不同情况给予不同的指导。

四、小学生挫折教育与辅导

对挫折的承受力,不仅是一个人心理健康水平的标志,也体现了他面对困难、挫折时的人生态度。中外心理学家及教育界人士一致认为,挫折教育在充满竞争的社会中尤其必要和迫切。所以,加强对小学生进行挫折教育与辅导,提高小学生的挫折承受能力,引导他们积极进行自我调适,在战胜挫折的过程中重新认识自己,是心理健康教育的重要课题。

对小学生进行挫折教育与辅导,就是教育与辅导者有意识地利用和设置挫折情境,通过知识和技能的训练,使学生正确地认识挫折、预防挫折、正视挫折,能在挫折面前适时地调整,能乐观、坦然地面对自身遭遇的挫折。其目标是培养学生良好的挫折承受力,使他们不仅能从别人或外界的给予中得到幸福,而且能从内心深处激发一种自己寻找幸福的本能,培养一种内在的自信和乐观。

挫折教育与辅导是全面提高我国青少年素质的重要内容,是我国小学生心理健康教育的重要组成部分,也是当前素质教育实施中的热点问题之一,我们必须充分认识挫折承受能力的培养对全面提高学生素质的重要性和紧迫性。

挫折,是指个体在从事有目的的活动时,由于内部、外部因素的干扰或阻碍,其需要得不到满足而产生的一种紧张状态和消极情绪反应。它包括挫折源和挫折感。挫折源是指个体活动受阻的对象或情境。挫折感是个体活动受阻时的心理反应。一般来说,挫折源的性质愈严重,个体的挫折感就愈明显、愈强烈。但是,这二者之间并不是简单的刺激—反应的关系,中间还有一个主体状态的作用,故而面对同样的挫折源,不同个体的挫折感可能是不一样的。掌握有关挫折的心理规律有利于心理健康教育者设计更合理的活动与教学。

(一)小学生常见的心理挫折

根据不同的分类标准,挫折可以分为多种。日本大桥正夫根据挫折源的来源,把挫折分为内部挫折和外部挫折。内部挫折包括缺陷、损伤和抑制,外部挫折包括缺乏、损失和障碍。美国学者索里(J. Sowrey)和泰尔福特(C. Telford)根据引起挫折的原因将挫折分为由延迟引起的挫折、由阻挠引起的挫折和由冲突引起的挫折。根据挫折的程度可以分为轻微挫折和严重挫折。根据挫折源的性质可以分为自然性的挫折和社会性的挫折。

对于小学生来说,主要的挫折有成就挫折、人际关系挫折和情感挫折。其他的还有理想与现实差距造成的心理挫折、适应不良造成的挫折、优越感丧失造成的挫折、认识偏颇造成的挫折等等。

1. 成就挫折

发展各方面的能力是小学生的生活主题,因此成就挫折就成了他们经常遇到的主要挫折。当预期的成就目标没有达到并引发负性情绪时，就带来了成就挫折。其中，来自于学业成就的挫折最为普遍，例如课业负担和考试成绩不理想。其次是其他方面的成就挫折，如体育比赛的失败等。

2. 人际挫折

每个人都想获得良好的人际关系，因为这是获得归属与尊重需要的基本条件，也是良好个性品质形成的重要途径。亲子关系、师生关系与同伴关系，是小学生最主要的人际关系。当学生人际交往的目标未能得到实现时，对良好人际关系的需要就未能获得满足，从而造成了人际挫折。例如，经常被老师批评或忽视、受到同学的排斥与讽刺、与父母关系紧张等。

3. 情感挫折

情绪与情感的表达是人的本能，爱与被爱是人类的基本需求。青少年在情绪上常常表现为两极性，因此情绪情感上的挫折对其影响也很深刻，当情感或情绪上的目标未能达成或需要不能被满足，就会产生情感挫折。例如文学作品中常常表达的"爱不能爱"或"恨不能恨"的冲突状态，就是一种情感挫折。由于挫折本来就包含负性的情感成分，因此情感挫折可以由其他挫折引起。成就挫折本身并不是情感挫折，如果成就挫折中的负性情绪已经不是针对于特定的成就目标，而是成为弥漫性的持久心境（以同样的负性态度对待一切事物），并且成为不能由自己控制和调节的情绪（如焦虑和抑郁），使得个体维持正常情绪状态的需要不能得到满足，这就引发了情感或情绪上的挫折。再如，具体的人际挫折本身也没有达到情感挫折的深度，但如果个体在与他人交往的过程中体验到"自己是不被喜欢的"，此时则发展成了情感挫折。

（二）面对挫折的心理反应

面对挫折，个体往往会出现不同的应对方式。可概括为积极反应和消极反应。

1. 积极反应

（1）改变行为：受挫后不改变目标和动机，而改变原有的行为强度或方式。

（2）调整动机：受到挫折后不改变目标，而改变动机水平。耶克斯—多德森定律表明，各种活动都存在最佳动机水平。动机不足或过分强烈都会使工作效率下降。这往往隐含了个体改变对目标的认知过程。例如，过于追求某一学业目标往往使学生因害怕失败而产生焦虑情绪，影响学生的学习过程和考试正常发挥。当学生调整了认知并意识到这不是人生唯一的目标时，就不会过分夸大某一目标的价值，反而能将精力集中于学习过程或考试中的问题解决。

（3）调整目标：调整原有的目标，继续努力去完成。较为有效的应对方式例如将较复杂的目标划分为多个子目标，逐步完成。调整目标有时也可能隐含改变认知的过程，进而在选择目标时调整目标的难度。

（4）代偿：原有的目标无法实现，用另外一个目标代替，从另一个方面补偿自己的需要。例如，在学业上受到挫折，而在运动方面取得成功，同样满足了对成就感的需要。

（5）升华：需要没有得到满足，转而追求更高一级的需要。诗人歌德失恋后（因爱与被爱的需要没有得到满足而受挫），在事业上发奋努力，从而写出世界文学名著《少年维特之烦恼》（自我实现的需要）。

2. 消极反应

（1）攻击：美国心理学家多拉德（J. Dollard）在《挫折与攻击》一书中首次提出了"挫折侵犯"假说。通过多种方式的实证研究后，他认为攻击在很大程度上是挫折的结果。攻击行为表现为多种形式。攻击的对象可能直接指向使自己受挫的个体，也可能以替代性的方式指向不相干的个体。这些都是指向外部的攻击行为，如身体的攻击和语言攻击，散布流言蜚语等。指向内部的攻击行为如受挫者的自我戕害或自杀。

（2）倒退：20世纪40年代，巴克（R. Barker）等人基于他们的实验研究，提出了"挫折倒退"理论。他们认为，挫折会引起行为的倒退，出现与其年龄不相称的幼稚行为，以简单和幼稚的方式应付挫折，以求得别人的同情和照顾。如，容易受到暗示，盲目信任，逃避到安全的地方，孩子般无理取闹等。

（3）固执或"合理化"：固执表现为遭受挫折后，不能适应现实，仍然重复某种无效行为。"合理化"即找出种种理由为失败作出"合理"的解释，以掩饰自己的过错。这些解释常常是歪曲事实或牵强附会的理由。

（4）负性情绪反应：这是挫折的特点之一。负性情绪如消沉、抑郁、焦虑、情绪不稳定等等。有些受挫者还可能出现头昏、冒冷汗、心悸、脸色苍白等生理反应。冷漠是一种特殊的负性情绪反应，无动于衷或漠不关心的态度表面上显得毫无情绪，内心深处则往往隐藏着很深的痛苦，是压抑情绪的反应。当个体长期遭受挫折，或者感到无望时，就会出现这种复杂的反应。

（5）人际孤立：有的受挫者，变得孤僻离群、沉默寡言，不与他人交往，把自己封闭起来。

值得注意的是，应该辩证地看待面对挫折的消极反应，这是普遍存在的心理现象，是人们在挫折情境中的自然反应。积极心理学认为，这些反应可以暂时缓和减轻内心的痛苦，以维护自己的自尊，保护自己免受更大的伤害。因此，面对消极行为反应持宽容态度，在理解的同时，尊重受挫者的选择——这本身就给受挫者很大的力量。之所以说这些反应是消极的，是因为这种消极心理或行为的作用往往是暂时的或自我欺骗的，不能从根本上解决问题。长期使用这些消极策略，就会形成不良适应，不利于个体长期的发展，甚至导致身心疾病。因此，虽然没必要完全阻止消极的挫折反应，但根本上还是要发展积极的行为反应，才能最终战胜挫折，增强抗挫折能力。

（三）培养学生应对挫折的能力

挫折无处不在，挫折教育不是帮助其消除某一个挫折，更不是为学生创造挫折，而是通过在教育活动中唤醒已有的挫折体验，然后使用恰当的方法引导学生用积极的行为反应应对挫折，授之以"渔"，使其在任何情境下都具备应对挫折的稳定能力。挫折教育最根本的目的就是培养学生自身应对挫折的能力。以下是正确认识挫折、培养应对挫折能力的一些方法。

1. 引导合理宣泄

挫折是令人讨厌的不愉快的体验，如果对挫折中的情绪不加以适当的处理，则会产生不良的后果。贝克威茨（I. Berkowitz）引入情绪唤醒变量，对"挫折—攻击"说进行了发展，认为挫折情境中产生的焦虑、愤怒等不愉快的情绪体验，能够引起最初的攻击倾向和准备性。这可能影响受挫者的人际关系，带来更多的挫折。情感表达是人的本能，而冷漠的情绪反应使人处于压抑的状态中，则可能暗含了更多危害心理健康的因素。因此，教育者首先应该尊重学生的情感发泄，在一定的强度范围内要予以接纳和尊重，强行制止反而会带来进一步的情感挫折。其次应该引导学生找到适合自己的情感发泄方式，必要时，学校应该为学生提供可控的、合乎规范的情感发泄空间，如在心理咨询室安放充气娃娃等。组织对抗性比赛也是一种发泄攻击性情绪的手段，被弗洛伊德誉为发泄攻击本能的升华方式。

2. 进行归因训练

归因训练（attribution training）是指在帮助人们清楚自身所作归因的同时，帮助其形成更恰当的归因方式的过程。当代的许多心理学家接受了福斯特林（F. Forsterling）从以往归因训练研究中总结的如下三种归因训练模式（见表 5 – 2）：成就归因模式，习得性无助模式，自我效能模式。这三种模型都把重点放在归因的稳定性和可控性两个维度上，认为将失败归因于稳定的、不可控的因素（如能力）是有害的；相反，将成功归因于稳定的、不可控的因素则会增加对成功的期望值，增进自尊心、自豪感和自信心；而将失败归因于不稳定的、可控的因素（如努力）则会保持对成功的期望。因此，使中小学生学会合理的归因方式，是使其提高抗挫折能力的有效方法。

表 5 – 2 归因方式表

	不合适的归因方式	合适的归因方式
基于韦纳成就归因理论的归因训练过程	失败—缺乏能力—消极的情感—缺少坚持性，对成功的低期望，逃避任务	成功—高能力—积极的情感—追求任务高期望 失败—错误的策略—积极的情感—坚持性

（续表）

	不合适的归因方式	合适的归因方式
基于习得性无助模式的归因训练过程	失败—不可控的原因（内部的、稳定的、全面的归因，如低能力）—无助感	成功—可控的原因（内部的、稳定的、全面的归因，如高能力）—没有无助感 失败—可控的原因（内部的、变化的、特别的归因，如低努力）—没有无助感
基于班杜拉的自我效能模式的归因训练过程	失败—缺乏能力—低自我效能—低坚持性，不佳的成绩	成功—高能力—高自我效能—高努力和坚持性，好成绩 失败—低努力—高自我效能—维持或改进努力

3. 培养自我监控能力

自我监控就是为了达到预定的目标，将自身正在进行的实践活动过程作为对象，不断对其进行积极自觉的计划、监察、检查、评价、反馈、控制和调节的过程。它对于个体问题解决能力的发展与提高有着十分重要的意义。挫折应对需要评价挫折源的意义，控制或改变挫折环境，缓解由挫折引起的情绪反应的认知活动和行为。实验研究表明，挫折应对的自我监控训练需要经历自我认知—动情晓理—策略导行—反思内化—形成品质等几个环节。当学生自我监控能力提高以后，就会在实践活动中客观认识、辩证地评价自己和目标，进而在挫折中或调整自己，或调整目标。

4. 培养挫折容忍力

挫折容忍力（frustration tolerance）亦称挫折耐受性，指个体遭遇挫折时免于心理和行为失常的能力。挫折容忍力可以说是个体适应环境的必不可少的能力，它与个人的习惯、态度等相似，都是经学习而来的。根据国外心理教育的实践，延迟满足的训练是锻炼青少年挫折容忍力的有效途径，延迟满足是指为了长远的利益而自愿延缓目前的享受。个体为了更好的结果或得到更大的满足，而去选择并忍受当前的挫折与不安。因此，家庭和学校可以抓住这样的挫折情境，培养小学生接受和容忍日常生活中的挫折，使挫折变为增强信心的机遇。

（四）优化整体性教育策略

1. 实施赏识教育

赏识教育的特点在于立足青少年的优点和长处进行教育。以为教育的主要任务就是指出受教育者的不足，认为"优点不说跑不掉，缺点不说不得了"，是片面的认识和落后的教育观念，更是学生的主要挫折源。无论如何努力，也不可能使所有人的优点都集中到一个人身上。人们不会责怪牡丹为什么不香，梅花为什么不如牡丹花朵大……它们各尽天性，发展它们的长处。教育也应该使孩子按其所是的方向发展，以便在真实的成长中发现"我是谁"。赏识教育就是要赏识孩子的优点和长处以及使其保持自信，保持愉悦的心境，同时，也使孩子学会建立在客观事实上的自我欣赏，以便调动学生自身的力量克服生活中无处不在的挫折。

2. 实施多元教育

加德纳的智力理论认为，人类的智力并不是单一的一元结构，而是由多种智力构成的。这种多元智力框架中相对独立地存在着八种智力：言语/语言智力，音乐/节奏智力，逻辑/数理智力，视觉/空间智力，身体/运动智力，自知/内省智力、人际/交往智力和自然/认知智力。每个人都或多或少具有这八种智力，只是其组合和发挥程度不同，每个学生都有自己的优势智力领域。学校里不存在差生，只是具有不同的优势而已。这对挫折教育的启示至少有两点：

首先，学校要设置多元化的课程和丰富的文体活动。其次，对学生的评价方式要多元化。在多元化的活动中，每个学生可以发挥自己的长处，都能够有所成就。这不仅能够使学生通过代偿的方式降低挫折感，也能使学生产生自我效能感的迁移，增强克服挫折的信心。丰富的文体活动也为学生提供了合理发泄情绪的途径。但这些活动如果真正发挥作用，还要以学校、家庭、社会形成多元的评价方式为基础，多元评价也是赏识教育的要求。如果学生在学习上受挫而在运动中取胜，但周围的人并不认可运动能力的价值，不给予欣赏，那么学生就无法以代偿的方式对学习受挫形成弥补，也不能产生应对学习挫折的信心。

此外，实施挫折教育还要兼顾阶段性和长期性。由于学生相同的年龄或学段要面临类似的挑战，如升学后面临适应问题，毕业前面临升学压力。因而挫折教育具有阶段性的内容。然而既然抗挫折是一种能力，那么就需要练习，这是一个长期积累的过程。精神分析心理学家荣格（C. Jung）认为，每个人的人格总是不断向前发展的，一个人为自我实现而不息奋斗，当自我实现不能满足时，就会产生挫折感。这决定了挫折教育不可能像某些课程的学习那样可以短期结业。因此，实施挫折教育要以发展的态度立足学生每个阶段的特点，逐步发展，并着眼于长远持续的效果。

【建议参考资料】

1. 陈琦，刘儒德. 当代教育心理学[M]. 修订版. 北京：北京师范大学出版社，2007.
2. 郑日昌. 情绪管理，压力应对[M]. 北京：机械工业出版社，2007.
3. 李树义，王曦，田利越. 意志品质与自我控制能力的研究[M]. 北京：北京教育出版社，2001.

【问题与思考】

1. 如何引导学生更好地认识自我？
2. 如何对学生进行情绪管理的辅导？
3. 如何培养学生应对挫折的能力？
4. 如何对学生进行自我调控能力的训练？

第六章　小学生人际关系的教育与辅导

【本章提要】

　　小学阶段是人际关系形成的最初阶段，也是重要阶段。了解和把握小学生人际关系，有针对性地进行教育和辅导，已成为素质教育的一个重要内容。在调查实验研究基础上，本章对师生关系、同伴关系、亲子关系及异性关系的现状、发展阶段的特点进行了分析，并就如何培养小学生的人际关系提出了建议。

　　师生关系是小学儿童人际关系中的重要成分。由于小学教师在师生关系的建立中起主导作用，因而师生关系对儿童的影响更加重大而深远。小学生与教师的关系是其人际关系中的一种重要关系，教师的教学水平、个性等影响着学生，而学生的学业成绩、活动表现、外貌等对教师作出评价也起着作用。

　　"学会负责"是 21 世纪教育的主题，当代小学生自我责任意识缺失是我们必须关注的社会问题，小学生同伴关系对自我责任意识的发展具有重要作用：同伴关系是自我认识的基本途径，是获得自我体验的基本渠道，是培养自我控制能力的有效方式。

　　亲子关系是指父母与子女间的相互关系，具有情感的亲密性，这种亲密的情感是影响孩子健康成长的巨大力量。亲子关系是儿童最亲密的人际关系，这种关系的好坏不仅影响子女身心的发展，而且也将影响子女以后形成的各层次的人际关系。

　　在人际关系中，良好的两性友谊将会带来美好的感受和学习、生活的动力。渴望与异性同学或朋友交往这是人类性心理发展的必然，它对于个体从儿童时期过渡到成人期有着重要的意义。特别是对身心还不太成熟的孩子来说，这种人际关系对他们的性格发育，心理成熟就显得更加重要。

【学习重点】

1. 小学生师生关系的教育与辅导
2. 小学生同伴关系的教育与辅导
3. 小学生亲子关系的教育与辅导
4. 小学生异性关系的教育与辅导

【重要术语】

　　人际关系　师生关系　同伴关系　亲子关系　异性关系　人际关系的发展特点

人际关系的问题预防　人际关系的辅导策略

第一节　小学生师生关系的教育与辅导

师生关系是师生间建立的一种多层次的立体结构模式。从心理学角度来看，师生关系专指师生在互动交往中所形成的认识、情感、行为等方面的关系，是一种心理关系。师生关系与亲子关系和同伴关系不同。由于社会角色的规定，它更多地体现为教育者和被教育者、领导者和被领导者之间的一种关系，并带有明显的教育性质。许多研究者对师生关系与儿童青少年心理发展关系做了大量的研究，认为师生关系对儿童的学校适应、社会性行为、自我意识、学习成绩等均有显著的影响。

师生关系是小学儿童人际关系中的重要成分。由于小学教师在师生关系的建立中起主导作用，因而师生关系对儿童的影响更加重大而深远。小学生与教师的关系是其人际关系中的一种重要关系，教师的教学水平、个性等影响着学生，而学生的学业成绩、活动表现、外貌等对教师作出评价也起着作用。强制专断型的教师可导致学生屈服，推卸责任，不愿合作；仁慈专断型的教师可导致学生依赖和屈从；放任自流型教师可导致学生道德品质差，学习也差；民主型教师可使学生增强自信心和责任心，提高学生的学习积极性。

一、小学生师生关系的发展特点

师生关系是小学儿童人际关系中的重要成分。由于小学教师在师生关系的建立中起主导作用，因而师生关系对儿童的影响更加重大而深远。

（一）学生对教师的态度

随着年龄的增长、知识的增加和社会经验的丰富，学生对教师的认识和态度均有不同程度的发展和变化，即师生关系的特点随着学生年龄的变化而变化，不以人的意志为转移。

刚入学的学生，几乎都对教师充满了崇拜和敬畏，教师在学生的心目中是绝对的权威，教师要求他们做到的一切，他们几乎都无条件地服从，教师的要求甚至比家长的话更有效果。有关调查发现，84%的小学儿童（低年级小学生为100%）认为要听教师的话。并且，常以教师的是非标准为自己的是非标准。在这个时期，师生关系比较平稳，学生对教师的绝对服从心理有助于他们很快学习、掌握学校生活的基本要求。

从三年级开始，随着同伴之间交往的增多，特别是随着年龄增长，学生的独立性和评价能力也随之增长，儿童无条件信赖、服从教师的程度有所下降，他们对教师的态度开始变化，开始对教师作出评价，对不同的教师也表现出不同的喜好，对于满意的教师表现出亲近，并报以积极反应，对于不满意的教师表现出疏远或反抗。如同样是批评，如果来自于自己喜欢的教师，则会感到内疚、羞愧；如果来自于自己不喜欢的教师，则会引起反感和不满。在这个时期，师生关系中出现了不平稳状态，教师的权威地位开始受到挑战。

小学生最喜欢的教师往往是讲课有趣、平和开朗、严格、耐心、公正、知识丰富、尊重学生、能为学生着想的教师。

（二）教师对学生的态度

因教育观念、教育方式和个性作风的不同，教师对学生的态度也不同，这直接影响交往质量、师生关系和教育效果。我们倡导的是亲密型（或情感型）的师生关系，这种类型的师生关系表现为教师对待学生亲切友好，学生尊敬、热爱教师。师生交往正常而频繁，相互理解、相互信任、彼此接纳、真诚友好，教师对学生有较高的期望，因而会对学生有和蔼、愉快的态度，经常表现友好的行为，微笑、点头、注视学生，与学生有较多的谈话，对学生给予密切关注，并且经常表扬学生。师生配合默契，教学相长。这种融洽和谐的师生关系所产生的不仅是学生分数的提高，而且是学生更强的自信心、与日俱增的创造性，以及对他人更喜爱、更亲近的态度。

建立这种理想的亲密型的师生关系，要求教师要建立正确的学生观，尊重、热爱学生，承认个别差异；客观公正地评价学生，平等地对待每一个学生；改善师生心理环境，无条件地接受学生并对学生有移情性的理解，学会赏识、激励和宽容，善于向学生表现自己良好的期望；加强自身修养，保持平和心境并掌握褒贬技术；恰当使用权力，用权要合法、合理、合情。

二、师生关系对小学生心理的影响

（一）"罗森塔尔"效应

师生关系研究中的一个热点是关于教师期望对学生心理发展的影响。心理学家罗森塔尔在一个非常著名的实验中，对小学一至六年级学生进行智力测验，从中随机选取20%的学生，告诉这些学生的教师，他们是非常有发展潜力的，将来可能表现出不同寻常的智力水平。8个月后，再次实施了智力测验。结果发现，那些随机挑选的所谓有发展前途的学生都有了出乎意料的进步，尤其是一二年级更为明显。

教师的期望和师生关系的质量是密切相关的。如果师生关系融洽，教师会对学生有较高的期望。教师对于期望高的学生会在教学中给予更多的关注，会较多地让他们在课堂上发言，会给他们精确和详细的反馈，对他们会提出更高的要求，这都促使高期望的学生成绩比低期望学生好。

（二）师生关系与小学生学校适应的关系

在学校环境中，教师的品质、与学生的互动、期望、态度以及学生对老师的情感都与学生的课堂适应有关。有研究表明,在师生关系中,教师报告有较多亲密的儿童比较少亲密的儿童在关系评定量表上的得分更高;教师报告有较少依赖的儿童比较多依赖的儿童在学业行为上的得分更高;教师评定有较多依赖的儿童比较少依赖的儿童在学校中有较多的孤独;教师报告师生关系中有较多亲密的儿童比较少亲密的儿童有更多的学校喜好;师生关系中有更多冲突和依赖的儿童有较少学校喜好,同时有更多的学校回避,在相关的环境中有更多的合作;教师报告有较多师生冲突的儿童比较少冲突的儿童有更少的自我指导,而在师生关系中高亲密的、低依赖、低冲突的儿童在班级中有更多的自我指导。

（三）师生关系对小学生自我概念、学业成绩的影响

心理学研究表明,师生关系对小学生的学习成绩有显著的影响。师生关系好,小学生学习成绩也好;若师生关系不好,则小学生的学习成绩也差。良好的师生关系可以创造民主宽松、生动活泼的课堂气氛,使小学生感到轻松、愉快、心情舒畅。在这种良好的心境下,小学生听课的积极性就高,感受性就灵敏,反应能力就迅速,思维就活跃,对知识的理解也快,学生能充分发挥他们的聪明才智,积极主动地学习,学习的效果也会有很大的提高。良好的师生关系对于小学生来说,还可以增强小学生克服困难的信心与勇气,能较顺利地把教师提出的要求变为自己的行动,使小学生得到心理满足,把学习看做是一种精神享受,从而最大限度地发挥小学生的潜在智能。在不良的师生关系中,差生常常被忽视,常常受到教师的批评、指责,经常接收消极否定的评价,这使得长期处于这种状态下的差生形成自信心不强、自我价值不高等消极的自我概念,而自我概念与学业成绩有密切联系。库姆斯（1964）研究结果显示,低自我概念的学生对自己的评价低,情感消极,缺乏持久的学习动机和行为目标,因而学业不良。罗杰斯等人（1978）的研究也显示：学业成绩同内在的自我概念和成就动机之间相关十分显著。可见,不良的师生关系会导致差生形成消极的自我概念,进而导致其学业不良或学业失败。

（四）师生关系对小学生个性社会性发展的影响

每个小学生与教师都是具有独特个性的人,彼此相处就是个性之间的碰撞。教师与小学生之间的交往都是以自己的个性、人格去影响对方的个性、人格的心理活动过程。良好的师生关系有助于师生之间加深理解,有助于减少摩擦,有助于增强师生之间的心理凝聚力,为心理健康发展提供有利的条件。

学校是小学生一生中可塑性最强时期的主要生活环境,学校中的人际关系是构成青少年的社会经验和他们对社会中人与人之间关系的概念与情感的重要基础。在学校,师生关系好,小学生处处感受到老师的爱,他们就可以从中陶冶良好的感情,学会用高尚美好的感情去对待别人,就会养成热情合作的性格,就会相信人类有美德,世界有真理,才能较容易地把这种关心他人的感情、行为从学

校迁移到其他的社会环境中去,并升华为热爱祖国和人民的高尚情操,从而提高心理健康的水平。但是,师生关系不好,小学生得不到爱和温暖,在学校中感到的是冷漠、自私、歧视的感情,就可能会养成乖戾的态度,从而把这种态度扩展到其他的人际关系之中。比如,小学生会以为社会同学校、教师一样冷漠暗淡,因而对成人缺乏信任,对未来缺乏信心,并可能发展成为对社会的不满和反感。

三、小学生常见师生关系问题的预防

在学校里,学生和老师天天相处,有时会由于种种原因造成误会,产生分歧。造成师生关系紧张的因素很多,有的与教师的教育思想和教育方法不当有关。批评学生时不注意时间、地点、场合,没有深入调查和分析造成处理问题不公,遇事不顺心而把个人情绪带入课堂,对学生过多的惩罚和指责等,会伤害学生,挫伤学生的自尊心。虽然不能排除学生在某些方面应当承担责任,但是无论什么原因,学生同老师的紧张关系必须要得到恰当的处理。如果双方处理不当,不仅影响师生关系,而且会影响学生的学习乃至学生个性的发展。那么,教师应该怎样指导学生处理师生关系呢?

(一) 让学生改正自己的不良认知

有的学生认为老师不理解、不信任自己,这些同学的这种认识是缺乏事实根据的。与其说老师不理解不信任他们,不如说他们不理解不信任老师。这种不良认知直接影响着学生和老师的交往。所以教师在平时就要教育学生学会正确地认知师生关系,学会真正地理解和信任老师。

(二) 让学生主动与老师促膝谈心

告诉他们老师的工作比较忙,不要等待老师主动上门找自己谈话,而要学生见缝插针地找老师谈心,和老师唠唠家常,谈谈心事,做到和老师心灵沟通,把自己的一些想法甚至是误解通通向老师讲出来,没有解决不了的问题。

(三) 让学生通过写信与老师沟通

有些学生不善于面对面地和老师交谈,他们担心当面谈思绪容易乱,丢三落四地说不清楚或表达不全面,还有些问题当面不好意思讲。在这种情况下,可以建议他们写信,通过书面的形式和老师交谈,以此发展师生关系。

一般而言,老师具有训导、教育、辅导的义务。师生发生冲突,应找到原因,寻求解决之道,决不能放弃自己应尽的责任与义务。要减少师生发生冲突,老师一定要转变观念。必须认清"学生不像从前一样会言听计从"的事实。在向学生传达命令之前,请先以他的立场想想:真的是对他好吗?其次,以前直来直往的教学方式亦得调整。现在的教学,不要以为有传播,必会有效应。在教学过程中,必须运用说服技巧,巧妙地使学生经由认知而改变其态度,进一步改变其行为。和学生建立良好的关系并不困难,老师需降低自己的心理年龄与学生谈

话，再不能将自己摆在至高无上的位置上，爱心、耐心是教育学生的真理。以爱育爱，学生的接受需要一个过程，真正愉快地没有冲突地接受了，自然能达到我们的要求。

四、小学生师生关系的辅导策略

在学校生活中师生关系作为一个最基本的人际关系，不但是开展学校工作的主要心理背景，直接影响着教育教学的效果，而且是教师和学生之间进行沟通和交流的最直接的途径。师生关系作为学生的学习环境和成长氛围的构成因素，对学生的影响是全面而深刻的。它是培养小学生良好心理的最佳切入口。在全面推进素质教育的今天，培养学生健康的心理不容忽略，教育专家认为，调节和优化师生关系，是培养学生健康心理的关键所在，也是提升班主任专业化发展的有效手段。面对新的教育理念，教师应该走专业化发展道路，这既是社会赋予我们的神圣使命和责任，也是摆在每位教育工作者面前的一个崭新课题。

（一）充分发挥教师在师生情感交流中的主导作用

1. 人格引导

教师必须具有高度的涵养、丰富的学识、真诚的情感。只有这样，他才能像一团圣火，点燃学生的烈焰，用自身的人格去引导学生在健康的大道上成长。

2. 以情激情

教师要用自己的爱心去激发学生的爱心。师生之间的交谈、对话要由礼节型、信息型向坦诚型发展。对困难生要给予特别的关爱，多用肯定的语言加以引导，形成情感共鸣。

3. 意见沟通

教师应善于通过多种渠道和方式了解学生对自己的工作以及班级、学校活动的意见看法，采纳合理的建议，求同存异。如，请学生给自己写评语，从学生这面镜子中来认识自我；设立意见箱，随时了解学生的心态；还可定期召开专题班会，共同探讨班级事务中的问题。

4. 情境创设

人际情境因素包括交往时间、场所、一定的交往规范和交往双方的心境。当学生最需要关注、理解和引导的时候，也就是师生心灵沟通的最佳时机。如，当学生遇到失败、遭受挫折、寻求帮助时，给予爱的温暖；当学生生活不宁时，给予亲切的关怀；在学生生日那天，写上一段情真意切的赠言，学生会铭记在心，不能忘怀。

俗话说："亲其师、信其道、学其道。"只有建立融洽和谐的师生关系，教师的激励机制才能得到学生充分的认可，才能有效增强学生的自信心，最大限度地调动学生的积极因素。

（二）教会学生如何与老师交往

1. 待师礼貌

要有礼貌地与本校所有老师打招呼。在进老师办公室时应喊"报告"或敲门，并等待允许才能进入。

2. 注重场合

如果有事到办公室找老师，应对所有在场的老师问好，说话的声音一定放低一些，以免影响其他老师的工作。谈完话后，要及时告辞，并把当时坐过的椅子放回原处，出门后把门轻轻带上。如果在课间三五一伙围坐着聊天时，见到老师过来，应暂停活动，主动向老师打招呼。如果在喧闹的公共场合，只需与挨得近的老师有礼貌地点点头，不必高声问好。如果老师讲课中出错了，要平静地把问题提出来，以事实为依据，阐明观点，或在课后单独与老师交谈。

3. 莫失分寸

学生在和蔼的老师面前，以不拘谨也勿放肆为佳。与熟悉的老师开句玩笑未尝不可，但应掌握分寸。即使受了天大的委屈，也不应在老师面前谈情况时仍不服气，甚至粗声地谩骂。

4. 实事求是

学生在学习上不能弄虚作假，应实事求是；就班级或某个同学的问题，向班主任反映或提供情况时更应如此。学生应把要反映的问题实事求是地介绍清楚，然后陈述自己对问题的见解、意见。老师找学生了解情况，学生要如实回答老师的提问，把所看到的、听到的说清楚，而不能带上个人的感情色彩，把事实故意夸大或缩小。

教育心理学告诉我们：学生对于老师的教育，只有从心底里感到老师的话是对的，也就是说只有取得了心理认同，才能接受并改正。依据心理学原理，人与人之间的沟通，应遵循"真诚"的信条。只有这样才能建立一种融洽和谐的师生关系。

第二节 小学生同伴关系的教育与辅导

同伴关系是年龄相同或相近的儿童之间的一种共同活动并相互协作的关系，是儿童除父母、教师及亲属以外的另一重要的社会关系。

同伴交往是儿童社会性发展的一种重要手段。一般说来，儿童与成人的交往关系是不平等的，主要是照顾者、教育者与被照顾者、被教育者之间的关系。与之相比，同伴交往更加平等、互惠和自由。这种新型的人际关系为儿童的社会性发展提供了全新的体验和探索，从而更有利于其社会交际能力和社会判断力的发展。

一、小学生同伴关系的发展特点

与幼儿阶段相比，小学儿童的同伴交往有以下几个基本特点：1．与同伴交往的时间更多，交往形式更复杂；2．儿童在同伴交往中传递信息的技能增强；3．儿童更善于利用各种信息来决定自己对他人所采取的行动；4．儿童更善于协调与其他儿童的活动；5．儿童开始形成同伴团体。

小学儿童交往的一个重要特点是开始建立友谊关系，并对友谊这种特殊的人际关系有了进一步的认识。友谊关系的建立，不但为儿童提供了互相学习社会技能、交往、合作的自我控制的机会，而且还是儿童体验情绪和进行认识活动的源泉，并为以后的人际关系提供了基础。

在小学阶段，儿童与同伴的交往随年龄的增长而稳步增加，其中更多的是与同性伙伴进行交往。

二、同伴关系在小学生发展中的作用

良好的同伴关系有利于小学生社会价值的获得、社会能力的培养、学业的顺利完成以及认知和人格的健康发展，而同伴关系不良则有可能导致学校适应困难、社会能力缺乏、心理和行为出现偏差和障碍。同伴关系在小学生发展中的作用可以归纳为以下三个方面。

（一）同伴关系是发展小学生社会能力的重要背景

著名发展心理学家皮亚杰于20世纪30年代就论述了同伴关系在儿童社会能力发展中的重要作用。他认为，正是产生于同伴关系中的合作与感情共鸣使得儿童获得了关于社会的更广阔的认知视野，在儿童与同伴交往中表现出的冲突将导致社会观点采择能力发展并促进社会交流所需技能的获得。发展心理学的许多研究也表明，年幼的儿童处于"自我中心"阶段，不能认识到他人的观点、意图和情感，而在与同伴交往的过程中，由于儿童处于平等的地位，他们逐渐学会与同伴合作、协商，逐渐地从他人角度考虑问题，观点采择能力、角色扮演能力、移情能力等社会能力逐渐发展。沙利文在阐述友谊的功能时，认为友谊促进了人际敏感性的发展并为以后恋爱、婚姻和亲子关系的建立提供了原型。

（二）同伴关系是小学生满足社会交往需要、获得社会支持和安全感的重要源泉

人本主义心理学家马斯洛认为，归属和爱及尊重的需要是人类基本需要的重要组成部分。与同伴的交往，可以满足小学生的这些基本需要。小学生在同伴集体中被同伴接纳并建立友谊，同时在集体中占有一定的地位，受到同伴的赞许和尊重而产生了一种心理上的满足，他们与同伴的关系是平等的，这对小学生的发展是很有利的。并且随着儿童年龄的增长，他们与父母交往的时间明显减少，而与同伴交往的时间明显增多，他们更愿意把自己的心里话告诉同伴，更愿意接受同伴的影响，与同伴保持一致，在与同伴交往的过程中获得支持、安全感和归

属感。

（三）良好的同伴关系有利于小学生自我概念和人格的发展，有利于促进小学生的心理健康

心理学家沙利文认为，同伴为个体逐渐理解合作与竞争的社会规则和服从与支配的社会角色构建了基本框架，小学生时期的充分良好的同伴关系是形成健康的自我概念所必需的。他区别了两种经验：同伴接纳和友谊。他认为在小学生时期被群体孤立的体验将导致自卑感。他认为同伴关系不同于其他社会经验，这是个体第一次"通过他人的眼睛看自己"，并体验到与另一个人真正的亲密。

三、小学生常见同伴关系问题案例

【案例1】男生小A，11岁，小学四年级。该生的表现为：不喜欢学习，淘气，爱玩，和同学关系不好。最近，在他身上发生了一件意想不到的事：他竟欠了几个同学的钱，共计400元！经查，原来他为了与同班几个爱玩、会玩的同学一起玩，竟然提出玩一次给对方多少钱。到那天为止，他已付出了近400元。

在班里，他不学习，作业常不能完成，还以各种理由搪塞；在与同学交往中，爱讲大话，情绪反复无常，常推卸责任；他意志薄弱，自制力差，不讲信用；不注意个人卫生，身上总有一股说不清的臭味。他一度处于自卑、自弃的失助状态中，沦为个别霸道学生的攻击目标。

【案例2】学生小B，课间休息都是自己单独呆着，上学也是独来独往，平时沉默寡言；性格暴躁，经常与同学打架，稍不如意就大叫大嚷，拍桌子、摔书本；一遇到老师批评，就咬牙切齿，一言不发，对老师的批评教育也是不耐烦，抵触情绪很大；有了错误，不肯轻易承认，总把过错推给别人。

【案例分析】

当前，青少年儿童的交往问题越来越受到人们的普遍关注。许多孩子由于家庭教育或是内心认知的一些误区，不愿与人交往，缺乏交往技能。当他们意识到交友的需要时，所付出的代价却是惨痛的。上述案例中的小A和小B就是如此情况。小A的同学关系处得不好，他不是从自我方面找原因，努力纠正自身的毛病，而是以消极的方式来应付，借用金钱等外在手段以排遣人际交往不顺带来的压力。而小B则是由于从小在同伴交往中受到的挫折，所以才从自己的内心深处排斥朋友。这些都是人际交往习得性失助感导致不正当的自我防卫机制的个案。

一般来说，要改变这些孩子的交往问题可以采用社会支持的方法，即学校与家庭配合，改善他们与周围的关系，特别是应注意融洽他们与亲人及同学之间的关系，满足他们爱与归属的需要，让他们感到家庭和班集体的温暖，心理上有安全感，消除戒备心理，能够接受别人与之交往。同时要注意让他们扩大交往范围，当他们能够接受别人与他交往时，要给予强化鼓励，并帮助他们主动与别人

交往，从与亲戚交往，扩大到与亲戚的朋友交往；从与一个同学交往，到与这个同学的朋友交往，逐渐扩大交往范围，让他们走出封闭的自我。对于严重孤僻不愿与人交往的学生，可以先让他们同比自己年龄小或低年级的学生交往，以显示他们的交往能力，提高他们的自信心。特别是多与性格开朗的人在一起活动，情绪受到感染，也会使自己变得开朗起来。还可以鼓励他们多参加集体活动。

四、小学生同伴关系的辅导策略

（一）教育小学生克服同伴交往中的认知偏见

无论是小学生还是成年人，在人际交往中都要受到主观心理因素的影响。如果我们对这些因素视而不见，那将对我们的人际交往造成很大的影响。因此，要使小学生建立良好的同伴关系，教师首先就要从认知层面上帮助他们克服人际知觉中的主观偏见。这些主观偏见主要有以下三种。

1. 光环效应

光环效应又叫晕轮效应，是指人们在人际交往中形成的一种"扩大化"了的社会印象。小学生在与同伴交往中，往往是根据他们对同伴的最初的"好"、"坏"印象来判断和推论他的所有品质特性。如果同伴被判断是好的，他就被一种积极肯定的光环所笼罩，被赋予一切好的品质；如果同伴被判断是坏的，他就会被消极否定的光环笼罩，被认为具有所有的坏的品质。光环效应在很大程度上只是一种主观臆测，因而不可避免地会造成"以偏概全"的错误，以某一优点来全面肯定一个人或以一个缺点去全面否定一个人都会产生不良后果。教师让小学生了解光环效应，有助于他们在人际交往中正确处理对同伴的偏见，从而进一步发展同伴间的人际交往。

2. 首因效应

首因效应又叫第一印象，是指人们初次相见时产生的印象。小学生和陌生人（包括同伴）首次相遇形成的第一印象对他们的人际交往有重要影响。有时会根据对方的外貌、衣着、姿态、言谈举止等表面特征作出初步的判断和评价，形成一定的印象，即容易出现"以貌取人"的现象。有时对对方一无所知时，推知一些未知的信息，并以此导致"先入为主"的现象。教师要教育学生在看待同伴时尽量摆脱第一印象的影响，让他们不要表面看问题，也不要片面看问题，这样才不会对同学产生错误的看法，才能增进同伴沟通，不断地改善同伴关系。另外，教师也要教育学生学会利用首因效应，在同伴交往中尽量全面地表现自己，不做任何掩饰，既让同伴了解自己的优点，又让同伴了解自己的缺点，力争给人留下好的印象，使同伴愿意和自己接触，为形成和保持好的人际关系奠定坚实的基础。

3. 刻板印象

刻板印象又叫定型倾向，是指在人际交往中，人们把他人笼统地划归为固定的、概括的类型来加以认知的现象。在现实生活中,人们总是把人按年龄、性别、学历、种族、国籍、职业、文化和宗教信仰划分为不同的人格类型,每一类型总有一些固定的特征。当见到一个不认识的人时,我们就试图按他的一些容易辨别的特征,把他归属到这些模式中去,以此来知觉和判断他的品质特性。刻板印象对小学生的积极作用在于它能使认识同伴的过程简单化,节省时间和精力。但我们更要注意刻板印象给小学生人际交往带来的消极作用,因为同伴的行为不可能是固定不变的。虽然具有不同人格类型的同伴,其行为模式具有一定的倾向性,但不是绝对不变的,它也会随着不同的情境发生相应的变化。因此,教师要教育小学生不要根据刻板印象来认识同伴,让他们学会在交往过程中对同伴作具体分析,既要看到同伴的优点又要看到同伴的缺点,更要看到同伴都是发展变化的,应该辩证地发展地看待同伴。

除上述几种心理偏见外,教师还要教育学生克服近因效应、投射作用等对小学生人际交往的不利影响。

(二) 帮助小学生掌握人际交往的技巧

1. 恰当地运用非语言沟通

小学生在与同伴交往中最主要的是语言沟通,但非语言沟通也在同伴交往中起着非常重要的作用。非语言沟通是指交往双方运用非语言媒介进行沟通,它包括动作、表情、目光等沟通方式。在人际沟通中,以语言作为媒介的应用最为广泛,但是动作、表情、目光等也是不可忽视的沟通方式。人的面部表情与姿势变化,有时比语言更能表达情意。所以,教师也要向学生强调在同伴交往中运用非语言沟通的重要性。

2. 掌握谈话的技巧

首先,教师要教育小学生在和同伴谈话时学会精心选择话题。选择话题的方法很多,可以用投石问路法,即与不熟悉的同伴谈话,可提些问题,在此基础上再进行有目的的交谈;也可以用循趣入题法,如先了解同伴的中心兴趣,然后循趣就能顺利交谈下去;又可用即兴引入法,借用他人的一些信息,逐渐引入话题,接着再深入交谈;等等。其次,教师要教育学生在与同伴谈话时注重相互配合。交谈是交往双方构成的听与讲相配合并不断相互转换的过程。真正的对话,应该是相互应答的过程,每一方的话都是对方所谈内容的继续,双方都不应该不管对方想说什么,正在说什么,而各顾各地抢着说话。再次,教师要教育学生善于转换话题。和同伴谈话时,需要在两种情况下转换话题:一是自己对谈话论题失去兴趣,而对方却谈兴正浓。这时,不必硬着头皮去听,而应该通过提出一个富有启发性的问题,或抓住对方的某一句话,自然地转到另一个双方都感兴趣的话题上去。二是感受到了对方已对谈话的话题不感兴趣时,要自觉地约束自己,而不要继续没完没了地说下去。

3. 学会聆听的技巧

学会聆听他人讲话是小学生应掌握的与同伴交往的技巧之一。越是善于聆听的人，同伴关系就越融洽，因为聆听本身是一种赞许同学讲话的方式，这在无形中就提高了同伴的自尊心，加深了彼此间的感情。因此，认真聆听同伴讲话是顺利进行人际交往的重要因素。教师要教育小学生学会聆听的技巧。首先要耐心。在和同伴交谈时，有时一些普通的话题对你来说知道得已够多了，可对方谈兴正浓。这时，出于对对方的尊重，应该保持耐心，不能表示出不耐烦的神色。当然，如果你确实觉得对方讲得淡而无味，浪费时间，则可以巧妙地提一些你感兴趣的问题，不露痕迹地转移对方的谈兴。其次要虚心。交谈的主要目的是沟通思想，联络感情，而不是智力测验或说话竞赛，所以教师要教育小学生在听同伴谈话时，应持有虚心聆听的态度。再次要会心。和同伴谈话时，不只是在被动地接受，还应主动地反馈，不时地发出表示听懂或赞同的声音，或有意识地重复某句你认为很重要、有意思的话，这就是聆听者的会心呼应。

（三）利用多种渠道促进同伴交往技巧的形成

在同伴交往训练中，教给学生一定的交往经验、礼仪规范是必要的，但这些知识、经验、规范，如果没有学生的主动应用，反复练习，大胆实践，那么，无论如何也不可能转化为一定的交往能力。因此，教师着重以活动训练为主来促进交往技能的形成。

1. 心理辅导课

课堂教学是小学生同伴交往的主要渠道，以学生互动为中心的课堂教学模式，是促进学生积极的同伴交往的途径之一。在这种课堂教学模式中，教师要努力使学生之间建立起积极互助的关系，使他们不仅要为自己的学习负责，而且要为同伴的学习负责。学生必须在承担并掌握所分配的一定的学习任务的基础上，通过面对面的促进性相互作用，来促进彼此的学业成绩。他们必须彼此认可和相互信任，进行准确的交流，建设性地解决问题。学生们还必须定期地评价共同活动的情况，保持互动的有效性。

以学生互动为中心的课堂教学，强调运用这样一些手段，来促进学生间积极互助的合作关系：一是学习小组组合的异质性原则，要以学生间的差异维系互助合作，形成真正意义上的互动；二是要形成学习任务、条件或成绩关联；三是能使学生在互动合作中获得认知，特别是感情上的满足感。这种教学模式的基本结构，有配对交往、小组交往和不固定的配对交往三种。

2. 班队活动课

班队活动课可以按照下列主题进行设计。

（1）一学期分期初、期中、期末进行三次，巩固交往意识。

（2）以游戏的形式进行同伴交往行为演练。让学生扮演不同的社会角色，学会站在不同的角度分析处理问题，了解他人的需求，体验他人的感受，从而学会待人接物，可以达到改善交往的目的。角色扮演活动要取得良好的效果，必须把握好这样几个阶段。第一阶段：使小组活跃起来；第二阶段：说明角色要求，分配角色，挑选扮演者；第三阶段：根据情境需要，布置舞台；第四阶段：培训观察者；第五阶段：表演；第六阶段：讨论和评价；第七阶段：再表演；第八阶段：讨论和评价（同第六阶段）；第九阶段：共享经验和总结。

3. 心理咨询室

心理咨询室应该是学生畅所欲言的地方，学生可以有充分表达自己看法的机会和时间，在咨询老师的开导下会产生积极的情绪体验，自尊心的提高、移情方式的改进、认同作用的产生，使学生同伴交往中出现的障碍可以消除。

4. 交朋友小组

教师还可以将缺乏同伴交往技能的学生与交往技能比较强的学生组成游戏或学习小组，通过共同游戏、共同学习，在交往中培养交往的技能，并引导学生平时要多看些书报，增长见识，这样才能在交往过程中提高对他人反应的灵敏度。

（四）利用课外活动巩固同伴交往技巧的形成

课外同伴交往实践的组织与课内相比，交往的天地更宽。社会大课堂，为学生的自由交往提供了广阔天地。小学生的课外交往实践，既不能放任自流，也不能处处束缚其手脚，而要尊重学生的意愿，有针对性地加以引导。小学生课外同伴交往活动的组织形式是多样的。

1. 远足

直接面向大自然，也是一种较好的方式。如游览名山大川、名胜古迹，考察地质变迁和物产资源，搜集家乡史料和动植物标本，等等。在远足中，有徒步、乘车、坐船、骑车等多种方式。在活动时不仅可以让学生增进友谊，而且在集体内部教会学生互相关心、互相帮助，对人尽情尽意，遇到困难伸出诚挚的援助之手等。

2. 聚会

这种方式也可用于同伴之间，大家利用假日聚集在一起，或交流学习情况，或随意谈天说地，或共同看电视、到外边去野餐等。这期间，一起打球、唱歌、跳舞、猜谜，更会增添一份乐趣。通过聚会，可以联络感情，增进友谊，活跃生活。

3. 社会调查

教师可以选择小学生感兴趣的问题或当前社会的某些热点问题，组织学生进行社会调查实践，这不仅能增进学生对社会的了解，提高他们分析、理解社会问题的能力，而且能锻炼、提高他们的同伴交往能力。

4. 书信联谊

用书信往来有许多好处：一是可以将不便面谈的事自由表达；二是可以更深入地培养小学生友好交往的能力。

第三节　小学生亲子关系的教育与辅导

一、小学生亲子关系的发展特点

研究表明，随着儿童年龄的增长，父母与儿童的关系发生着变化，儿童越来越多地自己作出决策。麦克斯白（Macceby）提出一个亲子关系发生变化的三阶段模式。

第一阶段，父母控制（6岁以前），大部分重要决定由父母作出。

第二阶段，共同控制（6—12岁），父母主要有三个主要的职责：在一定距离里监督和引导儿童的行为；有效地利用与儿童直接交流的时间；加强儿童的自我监督行为（如解释行为标准，说明如何减少危害）和教儿童知道何时寻求父母的指导。

第三阶段，儿童控制（12岁以上），儿童自己作出更多的重要决定。

小学儿童与父母的关系处在共同控制阶段。小学儿童的人际交往逐渐丰富起来，与同伴的交往也明显增多，与父母的关系从依赖开始走向自主，从对成人权威的完全信服到开始表现富有批判性的怀疑和思考，但小学儿童与父母仍然保持着亲密的关系，他们对父母仍然怀有深厚的依恋的感情。与父母的关系在其发展上仍起着重要的作用。

二、小学生亲子关系的重要意义

亲子关系是指父母与其亲生子女、养子女或继子女之间的关系。从家庭的角度来说，亲子关系是夫妻关系之外的第二重要的关系，是维系家庭的第二纽带。亲子关系具有永久性，是不可选择和不可改变的。

对子女来说，亲子关系是儿童最亲密的人际关系，这种关系的好坏不仅影响子女身心的发展，而且也将影响子女以后形成的各层次的人际关系。具体来说具有以下几个方面的重要意义：

第一，父母为子女提供的最早、最基本、最具有奠基性的教育、指导和训练是孩子成长的基础；

第二，父母培养孩子规范的信念、态度和行为模式，这是子女成功走向外部世界的条件；

第三，父母对子女无条件的接纳、支持和关爱可以为子女提供情绪上的安全感，可以舒缓和消除子女走向外部世界过程中遇到的紧张和压力；

第四，父母根据社会文化的要求和准则对子女的行为进行约束和控制，对文化传统进行传承是子女早期社会化的主要渠道；

第五，父母为子女无条件提供的一切养育事项和资源是子女生存的保证。

尽管随着社会生活流动性和复杂性的增加，在现代变动的社会中，家庭关系的重新组建越来越常见，家庭关系仍然是最紧密最持久的纽带。除了血缘关系之外，家庭在漫长的时期内有着共同经历的历史和对未来关系的期望，尤其在中国，传统的家庭和家族观念更是根深蒂固。家庭关系在心理和物质意义上都维持着人们在危难之际获得支持和帮助的期望。

长期以来，亲子之间的联系都被看做是一种由父母抚养孩子并塑造孩子行为的过程。社会文化的信念、价值和态度都通过父母以一种高度个人化的、选择性的方式向儿童传递。父母的人格、态度、社会经济地位、宗教信仰、教育程度和性别都影响着他们向孩子传递的文化价值和标准。

近年来，随着心理学、社会学对儿童社会化研究的深入，越来越多的研究者将儿童的抚养看做是家庭成员之间相互作用的一种复杂过程。现代发展心理学一直试图弄清父母的特征、态度、育儿活动与儿童的人格、认识与社会性发展之间的关系。尽管人们很容易认为，父母的行为决定铸就了儿童的行为。但是，关于儿童抚养的研究绝大多数都是相关型研究，因而还不能确定这种因果关系。例如，关于家庭教育的调查经常发现父母对孩子体罚、拒斥和不一致的纪律要求与儿童的攻击性和犯罪之间存在相关。但这并不一定意味着是纪律要求导致了这些越轨行为。很有可能是身体素质多动、急躁不安、要求过分的孩子导致父母使用更严格的控制方式。父母在开始时可能使用说理和劝导，如果无效，则使用轻度的权利剥夺，如一个星期不许看电视，这一措施可能仍然无效。这时父母可能开始打孩子屁股。如果这些措施都不成功，父母遭受了挫折，可能变得失去耐心，爱用惩罚，暴躁无常，并且绝望地用种种办法来对付桀骜不驯的孩子。最后，父母对孩子也许就弃之不管了。可见，儿童的身体素质可能制约着父母的抚养方式。

显然，这只是一种极端的例子。我们应该看到，儿童行为的塑造是一个十分复杂而难以预测的过程。儿童在自己的能力、气质、人格和过去经验的基础上以独特的方式对他人的行为作出解释和反应，从而对其自身的社会化起着积极的作用。例如，关于儿童早期气质类型的研究表明，"困难型"儿童对父母的抚慰和训斥的反应与"轻松型"儿童不大一样。这种不一样的反应肯定会影响到父母后续的抚养活动。因而，更准确的观点是将家庭看做一个相互作用的系统，其中每一个家庭成员的特征和行为都与他人发生相互作用并影响着每一个成员的反应。家庭内的相互作用并不限于亲子之间，它在所有家庭成员之间都发生。同时，家庭存在于一个更大的社会环境之中。同一个家庭在不同的社会环境中将形成不同的作用系统。一个充满贫穷、饥饿、混乱、疾病的社会与一个富足优裕的社会当然会以不同的方式影响到家庭的作用。

三、小学生常见亲子关系问题的预防

亲子关系是指父母与子女间的相互关系，具有情感的亲密性，这种亲密的情感是影响孩子健康成长的巨大力量。不良亲子关系是子女出现心理行为问题的一个重要因素，在这样的家庭中生活的孩子会出现消极的回避行为，可能还会导致子女的攻击行为和犯罪行为。根据国内外大量研究资料，奢望型亲子关系、溺爱型亲子关系和强制型亲子关系，对儿童青少年的成长有着严重的影响，是青少年犯罪的重要根源。例如，一些工读学校统计，工读学生多半存在着亲子关系紧张。在工读学生家庭中，因父母离异或关系恶化造成亲子关系紧张者占1/3，过分的溺爱或过分的专横（即所谓"棍棒教育"）造成亲子关系紧张者占1/3，余下1/3的家庭也或多或少存在这样那样的问题。

有些家庭教育不当也会产生各种各样的消极现象，主要有四种家庭容易产生问题。一是离婚家庭，其子女失去正常的家庭教育，易发生情绪低沉，不能适应现实生活，致使学习成绩降低、人际关系紧张，甚至于使品德滑坡、人格异常；二是有些独生子女家庭，由于娇惯、纵容、溺爱的不良教育方式，致使孩子任性、懒惰、独立性差、依赖性强、不够合群等毛病严重；三是有些大款的子女，由于家庭生活宽裕又缺乏教育，使他们过分追求享受，缺乏艰苦奋斗的精神；四是有些寄养在别人家的孩子，长期缺乏亲子间亲情，也不利于他们健康成长。亲子之间存在非安全型的依恋关系，如父母拒绝儿童、对儿童反应的敏感性较低等，都会导致儿童在行为及情感发展方面的问题，出现攻击行为及反社会行为等问题行为。

父母对儿童的温情、鼓励、支持、期望、倾听及对儿童多讲道理、少用惩罚等行为特征，都对儿童社会性发展起着至关重要的作用；父母具有较强的社会交往能力，并且关心儿童的社会交往，让儿童参与家庭中某些事情的决策，为他们提供交往的机会等都会促进儿童社会交往能力的发展；父母通过榜样作用、强化和约束，培养儿童形成为社会所接受的行为方式，发展儿童的亲社会行为；父母参与学校活动的程度和水平、父母与儿童的交往质量、父母的期望和观念等都与儿童的认知发展水平及学业成绩等存在密切关系。

总之，父母主要通过自己的教养观念、教养方式和教养行为来影响儿童的社会性发展，特别是对儿童的一般能力、社会交往能力、亲社会行为及学业成绩的发展产生重要的影响。父母对小学阶段的儿童具体通过教导、强化、榜样、慰藉等心理机制对儿童的社会性产生影响。妥善处理好这一阶段的亲子关系，不仅要求做父母的要理解和关心儿童，而且在教育儿童的过程中应努力做到宽严有度。

四、小学生亲子关系的辅导策略

鲍尔比（J. Bowlby）曾明确指出："心理健康的关键是婴儿和年幼儿童与母

亲（或稳定的代理母亲）建立一种温暖、亲密而持久的关系，在这种关系中，婴儿和年幼儿童既获得满足，也能感到愉悦。"和睦、融洽的亲子关系会促进儿童社会行为的发展。

教师在亲子关系的教育与辅导过程中，扮演着重要的角色，需要从以下两个方面开展工作：

（一）引导父母学会理解和尊重子女

教师要借助家长会等途径，引导父母更多理解子女，尊重子女。

1. 了解子女对父母的期望

纽曼（B. Newman）认为子女在亲子关系中渴望父母表现出以下三种品质：亲近感、心理自主和监控感。具体来说，子女对父母的期望体现在以下几个方面：

（1）关怀与帮助。子女希望得到父母的注意和陪伴，他们对于只知道叫他们没完没了地写作业的父母，或是经常不在家的父母特别怨恨。他们对父母是否关怀自己是以父母跟自己一起度过的时间的多少，是否支持他们的想法及在需要时是否给予及时帮助等为依据的。

（2）倾听和理解。子女希望父母能够认真倾听并理解他们的想法和感受，而不是对他们发号施令。父母往往由于各种原因而不清楚子女在想什么，有什么样的感受，或由于感受到自己的权威受到了威胁而不愿交流，这样不利于父母和子女之间的沟通。心理学研究表明，父母尊重子女的意见非常有利于营造家庭和睦的气氛。

（3）爱和积极情感。所有的子女都渴望得到父母的爱和明显的关怀。他们既需要内在的支持（鼓励、赞赏、信任和爱），也需要外在的支持（支持的外在表现，比如拥抱和亲吻、去吃饭和看电影）。然而，有时候父母并不擅长这样做，子女会使用各种策略来吸引父母的注意力，以期获得他们所渴望得到的爱。因此，父母需要了解子女行为背后的动机。

（4）接受和赞许。爱的一个重要成分就是无条件接受。子女想要知道在父母眼中他们是有价值的、被接受的、被喜欢的。他们不希望换取父母的爱的前提是他们自己必须变得完美无缺，他们也不希望在充满限制和不快的气氛中成长。

（5）信任。信任的力量是巨大的，父母对子女的信任，可以为子女提供自由发展的空间和动力。信任是建立在父母对自己了解的基础上的，如果子女主动跟父母交流自己的日常活动，父母会更信任他们。

2. 调整对子女的期望值

望子成龙、望女成凤是每一位父母的良好愿望。每一位父母都希望自己的子女比别人的子女更成功。这种对成功的定位常常体现在高经济收入和社会地位上。父母对于成功的态度会潜移默化地影响子女，这样的期望会给子女带来压力，反而不利于子女的成长。在现今的社会中，一个健康快乐、积极向上的孩子，不会刻意去追求成功，但往往能够成功和快乐。父母需要调整对子女的期望值，根据子女的特点，鼓励他们快乐成长。

3. 及时更新调整教育方式

亲子教育的成功，一个关键点在于父母能够根据子女心理发展的不同阶段、不同特点，及时调整自己的教育方式。如果一味采用死板、固定的教育方式则会起到事半功倍的效果。这就要求父母在生活中留意子女的变化，通过阅读相关书籍，与学校教师沟通或参加亲子教育讲座来掌握子女的变化，及时调整教育策略。

(二) 教育子女理解和尊重父母

教师要教育学生更多地理解父母、尊重父母，并帮助他们有效地与父母沟通。教师应教育学生认识到：

1. 在任何家庭里，父母与孩子之间都会出现矛盾或冲突。美好和睦家庭的特点不是没有矛盾和冲突，而是善于解决、处理矛盾或冲突。

2. 良好的人际关系的基础是满足交往双方的需要，特别是心理、情感的需要。因此，要处理好亲子关系，子女不但要考虑自己的情感需要，也要考虑父母的情感需要。言语行动还应遵守社会的行为准则，以避免激化矛盾，造成彼此的伤害。

3. 尽量学会站在父母的角度想问题。虽然父母有时做得不对，但其出发点一般是好的，子女应该多体谅，尽量避免与父母发生冲突。学会与父母进行有效的沟通，一方面要向父母表明自己可以理解他们，感谢他们的关心；另一方面也应让父母了解自己的想法，让父母感到自己确实长大了，懂道理了，从而改变态度。同时，自己的缺点错误一定要及时改正，如果家庭的矛盾是由于自己的不良行为引起的，一定要有承认错误和改正错误的决心和行动，这是解决矛盾冲突的最好方法。

第四节 小学生异性关系的教育与辅导

一、小学生异性关系的发展特点

青春期以前的小学生，都倾向于选择同性同伴，这种现象在小学阶段呈上升趋势。之所以会出现这种现象，主要有以下两方面的原因：其一，同性别的小学生具有共同的兴趣和活动方式，便于相互合作和交流；其二，选择同性别的同伴也反映了小学生性别认同的作用。所谓性别认同，是指对自身性别的正确认识。小学生在社会生活中正确地理解自己的性别并将自己投身到同性别的活动中去，是完全正确和必要的。这样有助于小学生对自身性别的接受，逐渐形成符合社会期望、合乎社会规范的行为，并最终适应社会生活。此外，在小学生的同伴交往中，还会出现一些有趣的现象。有些男生尤其是低年级的男生，常常采取制造事端的方式与女生接触，如在课间把女生的文具藏起来，在课桌中间画一条界线等，表明这些男生对女生特有的兴趣。随着年龄的增长，男女生会表现出微妙的变化，如表现出拘谨、腼腆、故意的漠不关心等。随着年龄的增长，男女生开始对异性同伴产生朦胧的神秘感和渴望。渴望、喜欢与异性交往是青春期学生性心理发展的必然。有些学生因为缺乏与异性交往的技能和经验，影响了与异性进行正常的接触和交往。异性学生之间充满神秘感，互相吸引，互相欣赏，这是儿童走向成熟的表现，也是容易产生问题的症结所在。

由于受各种因素的影响，学生在异性交往方面也会出现一些不良的倾向。比如有的学生因为受传统"男女授受不亲"的思想的影响，或个人早期生活中不良经验的影响，或个性的内向、胆小、缺乏自信等因素，在与异性交往时表现得过分害怕、紧张，甚至恐惧；有的学生则受西方文化或现代社会风气的影响，而表现为与异性交往过分随便、没有分寸，甚至放荡不羁。这两种情况都不利于学生的心理健康成长。

小学高年级学生正处于性别角色分化和性意识急速发展的时期，其发展一般需要经历以下过程：

（一）对性知识和异性的探求和了解

进入青春期后，随着第二性征的出现，两性身心差异拉大。自我性意识觉醒的学生即对性颇感好奇、敏感，有迫切希望掌握性知识，对自己和异性的生理变化进行探求和了解。小学生对性知识和异性的了解渴望主要指向男女生殖器的构造、性生理现象、生殖及性行为、解脱性烦恼的方法等。

（二）对异性的疏离与排斥

小学生对异性的兴趣与爱恋，有一个逐渐产生、发展的过程。其前兆往往表现为对异性的疏离与排斥。青春初期，由于对异性、角色的心理认同感增强，以及对第二性征发育现象的不安与烦恼，不少学生对异性产生心理封锁，同性交往趋向增强。同时，由于完全缺乏与异性交往的技巧，对异性的陌生、畏惧感尚未消除，不安和羞涩使一些学生以反向的方式来表达自己对异性的关注，这就出现了常见的"心相近而形相远"的现象。

（三）对异性的关注与接近

进入青春期的少男少女，随着生理发育的日益成熟以及性意识的萌发，对异性产生好感、爱慕，并渴望与之接近、交往，这是极为正常的心理。对异性向往的心理发展结果便是接近异性的行为，其表现主要为两个方面：其一，可以修饰打扮自己，以良好的自我形象吸引异性的注意。这一阶段注意自己的衣着打扮、容貌身姿者明显增多，且女生多于男生。其二，以各种理由接近异性，以男子气或女性化表现来博取异性的喜欢。男女同学愿意在一起活动、游玩、运动、学习，主动接近异性者增多。

（四）对异性的追求与爱恋

随着对异性的关注与增多，学生会感受到异性吸引的情感撞击。当这种心理较为专一地指向某一异性时，便进入了纯洁、朦胧、幼稚的所谓早恋阶段，并产生相应的追求行为。

对异性交往的认识和态度，是帮助学生建立正常异性关系的前提。学生心里萌发的异性吸引，是性心理和性生理走向成熟的必然结果，是一种正常的自然表现。对学生而言，异性同学之间的正常交往不仅有利于学习的进步，而且也有利于个性的全面发展。研究表明，男女学生的交往有利于增进对异性的了解，丰富自身的情感体验，扩大社会交往的范围，在学习上得到异性同学的帮助，增进与人沟通的社会交往能力，促进人格全面、健康的发展。一般来讲，既有同性朋友又有异性朋友的学生，往往性格比较开朗，为人诚恳热情，乐于帮助同学，自制力也比较强。而那些只在同性同学中交朋友的人，往往缺乏健全的情感体验，不具备与异性沟通的社会交往能力，社会范围和生活圈子也比较狭小，人格发展不甚完善。

二、小学生常见的异性关系问题

渴望与异性同学或朋友交往是人类性心理发展的必然，它对于个体从儿童时期过渡到成人期有着重要的意义。但是，由于传统观念的影响，社会和家庭对青少年的异性交往总是持过度敏感或反对的态度，这使得一些青少年在异性交往方面难以自如应对，他们或是感到有压力，不敢与异性交往，导致异性交往经验的缺乏，甚至导致异性交往的害怕或恐惧；有的则因为缺乏异性交往的正确指导，不能把握好异性交往的尺度，而陷入各种异性交往的困扰当中，比如被异性误会、过早谈恋爱、出现性行为等。这些情况会影响青少年的学习和生活，也会导致苦恼与痛苦。

2005年7月到9月，北京社会生活心理咨询服务中心开展了青少年心理健康宣传辅导和学习适应性测查活动，共有来自43所学校的2 131名学生参加了测查，其中，小学生564名，初中生822名，高中生745名。调查发现，11%的孩子存在异性交往问题。所谓异性交往问题，主要表现在交往过度或者交往紧张上。据该中心心理咨询师分析，青少年异性交往问题主要表现在一些孩子对异性交往没有明确的、正常的概念。

所谓交往过度，造成这一问题的原因，除了是生理发育的必然，还反映出学校、家庭教育的问题。比如异性交往问题在单亲家庭孩子身上表现得比较明显，这是因为孩子缺乏父爱或母爱，就会从异性身上寻求满足。还有许多家长忙于工作，疏于与孩子沟通，孩子感到十分孤独，有些男孩就会从异性身上寻求温暖理解，女孩则寻找关心依靠。

所谓交往紧张，是指很多孩子特别是女孩子本来性格活泼，喜欢结交朋友，但由于对正常的异性交往和早恋的区别没有正确的认识，在与异性交往时顾虑重重，直至产生退缩行为，正常的活动也不敢参与，造成异性交往障碍。

此时学生处于青春期前期，学生在这一时期由于生理上、心理上的一些变化而带来很多烦恼，心里又会感到担忧，感到无奈。青春期，是学生的烦恼期，他们的身体发育趋于成熟，但他们对自己的身体状况又知之不多；思想上要独立，经济上又独立不了；充满对异性的渴望，心理又很封闭；理想与现实经常冲突，烦恼很多，特别是异性交往的困惑常常使青春期的孩子苦恼。此时如能正确引导，那么学生的心理冲突、心理困惑就会少得多。这里一个很重要的工作就是如何加强对孩子的交往教育，尤其要学会如何跟异性的交往。

在人际关系中，良好的两性友谊将会带来美好的感受和学习、生活的动力。特别是对这个阶段身心还不太成熟的孩子来说，这种人际关系对他们的性格发育、心理成熟就显得更加重要。一般来讲，男生往往比较刚强、勇敢、不畏艰难、更具独立性，而女生则更具细腻、温柔、严谨、韧性等特点，男女同学的正常交往可以促使双方互补，对他们的性格发展和智力发育都有益处。然而现在的孩子早熟的趋势越来越明显，早恋低龄化的问题已经波及到小学高年级的学生。有人说这是时代和人类进步的必然结果。不管是什么样的原因造成学生的这些问题，这个时候应该及时注意学生的变化，并且要引导学生妥善处理异性交往的问题，不仅可以让孩子顺利度过青春期，还可以起到学习上互助、情感上互慰、个性上互补、活动中互激的作用，对学生自我的发展是十分有益的。

三、小学生异性关系的辅导策略
（一）异性关系教育与辅导的方式
1. 专题讲座普及知识

异性关系的教育首先需要在学生当中进行知识的普及教育。教师可以通过专题讲座的形式让学生更好地了解青春期生理和心理的变化，从而帮助学生更好地认识自己，并开始了解异性。

2. 日常生活渗透教育

异性关系的教育要在日常生活中渗透，这体现在作为教师可能需要在课堂之外处理学生之间异性交往遇到的问题。比如，学生会因为发现班级中的某个男生和女生走得很近，而打"小报告"；或者男生女生因为好奇而尝试恋爱，进行交往。教师在处理这些问题时，需要特别慎重，处理得当能够引导学生正确对待；处理不当，则有可能会激起学生的逆反心理。

3. 主题班会促进交流

学生虽然对异性交往有很强烈的好奇心，然而实际的接触机会并不多。教师可以利用主题班会的时间，通过一些促进交流合作的团体活动，来促进学生之间更深入的交流和了解。这样的教育方式有利于揭开异性交往那层神秘的面纱，从而帮助学生掌握异性交往的原则和方法，并能够在实际交往中得到锻炼。

（二）异性关系教育与辅导的内容

教师在对学生进行异性关系教育时，主要应从异性交往的原则和方法两个方面进行。

1. 异性交往的原则

教师在指导学生进行正常异性交往时，要告诫或建议他们把握好"自然"和"适度"两个原则。

所谓自然原则，就是在与异性交往过程中，言语、表情、行为举止、情感流露及所思所想要做到自然、顺畅，既不过分夸张，也不闪烁其词；既不盲目冲动，也不矫揉造作。消除异性交往中的不自然感是建立正常异性关系的前提。自然原则的最好体现是像对待同性同学那样对待异性同学，像建立同性关系那样建立异性关系，像进行同性交往那样进行异性交往。同学关系不要因为异性的加入和存在而变得不舒服或不自然。

所谓适度原则，是指异性交往的程度和异性交往的方式要恰到好处，应为大多数人所接受。既不为异性交往过早而萌动情爱，又不因回避或拒绝异性而对交往双方造成心灵伤害；既不过多参与异性之间的"单独活动"，又不在异性面前如临大敌，拒不接纳异性的热情与帮助。当然，要做到为大多数人所接受是不容易的，这里面还有个自然、适度的异性交往能否为周围大多数人（包括教师、家长及同学）所承认和接纳的问题。建议学生们不要受周围环境态度的牵制与影响，只要做到自然、适度，心中无愧，就不必考虑外界的接受程度。

学生渴望良好的人际关系，但他们不知道如何才能与人和睦相处，常常只是从自己的角度去考虑问题，满足自己的需要，却没有想到别人也有同样的需要。因此，教育学生与他人和睦相处，教师需要培养他们相互尊重、换位思考的交往意识和习惯。教师还应培养他们理解、友善、信任、宽容等良好的性格特征，在与人交往的实践中，不断提高自己的交往能力。

2. 异性交往的方法

（1）正确认识。渴望、喜欢与异性交往是青春期学生性心理发展的必然。健康的异性交往有利于学生的心理发展和性心理的成熟。教师应引导学生正确认识异性交往，不要把异性交往当做"洪水猛兽"，帮助他们认识到异性的交往有利于增进对异性的了解，可以丰富自身的情感体验，扩大社会交往的范围，增强社交能力。

（2）克服羞怯。与异性交往时要感情自然，仪态大方，不失常态。初次见面的羞怯与退缩是难以避免的,女生尤为如此。但是,多次接触后仍然羞怯,就会引起对方误解,因为只有恋人之间才会羞怯间接地表达自己的情感。所以,在正常的两性交往中,尤其是女同学要注意克服不自然的羞怯心理,以免使正常的异性交往误入歧途。

(3) 真实坦诚。在交往过程中要做到坦荡无私、以诚相待、相互信任,这是建立和发展良好异性关系的前提和基础,是指导异性交往的态度问题。也就是说,与异性交往,要像结交同性朋友那样结交真朋友,切忌以"友谊"或"友情"的幌子,贪图个人私欲,心术不正地骗取异性的感情。

(4) 留有余地。虽然是结交知心朋友,但是所言所行要留有余地,不能毫无顾忌。比如,谈话中涉及两性之间的一些敏感话题时要尽量予以回避。交往中的身体接触要把握好分寸,不能过于轻浮,也不要过于拘谨。在与某位异性的长期交往中,要注意把握好双方关系的程度,不要走得"太深"、"太近",以免超越正常异性交往的界限。

【建议参考资料】

1. 唐思群,屠荣生. 师生沟通艺术［M］. 北京:教育科学出版社,2001.
2. 斯莱文. 教育心理学——理论与实践［M］. 姚海林,译. 7 版. 北京:人民邮电出版社,2004.
3. 王耘,叶忠根,林崇德. 小学生心理学［M］. 杭州:浙江教育出版社,2007.
4. 杨丽珠,吴文菊. 幼儿社会性发展与教育［M］. 大连:辽宁师范大学出版社,2000.
5. 张文新. 儿童社会性发展［M］. 北京:北京师范大学出版社,2009.
6. 殷炳江. 小学生心理健康教育［M］. 北京:人民教育出版社,2003.

【问题与思考】

1. 请尝试阐述和谐师生关系的建构路径。
2. 师生关系的限度如何把握?
3. 教师应该怎样面对师生关系危机?
4. 同伴关系能够满足小学生的哪些社会交往需要?
5. 简单阐述小学生同伴交往的几个基本特点。
6. 孩子如何做到理解和尊重父母?
7. 简单阐述青少年异性交往原则。
8. 教师不能回答学生提出的问题怎么办?
9. 教师应该怎样面对调皮的学生?
10. 阐述青春期进行性教育的必要性。

第七章　小学生学习心理的教育与辅导

【本章提要】

　　学习动机是学习的动力，是学生在学习活动中的一种自觉能动的、积极的心理状态。小学生学习动机的发展随年龄的增长存在着显著差异，表现在成就目标发展的年级差异性、成就归因的年级差异性、自我效能发展的差异性等方面。小学生学习动机的内、外部因素变化具有较强的同律性，共同呈现"V"型变化规律，表明动机的外部激发与学生内部动机的成长具有重要的影响。

　　信息时代，个人对学科知识的掌握是有限的，而掌握获取知识的策略才是至关重要的，学习策略的指导可以改进学生的学习，大面积提高学生的学习质量，特别是能促进或改进学生因学习策略掌握不好的学习成效，在一定程度上减小他们的学习困难；同时还能更有效地促进教师的教学效率，教师通过学习策略的指导，可减少教学和训练时间，达到减轻学生学习负担的目的。

　　考试焦虑目前在紧张而激烈的小学生学习生活中较为普遍。通常会有三种表现，一是情绪激动，不由自主地慌张，有时还会手足发冷、心跳加快、肌肉紧张，甚至头昏；二是感知障碍，例如视听困难、感受性降低，甚至把试题的要求看错等等；三是注意障碍和思维迟钝。适当的情绪管理方法，放松训练，掌握应试的技巧等都会缓解考试带来的焦虑。焦虑严重时还可以进行专门治疗。

【学习重点】

1. 学习动机形成的心理因素
2. 小学生学习动机发展的特点
3. 培养与激发小学生的学习动机
4. 小学生学习策略的发展特点
5. 小学生学习策略的辅导
6. 考试焦虑的成因
7. 考试焦虑的调适

【重要术语】

　　学习动机　内驱力　成就归因　自我效能　普莱马克原则　ARCS 动机培养模式　耶克斯—多德森定律　学习策略早期　学习策略过渡期　学习策略成熟期

记忆策略　集中注意力策略　时间管理策略　求助策略　感知障碍　注意障碍　思维迟钝

第一节　小学生学习动机的教育与辅导

学习动机是学习的动力，是学生在学习活动中的一种自觉能动的、积极的心理状态，是直接推动学生学习的一种内部动力，是引起学习活动的动力机制，是学习积极性的最直接因素，也是学习得以维持、发生、完成的重要条件，同时它还对学习活动起动员、定向、维持和调节作用。只有极大地激发学生学习的动机，才能调动学生学习的积极性，才能提高学习质量。

一、小学生学习动机的发展特点

（一）什么是学习动机

为了说明学习动机的含义，先明确一下动机的性质是必要的。

动机是激励人们行动的原因，是发动和维持活动的心理倾向。动机是以内驱力和诱因为必要条件而存在的。有机体的内驱力可以分为生理的和社会的两种。生理的内驱力，是饥饿、口渴、困倦、劳累、性欲等造成的需求，这是第一级水平的内驱力；社会的内驱力，如对地位、权力、认可、荣誉、尊重、爱情、独立的追求等，这是第二级水平的内驱力。无论哪一种内驱力都与需要密切联系，都是引起有机体活动的激活状态。动机在推动人的行为中有非常重要的作用。其作用表现为以下三方面：第一，唤起行动；第二，使活动指向一定的目标；第三，将唤起的行动坚持进行下去，并及时调整活动的强度。

学习动机是直接推动学生进行学习以达到某种目的的心理动因，即推动学习的主观动力，是激励和指引学生进行学习的一种需要，是影响学生学习的一种重要的非认知因素。

学习动机的内容主要包括：学生对知识价值的认识（知识价值观）、对学习的直接兴趣（学习兴趣）、对自身学习能力的认识（学习能力感或自我效能感）、对学习成绩的归因（成就归因）等四个方面（学习心理健康教育，姚本先、伍新春编著）。

（二）小学生学习动机发展特点

根据学习动机的内容，我们从学生的学习目标认识、学习兴趣发展特点、学成就归因发展特点、自我效能发展等几方面来了解小学生的学习动机发展特点。

小学生学习动机的发展随年龄的增长，存在着显著差异。表现在成就目标发展的年级差异性、成就归因的年级差异性、自我效能发展的差异性等方面。

1. 成就目标的发展特点

成就目标是成就动机的核心表现,具有驱动学生投入学习的重要作用(心理健康教育指导学习篇,张璟、李琪编著)。小学低年级学生对学习目标缺乏明确的认识,学习的目标对他们来说是件模糊的事情。学习目标的模糊,使得他们对自己完成目标的情况无法正确判断,从中得到的成就感也就不强。当小学生能独立完成一项学习任务他们会十分高兴,从而体会到成就感。老师和家长的批评或表扬使其得到了不同的情感体验,成就目标也就得以发展。逐渐的,随着学生的身心发展,抽象思维能力不断增强,他们会有意识地制定简单的目标,并努力去完成它。随着学生年龄的增长和学习经验的不断丰富,他们对学习目标的认识也逐渐清晰,因此,成就目标的发展具有随着年级的升高而变化的趋势。到了四五年级成就动机呈上升趋势,但到六年级成就动机又有所下降。在这一过程中,老师正确的评价和适当的表扬和批评能够巩固和发展小学生正确的成就目标。

　　2. 学习兴趣发展特点

　　小学生的学习兴趣不稳定,容易对事物发生兴趣,也容易动摇,不容易在某一点上达到非常专一,到了小学六年级学生的学习兴趣趋于稳定,有了固定的方向,他们已深刻地意识到情绪体验和参与的重要性。小学三年级是由中向高的过渡期,也是学习兴趣的开发期,四五年级有所浮动,到六年级又趋于稳定。在小学阶段是培养和激发学习兴趣的最佳时期。

　　3. 学习成就归因的发展特点

　　正确的归因能导致较强的学习动机。低年级学生对学习的认识处于朦胧状态,对学习的成败体验不足,所以对学习的思考也就不是很多。一年级儿童的身心发展都还不够成熟,他们认识事物、形成观念时,家长和教师的思想对他们的影响很大。家长或老师常说"不管功课有多难,只要你努力了就会成功的","别人成功了,不是因为他做的事简单,而是他努力了"等等,所以他们会认为努力学习是学习成败的关键因素,但是这只是部分学生在家长的正确引导帮助下产生的外部认识。许多学生完成学习任务或工作的机会并不多,成败情绪体验不强烈,就不足以使其意识到内因的重要性即努力因素的作用,导致他们所产生的努力归因水平也就不高。

　　随着年级的升高,学生逐渐倾向于将自己学习中的成功或失败归结为自己的内在因素,个人是否努力是他们认为的主要学习成功或失败的原因。特别是二三年级学生就会很快认识到任务难度和运气都是无法控制、无法预计的,自己要成功只有靠自己努力和不断提高自己的能力。教师和家长应该抓住这个良好的培养学生学习动机的时机,进行正确的引导,以适当批评和表扬、奖励增强其对成败的情绪体验。

　　小学高年级学生的归因风格也是更多地倾向于努力归因,较少倾向于任务难度和运气归因。随着思维的成熟,小学高年级的学生越来越能够意识到自己的努力在学习中发挥着关键作用，对学习活动的认识更加全面，学生的内部归因倾向已占主导地位。

4. 小学生自我效能的发展特点

自我效能（self-efficacy）理论认为，个体对实施和完成特定行为任务的能力信念即自我效能感或自我效能信念是影响个体行为成就重要的自我调节因素。自我效能感的功能包括：（1）决定人们对活动的选择及对该活动的坚持性；（2）影响人们在困难面前的态度；（3）影响新行为的选择和新行为的表现；（4）影响活动时的情绪。

低年级学生自我效能判断水平较低，但随着年级的升高也会逐步升高。一至三年级，女生的自我效能感水平普遍高于男生；虽然都是上升趋势，但发展速度极不相同，从一年级到二年级女生自我效能感的发展速度明显快于男生（心理健康教育指导学习篇，张璟、李琪编著）。小学低年级学生关注的眼光主要还是放在自己身上，他们不会站在别人的角度考虑问题，经常高估自己的学习能力。教师和家长应注意保护这种优越感，这是激发学习动机的前提。

小学高年级学生自我效能感的水平处于中等偏上水平，四年级最高，以后有逐渐下降的趋势。随着年龄的增长，学生的社会比较意识增强，对自己的关注减少，对别人的关注增加。这就更要保护学生的自尊心，注意客观地评价他们的学习。

二、小学生常见学习动机问题的预防与辅导

学生的学习问题很复杂，从学习动机因素来说，有学习动机或学习兴趣缺乏、偏科、厌学等问题。这里只讨论厌学问题。

（一）厌学的原因

厌学心理是对学习产生厌倦乃至厌恶，从而逃避的一种心态。厌学的学生由于得不到老师和同学的肯定和爱护，在班集体活动中常遭排斥、歧视，而归属、接受、支持、关心的情感得不到满足，从而使心理不能健康发展。

厌学是目前学习活动中比较突出的问题，不仅是学习成绩差的同学不愿意学习，一些成绩较好的同学亦出现厌学情绪。

在厌学的学生中，有的学生是属于全面厌学，即对所有学科都没有兴趣，而多数学生是对某个或某几个学科厌学。

有调查显示小学生的厌学比例高于中学生，这与小学生对学习重要性的认识不足有很大关系。

导致厌学的原因是多方面的以下各方面都有可能涉及。

1. 家长的"过度期待"与"偏重智育"是我国家庭教育的两个突出问题。父母"望子成龙"的愿望在中国历来都很强烈。家中只有一棵独苗的特殊状态强化了父母"望子成龙"的愿望和"学而优则仕"的传统观念。几乎所有的父

母都希望自己的孩子在学校里成绩得第一。有的父母为了让孩子专心致志地学习，不让孩子去外面玩，无情地剥夺了孩子自由玩耍与情感宣泄的时间，孩子沦为学习的机器，完全丧失了主体性和求学的乐趣。

2. 家长不恰当的奖励。任何事情都是以奖励作为条件，久而久之，会使孩子最初的"为学习而学习"内部动机逐渐转到"为奖励而学习"的外部动机上，即学习目标发生了转移。奖励水平逐步提高，学习热情逐渐降低。

3. 父母的过度保护。容易使孩子失去锻炼的机会，并导致孩子失去自信，不仅无法保护自己（受同学欺负），而且在集体生活中很难找到自己的位置。

4. 超前学习。过早地接触与自己学习能力不相符的知识，学不懂，自然会失去学习兴趣。

5. 学习成绩跟不上，缺少成功的体验。

6. 学业负担过重。小学数学课本深度高出国外两个年级，而科学精神和人文精神远落后于欧美。教科书难度大以及应试教育的高压使学生厌倦学校生活。除了一门门课程外，还有与之相应的练习册、自测题、训练与辅导、复习资料等额外负担，各种各样的"加码教育"有增无减，紧张而单调的学习生活使越来越多的学生产生了厌学心理。

7. 个性因素。人际关系差，感到在学校没意思；家里娇弱的性格与在外面成人化性格形成冲突，导致了部分孩子无所适从，产生逃避情绪；内向（孤独、胆怯）、情绪不稳定（紧张、焦虑、抑郁）、强精神质（古怪孤僻）个性的学生易产生厌学情绪和行为。

8. 教师因素。学习成绩差的学生经常受到冷落、批评、指责，他们很少得到表扬、鼓励、关心。一旦超出其心理承受能力，就与老师感情淡薄，产生逆反心理，不喜欢上这个老师的课，不喜欢这门学科，对这门学科就产生厌学心理。

9. 考试焦虑。当前学校中频繁地进行考试，排名次，使学生超负荷地学习，产生严重的考试焦虑，形成巨大的心理压力是导致学生学习兴趣降低，出现厌学心理的直接原因。

（二）采取的预防与辅导

1. 确立学生学习的主体地位。学生的学习应当是一种积极主动的学习，而不是外部强加的被动学习。

2. 善于挖掘学生的"闪光点"。几乎没有一个学生是一无是处。

3. 为学生创造体验成功的机会。成功可以激发学生学习的勤奋感，而失败则会加重学生的自卑心理。

4. 实施鼓励性评价。成功时要鼓励，失败时更需要鼓励。

5. 宽松和谐的课堂学习气氛。学习应是一件快乐的事情，不要让学生感到没有安全感。

6. 了解学生的知识结构和心理发展特征。不了解学生原有的知识结构与心理发展特征，教学就是盲目的。

7. 纵向比较。鼓励学生多和自己比较，这样才能比出进步，比出信心。

8. 有意义的学习内容。选择结构化比较强、易于理解的学习内容。

三、小学生学习动机的培养与激发

人的任何活动总是从一定的动机出发，并指向一定的目的的。学习动机是直接推动学生进行学习以达到某种目的的心理动因，即推动学习的主观动力。学习动机主要表现在：学生喜欢学，想学，要求学，好像有一个迫切的学习愿望。如果学生不想学，或者不喜欢学，没有学习要求，学也是被迫的，就一定学不好。所以有强烈的学习动机，是保证学好的前提，没有这个前提，就谈不上其他了。我们看到一些很高明的老师，在没有开始教以前，就能激发学生的学习动机。老师想教学，学生愿意学，双方都有积极性，教学的成功就有一半保证了。有的教师不善于激发学生学习的积极性，相反的却在扼杀学生的学习动机，靠命令、靠体罚逼学生学。有的教师在放学后还把学生留下来，要他重新学，重新做，学生很不高兴。学生上了半天课，已经很疲倦了，这种情况下强迫他学，就造成了学生精神上、身体上的痛苦。这是教师没有积极性吗？有，但方法不对，越是这样对待学生，处分学生（如写错了罚写20遍），他就越不想学，不喜欢学。如果学生没有学习动机，没有强烈的学习愿望，教师想提高教学质量就困难了。所以教师要重视学生学习动机的培养。

学习动机分为内部动机和外部动机。内部动机是人们对学习本身的兴趣所引起的动机，动机的满足在活动之内，不在活动之外，它不需要外界的诱因、惩罚来使行动指向目标，因为行动本身就是一种动力。

学习的内部动机主要来自于掌握知识、技能和阐明、解决学业问题的需要。从年龄特征来看，学生早期认识内驱力来源于对周围世界的好奇，由好奇心得到强化而产生对知识的一种自觉追求，总是不断向成人提出"为什么"的问题，当他们知道课堂学习能为他们解惑时，就会对这种学习产生向往。这样好奇的倾向在实践中不断取得成功，成功的体验反过来又强化了这一好奇心，从而认识的动机越来越强。

外部动机是由外部诱因所引起的动机，指人们由外部诱因所引起的动机的满足不在活动之内，而在活动之外，是对学习所带来的结果感兴趣。外部动机激发随着学生年龄的增长和知识面的扩大正在逐步地衰减，而内部动机的生成与激发还未上升为强势主导因素。对小学中年级学生的动机激发和引导应当成为关怀学生健康成长亟须关注的一个问题。

小学生学习动机的内、外部因素变化具有较强的同律性，共同呈现"V"型的变化规律。表明动机的外部激发与学生内部动机的成长具有重要的影响。

（一）小学生学习动机的培养

根据联结派学习理论，动机是对过去行为的不同强化的结果。如果学生的学习行为得到了强化（如取得好成绩），他们就会被激励继续学习；但如果学生没有从学习中得到强化（如取得一个不理想的成绩），他们将失去继续学习的动力。如果学生因为学习而受到惩罚，他们很可能会逃避学习。

使用孩子喜爱的事情和活动来强化那些孩子所不喜爱或讨厌的事情和活动。这就是心理学中的普莱马克原则。

每个孩子都有自己所喜爱或讨厌的事情和活动，在学校中教师可以使用学生喜爱的事情和活动来强化学生不喜欢或讨厌的事情和活动。学生对两类事情（或活动）之间的喜恶程度差异越大，强化的效果就越好。比如，小学低年级的教师可以通过利用学生喜欢的游戏活动作为学习活动的强化物，因为低年级学生往往喜欢游戏讨厌学习。这个方法是由普莱马克（Primark, 1959）提出的，因此被称为普莱马克原则。由于每个年龄段学生所喜爱或讨厌的东西都不一样，而作为强化物必须是学生最喜爱或最讨厌的东西（学业不良儿童的教育与矫治，徐芬）。例如，老师观察到学生们喜欢花大量时间去猜谜语，那么猜谜语这件事就可以作为学生的正强化物；另外，可以直接问学生："写完作业后，你想干什么？"学生愿意从事的事情就是对写作业这种行为的正强化物。

科勒（Keller, 1987）提出了一种被称之为 ARCS 的动机培养模式。ARCS 是下面几个英文单词的首字母：注意（attention）、贴切（relevance）、信心（confidence）和满意（satisfaction）。ARCS 模式是许多不同动机理论的指导原则和主张的综合。如表 7-1，它的每个类别都包含了从注意到学习者动机问题中教师可能要问的问题。

表 7-1　在 ARCS 模式中教师引发学生的学习动机的各种条件

种类	亚类	教师需要处理的问题
注意	A1 感知的唤起	我做什么才能引起学生的兴趣？
	A2 好奇的唤起	我怎样才能激起学生求知的积极态度？
	A3 变异	我怎样才能维持学生的注意力？
贴切	R1 目标定向	我怎样才能最好地满足学生的需要？（我知道他们的需要吗？）
	R2 动机匹配	我怎样、何时向学生提供合适的选择目标？
	R3 熟悉	我怎样才能将教学与学生的经验联系在一起？
信息	C1 学习需要	我怎样才能帮助学生建立起积极的期望成功的态度？
	C2 成功的机遇	学习经历将怎样支持或提供学生对自己胜任能力的信念？
	C3 个人的控制	学生怎样才能明确地认识到他们的成功是建立在努力和能力基础之上的？

（续表）

种类	亚类	教师需要处理的问题
满意	S1 自然的结果	我怎样才能给学生提供应用他们新获得的知识或技能的有意义的机会？
	S2 积极的结果	什么东西将对学生的成功提供强化？
	S3 公平	我怎样才能帮助学生对他们自身的成就保持积极的感受？

例如，为了引起学生对课堂的高度注意，教师可以通过展示一个卡通或彩色图片来吸引学生的兴趣；为了使课程高度贴切，教师可以让学生自己设置将要学习的学习目标；为了建立学生的信心，教师会提供容易获得成功的练习机会；为了使学生获得满意感，教师应对学生良好的学习成绩给予奖赏（李洪玉，何一粟，2004）。

（二）小学生学习动机的激发

1. 激发好奇心

好奇心是由新奇刺激所引起的一种取向、注视、接近、探索心理和行为动机。它是人类行为的最强烈动机之一，其强弱与外界刺激的新奇性与复杂性密切相关，刺激愈复杂愈新奇，则个体的好奇心便愈强。丰富多彩的环境是激发和培养好奇心的必要条件，而单调、枯燥的环境则会抑制和扼杀学生的好奇心。好奇心是许多理论家给出的诸多建议的根本驱动力，就是利用学生既有的内部动机驱动学生学习。所以创造适宜环境（包括自然环境、问题情境、情绪气氛）对培养学生的好奇心极为重要。

教师可以通过提问、制造悬念、猜测和反馈、挑战学生的知道感、争议、矛盾等方法来激发学生的好奇心。

2. 正确的归因

归因理论认为，个人对其成败原因的归纳分析广泛地影响着后来行为的动机。不同的归因，对学生所产生的影响是极不相同的。

归因理论对成功与失败有四种解释：能力、努力、任务难度、运气。能力与努力是内在归因，而任务难度与运气是外在归因。能力是一个相对稳定的因素，努力是可变因素；同样，任务难度相对稳定，而运气是不可控的。学生有可能把自己学习的成功与失败归因于四种中的任何一个或多个。如果学生成功了，他们可能会很愿意把这个成功归因于能力，而不是其他；如果学生失败了，则可能把这个失败归因于不走运或任务太难。正确的归因应该是可控的因素，即努力。

3. 提高成就动机水平

成就动机是在人的成就需要的基础上产生的，它是激励个体对自己认为重要的或有价值的工作乐意去做，并努力达到完善地步的一种内部推动力量。成就动机涉及到成就活动的各个方面，如青年人想为祖国作出更多的贡献，学生想获得优良的学习成绩，都是成就动机作用的表现。这种动机是人类所独有的，是后天获得的具有社会意义的动机。在学习活动中，成就动机是一种主要的学习动机。成就动机最初由麦克里兰提出，后来由阿特金森加以发展。

麦克里兰研究发现，高的成就需要与成功行为有很高的相关性。成就需要高的人，他们通常表现出对问题喜欢承担个人责任，他们希望事业的成功和问题的解决不是靠运气和外界因素，而是自己的能力，这样他们就能体会到成就的满足感；反之，则很少产生满足感。因此，他们总是有坚强的毅力，而且喜欢把自己的失败归因于自己的能力和努力，而不归因于任务难度和运气。对高成就动机的个体来说，每次失败都令他们加倍努力，直至成功。

阿特金森在麦克里兰的理论基础上又作了进一步的提炼和扩充。他认为成就动机由两种有相反倾向的部分组成，一种称之为力求成功，即人们追求成功和由成功带来积极情感的倾向性；另一种称之为避免失败，即人们避免失败和由失败带来的消极情感的倾向性。他在研究中发现，由于这两种动机所占比重的差异，会产生两种不同的人：一种称之为避免失败者，另一种称之为力求成功者。这两种人在选择任务时，常常会表现出截然相反的态度。避免失败者往往选择容易完成的任务，而力求成功者则喜欢具有挑战性的事情。

在教育实践中对力求成功者，应通过给予新颖且有一定难度的任务，安排竞争的情境，严格评定分数等方式来激起其学习动机；而对于避免失败者，则要安排少竞争或竞争性不强的情境，如果取得成功则要及时表扬给予强化，评定分数时要求稍稍放宽些，并尽量避免在公众场合下指责其错误。

第二节 小学生学习策略的教育与辅导

埃德加·富尔（E. Faure）在他的《学会生存》一书中说："未来的文盲不再是不识字的人，而是没有学会学习的人。"

凡是有助于提高学习质量、学习效率的程序、规则、方法、技巧及调控方式均属于学习策略范畴。学习策略的应用水平是衡量个体学习能力的重要尺度，是制约学习效果的重要因素之一，是会不会学习的标志。

重视学习策略的科学研究，对解决当前教学改革中存在的问题有重要意义。一是可以改进学生的学习，大面积提高学生的学习质量，特别是能促进或改进学生因学习策略掌握不好的学习成效，在一定程度上减小他们的学习困难；二是能更有效地促进教师的教。教师通过学习策略的指导，可减少教学和训练时间，达到减轻学生学习负担的目的；三是有利于实施素质教育。信息时代，个人对学科知识的掌握是有限的，而掌握获取知识的策略才是至关重要的。本节从小学生的学习策略的发展特点、小学生学习策略的辅导以及小学生学习策略的提升三个方面进行介绍。

一、小学生学习策略的发展特点

根据皮亚杰认知发展理论，儿童认知发展过程大致分为以下三个阶段：学前期的前运算阶段，小学时期的具体运算阶段和中学时期的形式运算阶段。与此相适应的学习策略能力的发展也可以划分成三个阶段。

第一阶段：儿童学习策略早期，大致在学前期。幼儿还不能掌握学习策略，不但不能自发地产生策略，而且即使别人教给他们某种策略，他们也不能有效地使用。雷斯（Reese）将这种情况称做调解的缺乏（mediational deficiency），即指年幼儿童因缺少产生策略及有效应用策略的心理装置，而不能对认知活动进行合理的调节。

第二阶段：儿童学习策略过渡期，大致在小学时期。小学低年级学生，他们不能自发地产生某种策略。小学中年级学生，可以在他人的指导下学习某种策略，在有些场合儿童会使用策略，有些场合儿童又不会。小学高年级学生，他们已经初步掌握一些学习策略，但是还不能有效地运用这些策略，如果老师给以指导，他们也能利用学习策略提高学习成绩。弗拉维尔（Flavell，1970）将这种情况称为产生的缺乏（production deficiency），即指儿童已具有使用某种策略的能力，但如果离开外力的帮助，自己不能有效利用策略。

第三阶段：儿童学习策略成熟期，儿童可以自发地产生并有效地使用策略。初、高中时期，某些青少年在他们熟悉的知识领域，可以在无人指导的条件下，自觉运用适当的策略改进学习，而且能根据任务的需要来调整策略。

一般来说，小学儿童学习策略的发展处于第二阶段——学习策略的过渡期。他们能在教师的指导下使用策略。在一项对儿童和大学生的提取认知策略进行比较的研究中，要求学习者学习含有特定类型词汇的词汇表（如文具、衣服和工具），当学完词汇表中所有的词以后，每一位学习者被要求在三种情况下回忆其中的词。第一种条件，要求在不提供类目的情况下回忆（自发使用）；第二种条件，明确要求学习者在使用类目的情况下进行回忆（明确指导）；第三种条件，要求学习者回忆一种类型中的一个词，然后回忆另一类型中的一个词，如此等等。结果发现，年幼儿童不能自发地使用类目作为提取的线索，当要求他们使用这种方法时，大部分儿童能做到。参与研究的大部分小学三年级学生似乎都可以获得词汇表提取的归类策略。

在小学阶段对学生进行学习策略的培养，是适应他们的身心发展规律的。生理学和心理学研究表明，小学生的脑重量增长显著，9岁儿童的脑重量约为1 350克，12岁儿童的脑重量约为1 400克，而13—14岁儿童的脑发育已基本成熟。在此期间，小学生的心理也在不断地发展，他们的注意从无意注意向有意注意发展，注意的稳定性、持久性增强，注意的范围慢慢扩大；在感知过程中分析和综合统一的水平有了发展，已从整体感知向比较分析过渡，而且感知的有意性、目的性也有了很大的发展；在记忆方面整个小学阶段，学生的记忆从无意记忆、形象记忆逐步向有意记忆、抽象记忆发展；在概念、判断、推理的方面也相应提高。更令人可喜的是，小学生的学习动机随着年龄的增长日益明确，学习兴趣也从直接兴趣向间接兴趣转移。随着学习活动的不断深入和持续进行，在教师的组织帮助和指导下，通过实际的学习，逐渐掌握和积累了一系列行之有效的学习方法，如，记忆的方法、注意的方法、上课的方法、作业的方法、自学的方法、检查的方法等。通过学习活动的持续进行，从小学低年级开始，学生的元认知知识和元认知体验就开始萌芽，逐渐有较低水平的学习策略。例如，对于小学二年级学生来讲，通过一年多的数学学习，已经掌握了一些"两步计算应用题"的解法，知道遇到应用题应该先审题，后列式并分步进行计算，最后用适当的方法进行检验等。因此，在小学阶段对学生进行学习策略的训练培养是可行的，是适应其身心发展规律的。

对小学生进行学习策略的培养是符合其认知结构形成与发展的。小学阶段的儿童通过生活与学习在头脑中长久地贮存了一系列的陈述性知识和程序性知识（包括自动化技能和受意识控制的策略）的实质性内容和它们彼此之间的联系。研究发现，儿童可以依靠自身的认知结构来学习新的知识。学前期的儿童已掌握了较多的知识，在学习生活的过程中自发地获得了某些简单的策略，但还不能适当运用策略。而小学时期的儿童已经自发地掌握了许多策略，但是他们还不能有效地运用这些策略来提高效率，倘若成人能在策略上给他们以清晰的指导，他们就能利用已有的策略来改进学习。因此，对小学生进行学习策略的培养是符合儿童认知结构的形成与发展的，也是非常必要的。

二、小学生常见学习策略问题的预防与辅导

（一）小学生常见学习策略问题的预防

小学生的学习策略水平，随年级的升高将从较低水平向较高水平发展，但总体上，其策略水平是初步的。低年级学生刚学会一种新策略时，由于缺乏对新策略"有效性"的理解，他们对新策略的掌握要比年长儿童慢。另外他们缺少丰富的相关经验，难以获得及使用高级的、复杂的策略。中高年级的学生容易获得并容易从高水平的策略受益。

已有的研究表明，在学习策略上，学生通常存在三种缺陷：第一种是策略意识缺乏，尚未体会到策略的价值与效用；第二种是产生缺陷，即不能自发产生策略，但能在教师的指导下使用策略；第三种是利用性缺陷，即学生已具备相应的策略，但仍不能应用或错误应用。

策略教学的系列实验表明，出现利用性缺陷的主要原因有以下几种：1. 策略巩固程度不高。策略的学习与知识的学习是一致的，只知道怎样做、如何做还不够，还必须通过足够的练习才能熟练巩固，只有巩固了的内容才能正确运用。2. 主体策略运用意识不强。由于主体未真正体会到策略的有效性，虽有策略，但却缺乏策略运用的意识与愿望，一旦缺乏外界的提示与引导就难以自觉运用策略。3. 主体体验匮乏。主体在学习策略时，缺乏情感的激发与参与，未产生运用的欲望与动机，这样获得的策略可能只是当时有效而难以持久，从而导致利用性缺陷的产生。4. 缺乏条件化知识。缺乏条件化的知识，就会导致个体不知道在何时，在什么情况下选择哪一种策略。因此，为防止利用性缺陷，在策略的教学中，尤其是理科内容的策略教学，要特别注意突出条件化知识的教学。

小学儿童学习策略的发展主要处于策略意识缺乏和产生缺陷阶段。授人以鱼不如授人以渔，学习策略的教学应当成为小学教学工作的重要内容。教师在教学过程中应充分调动学生学习和运用策略的欲望和热情，让学生切实体会到学习策略的有效性，形成策略意识，并在教师的指导下掌握一些常用策略。当学生掌握了一定策略后，要经常提示和鼓励学生坚持策略的使用，并通过适当的练习巩固学习策略。

针对小学生的发展特点，学习策略问题的预防要注意以下几点：

1. 学习策略本着由易到难的原则进行培养。
2. 学习策略的传授与学习策略实践及自我监控相结合。
3. 学习策略由单项向多项发展。
4. 学习策略向着自我探索总结发展。

（二）小学生常见学习策略的辅导

在小学阶段学生常见的学习策略有：记忆策略、集中注意力策略、时间管理策略和求助策略。

1. 记忆策略

记忆策略是指根据一定的目的，对记忆方法的选择、运用和调控。记忆策略的基础是记忆方法。记忆方法是学生学习的重要方法。记忆方法的运用是否恰当直接影响学习效果。记忆方法不当，记不住，就等于没学。记忆策略的核心是根据预定目的，通过自我意识对学习方法进行自我监控，把记忆方法提到一个新的更高的水平，保证最佳的记忆效果。

（1）直观形象记忆法

把抽象材料加以形象化、直观化的记忆方法，叫直观形象记忆法。例如，有位老师在教学时，在一个气球上画了许多代表电子的圆点，通过讲授气球胀缩时圆点的密度发生变化而圆点数目不变的道理，讲清了电子云密度变化并不意味着电子数目变化的抽象概念。这种将感性认识与理性认识相结合的记忆法，学生不但容易理解，而且记得很牢。

（2）歌诀记忆法

从许多人的学习经验中发现，有节奏感的学习材料其记忆保存效果良好。歌诀记忆法便是用此原理，将学习材料（尤其是大量的、不规则的资料）编成歌词形式的节奏顺序，不但便于识记，也方便提取保存。如，把全国除海南、香港、澳门外的31个省、自治区、直辖市的名称编成："京沪重津，蒙藏新，辽吉黑，川贵云，晋冀鲁豫，陕甘宁青，两湖两广台，苏皖赣闽浙。"把中国历史年代编为："唐尧虞舜夏商周，春秋战国乱悠悠。秦汉三国晋统一，南朝北朝是对头。隋唐五代又十国，宋元明清帝王休。"中国教育长期使用的蒙学教材《三字经》、《百家姓》、《千字文》、《千家诗》很讲究合辙押韵。因此，儿时所学，老年难忘。

（3）联想记忆法

将抽象无趣的学习材料赋予有趣的联想便是联想记忆法。因为儿童无法完全如大人一般靠从学习成绩取得的成就感学习，所以学习材料和教学技巧也必须能让儿童产生直接的兴趣才行。

（4）特征记忆法

对无意义的材料人为地寻找特点来记忆的方法。如马克思诞生于1818年5月5日，可记为两个18两个5。五四运动爆发于1919年，可记为两个19。明朝灭亡于1644年，可记为：后两个4相乘等于前两个数（16）。

（5）分段记忆法

将学习材料先分为几个部分，慢慢教授，然后作整体的记忆，就是分段记忆法。例如教师可先教第一部分，再教第二部分，等一、二部分复习过再教第三部分，再总复习。分段记忆法的教学效果良好，但花费较多时间。

（6）比较记忆法

把相反或相似的新旧学习材料相比较，可以集中儿童的注意力，有利旧知识的复习和思维能力的发展，并可作为强化记忆的方法。例如，对形近的己、已、巳三个字和戍、戌、戊、戎四个字，根据其笔画在空间上占有的位置的不同，进行比较，学生就容易辨认了，也容易记牢。

（7）复述记忆法

复述是主体在记忆过程中，对目标信息不断进行重复，以便能更准确、更牢固地记住这些信息。在学习中，复述是一种主要的记忆手段。例如对于地名、人名、时间、数理符号等简单知识，我们一般采用复述策略。通过一遍遍的读、写、看等来记住它们。对于小学生来说复述策略多用在生字、生词的学习积累和英语单词的记忆过程中，如反复背诵抄写等。小学儿童与学龄前儿童相比开始逐渐有效地采用复述策略。学前儿童一般是不会采用复述策略的，直到进入小学以后，儿童才逐渐有效地使用复述策略，而且在此方面有了非常明显的进步。主要表现为复述方式由被动的复述模式转向主动的复述模式。

（8）自我复述记忆法

自我复述记忆法是将学习材料变成自己的话，以加强记忆。此法的优点在于儿童必须要对学习材料集中注意，并达到充分理解。例如读后感或参观心得都是汇整学习材料的好方法。

（9）谐音记忆法

谐音就是指不同的几个字读音相同或者相似。例如："五"谐音可以读成"吾"、"武"、"乌"、"捂"等等。要想运用好谐音记忆，那我们首先就要建立一个谐音联想系统，特别是数字谐音更为有效。

（10）及时复习法

遗忘的速度是先快后慢。对刚学过的知识趁热打铁，及时温习巩固，是强化记忆痕迹、防止遗忘的有效手段。

2. 集中注意力策略

保持良好的注意力，是大脑进行感知、记忆、思维等认识活动的基本条件。在学生的学习过程中一旦注意力涣散了或无法集中，一切有用的知识信息都无法进入。

注意力水平的提高可以通过训练达成。例如：

（1）圈数字训练。圈数字训练是锻炼、发展注意力的一种常见的方法。所谓圈数字训练，是指从一组数字中用圆圈圈起某一指定数字，通过由浅入深的多次练习，借以提高注意的品质。小学生圈数字训练可分为四种类型进行：第一种，训练圈"3"字的能力，目的是锻炼注意的指向性和集中力；第二种，训练圈"3"字前面的一个数字，这是对注意力转移的一种训练；第三种，训练圈"3"字前一位的"7"字，这种训练有助于发展注意的选择性；第四种，训练圈"3"和"7"中间的偶数或奇数，目的在于扩大注意的广度和分配能力。

下面是用来进行练习的部分随机数字表：

5 4 3 7 9 1 2 5 7 6 5 0 8 1 3 4
5 6 4 5 1 2 6 8 3 4 0 8 7 3 5 2
0 9 4 7 8 9 0 1 8 5 2 4 1 7 8 0
1 5 4 6 3 1 9 2 1 2 5 4 1 8 6 4
5 5 2 1 8 0 7 3 2 5 8 6 0 6 7 5
9 2 5 4 3 4 4 2 7 3 5 0 6 4 9 1 0
5 4 6 1 5 7 6 8 1 6 2 4 7 2 5 0

（2）双耳分听训练。请两个人同时读不同的词语，例如，一人读"滑板"、"成绩"、"勤快"、"车祸"而另一个人读"联想"、"天空"、"茶叶""老师"，并规定哪只耳是追随耳（追随刺激的耳朵），要求学生事后复述追随耳所接收到的信息。这个训练就是要让学生不断地感受注意力集中的感觉，找到了这种感觉，并不断地强化，让它延续、保持，并不断地在课堂听讲中、写作业中去实践。通过有目标引导下的双耳分听训练，锻炼学生注意的指向性和集中力，是有积极意义的，可以逐渐提高学生分配注意的能力，延长学生注意力时间，提高学生抗干扰能力。

提高注意力的另一种方式就是增强趣味性。例如：

（1）竞赛法提高注意力。竞赛可以使学生的注意力高度集中，在这样的精神高度紧张的氛围中，学生是最不容易分心的。所以在教学过程中，老师有意识地把竞赛的方式引入课堂，会取得意想不到的效果。

（2）好奇心提高注意力。学生对科学知识有着强烈的好奇心。好奇心是"问题"与"答案"的对话。因为好奇心出现的同时，脑海里浮现的"为什么"就是一个问题、一个疑问，而替"为什么"找出原因就是问题的答案。当"问题"与"答案"之间的对话能够连接时，知识的累积就会增加一分；对话的次数愈多，累积的知识也就会愈多，长此以往，智慧当然就会增加了。在好奇心的驱使下，学生会不断地去寻找答案。而寻找答案的过程就是学生学习科学知识的过程，寻找到的答案就是学生学到的科学知识。

（3）多感官参与提高注意力。小学生特别是低年级的学生，喜欢在游戏中获得知识。因此，长时间用同一方式进行单调的工作，会引起大脑皮质的疲劳，使神经活动的兴奋性降低，难以维持注意。如果让他们在活动中交替使用不同的感觉器官和运动器官，不但可以使他们减少疲劳，还能引起学生注意。

3. 时间管理策略

时间管理是指学生学会对时间进行有效管理。时间管理能力的培养首先是要提高学生对时间价值的认识，让学生认识到时间在学习、生活、事业当中的重要作用。对时间的意义和价值的认识是进行时间管理能力培养的基础。

（1）体验生命的有限性。没有时间概念的学生没有时间紧迫感，也就不会珍惜时间。所以，我们首先要让学生认识到时间是有限的。例如：让学生通过查找书籍、网站等了解各种动物的生命周期，然后按由长到短的顺序给这些动物排序，看看人处在哪个位置上；让学生查找各种朝代中国人的平均寿命，比较他们的变化，问问学生为什么有这样的变化，然后比较世界各国人民的平均寿命，让学生思考为什么会有这样的差异；让学生想一想自己每天花多长时间睡觉、吃饭、玩耍，真正学习的时间是几小时。

（2）过有规律的生活。为了管理好时间，学生必须习惯过有规律的生活，这比什么都重要，其中特别重要的是应具有绝对遵守学习时间的意志。

（3）要事第一原则。用最多、最佳的时间做最重要的事情。正确的优先顺序应该是：

第一——重要又紧急的工作；

第二——重要但不紧急的工作；

第三——紧急但不重要的工作；

第四——不重要又不紧急的工作。

（4）长规划，短安排。"不知道明天该做什么的人是不幸的。"高尔基的这句话说得非常好，但是明天究竟该做什么，不是简单一想就能解决的，它需要在有了长规划和短安排的基础上，才有可能得到一个最恰当的选择。

（5）规定结束学习的时间。一般来说，人们在意识到任务就要完成的时候，越接近结束的时间，精力越集中。如果只规定从几点开始学习，学生只会磨磨蹭蹭。但是，如果规定了结束的时间，那么学生就会在这段时间里集中精力学习。而且，从学生的角度来想，从几点钟开始，给人一种必须从此无限期地学习的印象。如果规定"学习到几点"，那么之后就可以做自己喜欢的事情了，学生会带着愉快的心情学习。必须要做的事情，截止时间也有规定，在学生的心里就会形成一种无形的推动力，即使是再懒惰的学生，也会很自然地坐到书桌前学习了。

（6）把写作业的时间放在最喜欢的电视节目开始之前。电视节目和电子游戏不同，不能由自己控制时间，所以可以给学生一种紧迫感。这样一来，不用家长督促，学生也会在电视节目开始之前把作业做好。

（7）用闹钟来提示学习结束时间。截止时间可以通过视觉、听觉来感知，加强了集中精力的程度。随着时间一分一秒地过去，学生感到就像跟时间在赛跑一样，不但有趣，而且做事更加认真、专注。

（8）限定时间做事。根据学习任务的多少，在完成学习任务之前就要对所用时间进行估算，限定时间比估算时间要多出一点时间来，之后开始计时。学生会逐渐意识到规定的任务必须在规定时间内完成。

（9）利用好零碎时间。对于"零碎时间"要善于安排，利用不同场合的有利条件，做最有效的事情。例如上下学的路上背单词；等人的时间看看书、思考问题。高效地利用时间。

（10）先挑需要时间短的事做。这种方法在考试时是个非常好的诀窍。例如，解答数学题时，有人会先跳过有难度的题，从简单的题开始做，然后回头来考虑难题。

（11）几件事"同时"做。比如早上起来边洗漱边听英语磁带。

4. 求助策略

求助策略是指学生在学习过程中遇到困难向他人请求帮助的行为。对学业求助的不同看法在很大程度上取决于对独立性和依赖性的不同看法。有些学者把独立性与依赖性看做是连续体中的两极，有独立性就意味着缺乏依赖性，有依赖性就意味着缺乏独立性。按照这种观点，求助与寻求身体上的接触、接近、注意和认可一样，是依赖驱力的一个成分。在西方，人们崇尚的是独立和靠自己，自主是幸福、成熟和有能力的标志。如果一个人在童年期以外还常常向他人求助的话，就会被看成是发展不足或社会化不够完善，是不成熟甚至是无能的表现。因而学业求助也被看做是一种依赖行为，应尽量避免。另一种观点则认为独立性有不同的表现形式，除了主动性和成就驱力之外，为了解决困难、完成任务而向他人请求帮助也是独立性的表现，求助是为了解决一个"真正"难题，为了完成任务而采取的成熟而有目的的行动，其最终目的还是达到自主。

小学生已经有了一定的求助意识，但有些孩子在家里不信任家长，在学校也不信任同学和老师，有问题不愿意主动求助，造成了学习上的被动局面。关键问题在于学生没有好的求助策略，向同学求助时并不能真正地使同学帮助自己，多半是直接问到答案，真正的道理没弄明白，以后遇到同样的题时还是一样不会做。求助策略能够帮助学生在遇到困难时有效地得到解决。

（1）选择合适的求助对象。合适的求助对象是问题是否能顺利解决的关键。盲目的求助不利于问题的有效解决，在求助之前，对求助对象的解决能力有一个初步的判断，有利于问题的解决。

（2）选择合适的求助时机。在请别人帮忙的时候，要照顾别人的感受，不要在大人忙着干活或与人谈话的时候，也不要在别人专注做事的时候求助，尽量不因为自己而打扰别人。

（3）如何表述自己的困难。尽量把自己的困难正确地表达给别人，也能使帮助你的人更快地找到解决问题的方法。

（4）表达自己的诚恳与感谢。如果在求助过程中真的打扰到别人了，也要注意自己的说话方式，请别人帮助就要态度诚恳。在求助完之后要学会感谢曾给自己提供帮助的人，这样不但能够增强彼此之间的情感沟通，还为下一次的求助奠定了好的基础。

三、小学生学习策略的提升

在学生学习过程中，教师一定要明确要求学生根据不同的学习内容，不同的学习要求，不同的学习情境，选择相应的学习策略来进行学习。

（一）针对"学习策略知识贫乏"进行培养

根据我们的调查，目前小学生各科学习策略知识都比较贫乏。具体表现为学习策略积累少，不知道什么情况下运用什么学习策略，怎样运用学习策略。这是一个比较严重的问题，为了帮助学生"低耗"而"高效"地学习，教师教学必须解决这一问题。那么，怎样解决呢？我们认为，以下的方法比较有效。

第一，让学生明确什么是学习策略，学习策略在学习过程中有什么重要意义。学生明确了什么是学习策略，特别是明确了学习策略的重要意义，就会自觉地积累学习策略，自觉地运用学习策略进行学习，从而提高学习效率和学习效果。

第二，让学生明确学习有哪些策略，在什么情况下运用什么学习策略。这是一个关键性问题，明确了有哪些学习策略，从而积累这些策略，运用这些策略，就能提高学习效率和学习效果。

第三，让学生明确怎样运用学习策略。这是一个非常关键的操作性问题。根据我们的调查和观察，小学生在学习策略知识上最为贫乏的是怎样运用学习策略提高学习效率和学习效果。如何解决呢？其一，让学生明确，学习前要考虑学习什么内容，应该相应选择运用哪些快速、高效的策略；其二，实施学习之前、实施学习过程中、实施学习之后，要随时监控自己学习情况的变化，要评价自己的学习效率和效果，如果发现影响学习效率和效果的不利因素，要立即自我调控，如果发现没有保质保量地完成学习任务，要及时进行补救；其三，学会在各种情况下自我调控的策略。

(二) 针对"没有学习策略意识"进行培养

小学生学习策略知识的贫乏，自然导致学习策略意识也就比较差。怎样强化学生的学习策略意识呢？我们认为，以下的措施比较有效。

第一，让学生明确学习策略的重要性，通过策略重要性来增强学习策略意识。达菲和罗勒（K. G. Duffy & L. Roehler, 1982）等人认为，中小学生认识能力尚不够成熟，世界观也才初步形成，对学习策略重要意义的认识是建立在具体学习目标基础上的，是建立在具体学科学习（如语文、数学、外语等等）基础上的，是建立在具体学习内容（如口语交际、阅读、写作等）基础上的。因此，必须要让学生明确实现学习目标的意义，学习某一学科的意义，学习某一内容的意义；而要实现目标，完成学习任务，就必须要借助快速、高效的学习策略。明确了学习策略的重要性，学生的学习策略意识自然就增强了。

第二，向学生渗透"方法论"的思想，增强学生的学习策略意识。教育教学实践告诉我们，从身边具体事例出发，让学生明白"方法"必不可少，正确的方法可提高学习效率。如打靶，必须学会如何托枪，如何瞄准，如何射击等方法，这样才能射中靶心；再如开车，必须学会如何加油，如何换档，如何转向，如何刹车等方法，这样才会安全驾驶。同样的道理，要学生学好语文，就必须学会如何查阅工具书，如何利用工具书解决学习中的困难，如何快速学习，如何高效学习等等。总之，从一些浅显易懂的事例出发，加上深入浅出的讲解，使学生自觉产生学习策略的念头，产生运用学习策略去解决实际问题的欲望，这就达到培养的目的了。

第三，要让学生体验到运用高效学习策略而获得成功的喜悦，从而增强学生的学习策略意识。学习策略是有优劣之分的，运用学习策略之后所取得的学习效率和学习效果是有高下之分的。老师要引导学生选择快速、高效的学习策略进行学习；而一旦发现学生运用高效学习策略取得了成功，老师就要立即进行赏识，并进行延时强化，经常强化，让学生充分体验到这种成功的喜悦，并且是经常地体验到这种成功的喜悦。这样，学生的学习策略意识也就增强了，并且策略选择意识也就增强了。

（三）针对"没有尝到学习策略的甜头"进行培养

心理学研究表明，人的行为是在动机的驱使下产生的，也是在"利益奖赏"（甜头驱使）下产生的。要让学生科学运用学习策略，提高学习效率和学习效果，我们就应该帮助学生尝到科学运用学习策略的甜头。怎样帮助呢？我们认为，最主要的措施是比较学习策略的优劣，让学生尝到科学运用学习策略的甜头。

第三节　小学生考试焦虑的教育与辅导

考试焦虑（test anxiety），是在应试情境刺激下，受个人的认知、评价、个性、特点等影响而产生的以对考试成败的担忧和情绪紧张为主要特征的心理反应状态。心理学认为，心理紧张水平与活动效果呈倒"U"字曲线关系。紧张水平过低和过高，都会影响成绩。适度的心理紧张，可以使考试对人有种激励作用，产生良好的活动效果。但过度的考试紧张则导致考试焦虑，影响考场表现，并波及心身健康。这一规律被称之为"耶克斯—多德森定律"。

一、小学生考试焦虑的成因

考试焦虑目前在紧张而激烈的小学生学习生活中比较普遍。焦虑属于负面情绪中的一种，处于考试焦虑状态的学生，通常会有三种表现，一是情绪激动，不由自主地慌张，有时还会手足发冷、心跳加快、肌肉紧张、甚至头昏；二是感知障碍，例如视听困难、感受性降低甚至把试题的要求看错等等；三是注意障碍和思维迟钝，即注意力不能集中起来，思维处于一种漂浮状态，不知道自己在想什么，随之拿笔的手也不听大脑指挥，频频写错意思或者是写字速度大减，由于学生对解题目标的专注程度较差，无法集中深入思考和判断。

在学生之中存在的考试焦虑主要有两种趋向：一种是临到考试之前开始感到紧张和焦虑；一种是在学习过程中长期存在学习焦虑，而一到考试之前则表现更为强烈。两者都是由考试这一紧张情景直接触发的，但前者的学习成绩有好也有差，后者则基本上是因为成绩一贯不是很好，对自己缺乏信心所致。对于存有上述两种焦虑的学生，首先，我们应该对焦虑本身有一个较为正确的认识。焦虑本身是人或动物对紧张情景的一种自然反应。不管是哪种焦虑，心理研究的结果都早已证明，适度的焦虑对于考试而言是最能发挥自己的水平的。一点不焦虑的同学反而很容易大意失荆州，而过度焦虑的同学则会对自己形成一种抑制作用。

引起小学生考试焦虑的压力主要包括以下几方面。

（一）学生自身因素

1. 由于小学生对学习缺乏耐心、细致的学习品质，加上任性的性格，以及对考试结果的期望过高，梦想自己一举成功，幻想自己考试时超水平发挥，形成主观愿望和客观实际的矛盾冲突。

2. 初次考试失败后的恐惧心理，导致考试的畏难心理及自我认识的偏差。学生若有过考试失败的体验，就容易出现"一朝被蛇咬，十年怕井绳"的情况，每逢考试就会在脑子里出现"千万不能紧张"或"这次我肯定又考不好了"的念头，这种负面的暗示也会增长焦虑的情绪，从而走向自我否定的极端。

3. 知识准备和应试技能不足，学生对所学知识掌握多少以及是否巩固，都会影响他们应试时的焦虑水平。如果准备不充分，知识上有欠缺，则会导致信心不足。本来就提心吊胆，一旦试题与自己准备的不相符合，就更加紧张，结果必然导致高焦虑。

（二）家庭、社会因素

1. 来自父母的压力。面对社会竞争的日益激烈，每个父母都有望子成龙，期望孩子超过自己的想法，只要这种期望在孩子能力可及的范围内都是必要的。但有的父母把孩子看成是自己生命的继续发展或是对自己自我发展失落的弥补，期望孩子成大才，为父母争气。因此，他们从孩子很小时就把希望寄托在这唯一的孩子身上，期望他们考重点中学，情愿自己受苦也要让孩子达到理想的目标。他们对孩子只注重学习成绩，而忽略孩子的综合素质的提高。当孩子考试不理想时的训斥打骂，造成孩子对考试的害怕心理，孩子感到肩上的担子很重，难以达到父母的目标和要求，容易出现抑郁、逆反心理，加重心理压力（姚本先，伍新春，2008）。

2. 来自老师的压力。教师对学生常常有种期待心理，期望自己的学生都能考出好成绩，一到期末考试前，就会给学生施加压力，申明考试的重要性，考不好的后果等等。夸大学生学业上的"不行"，恨不得期望每个学生都能考到一百分，教师的这种期待心理无疑会给学生增添几分压力。

3. 同学之间的竞争。同一班级的学生，由于彼此之间存在着竞争，大家争先恐后，害怕别人超过自己，尤其是成绩好的同学竞争更是激烈，彼此间有一种对抗心理，相互暗暗努力，加班加点学习，疲惫加劳累，久而久之，就会产生无形的心理压力。

二、小学生考试焦虑的预防

小学生的考试焦虑是由多方面因素相互作用引起的，要降低小学生的考试焦虑，就需要各方面协同努力，如家长、教师的期望应切合学生实际情况，让学生通过努力能达到；对学生的评价应从各方面去考察而不是仅局限于成绩等。但更为重要的是培养学生良好的心理素质，学会自我心理调节。

（一）调整期望值，培养良好的个性

期望值是自我确立的能达到的预期值和目标，它是影响学生考试焦虑的重要因素。期望值是否适度，直接影响考生的动机程度、情绪状态和品质，也直接影响考生临场水平的发挥。研究表明，过高的期望值会给学生造成较强的心理压力。因为目标定得太高，超过了自身的实际能力，就会在活动中担心没有实现的把握而失去信心，同时，也会使考生在考前过分担忧而分散注意，因此，适当调整期望值，切合实际地提出目标和期望，这是非常重要的。

（二）正视考试

引导学生认识到人一生中要经历许多大大小小的考试，这些考试只不过是对平时所学知识的检验，一两次或几次失败的考试并不是衡量自己学习质量的唯一标准，而应正确对待，抱有"胜败乃兵家常事"的平常之心，并善于从失败中总结经验教训，不断完善发展自己。为此，可以开展"我与小马虎告别"、"我与考试有个约会"等主题心理辅导课，有意识地让学生调整好考试心态。

（三）学会积极的自我暗示

一些诸如"我肯定考不好"，"我要考砸了，爸爸妈妈要打死我了"，"要是考不到第一，那多没面子"等想法往往容易引起学生焦虑，要学会用积极的正面的语言来暗示和肯定自己，如"我一定能行"，"我有信心能考出自己的水平"等等。当有题目实在做不出时，不要绞尽脑汁硬逼自己，可以自我安慰和鼓励："我又不要考满分，这题就让成绩最好的同学去'享受'吧！我能做多少就做多少。""我不会做，别的人也不一定会做。就算这题他会做，别的题他也不能保证都对呀！"

（四）创设宽松、民主的氛围

家庭、学校环境和家长的教育态度影响孩子的心态，所以要创设一种宽松、民主的氛围，使孩子养成健康、良好的个性，保持愉悦的情绪。

家长、老师应给孩子多一份关心，多一份鼓励，正确对待孩子的学习成绩，对考试不能看得过重，应肯定孩子努力的精神，并让孩子明白努力比分数本身更重要，努力发掘孩子身上的闪光点，保护孩子的自尊和自信，同时，培养孩子承受挫折的能力，体验成功，让孩子带着乐观、愉快、轻松的心境去学习。

三、小学生考试焦虑的调适

（一）情绪管理

适当的情绪管理方法，对于小学生缓解考试焦虑非常有帮助。考试焦虑源自考试的重要性，考试的难度与学生能力的大小、知识掌握程度的认识和评估引起的各种担忧。因此，通过改变学生的自我认识、自我评价和进行自信训练，就可以在一定程度上减轻或控制焦虑。

（二）放松训练

放松训练就是通过一定的方法，如呼吸法、暗示法、表象法和音乐法等，使人体的肌肉一步步放松，使大脑逐渐入静，从而调节中枢神经系统的兴奋水平，缓解紧张情绪，增强大脑对全身控制支配能力的训练方法。

音乐是一定频率的声波振动，携带有不同的物理能量。音乐对人体的作用应该包括心理和物理两大方面。考生应听些旋律优美，曲调悠扬的乐曲，可以转移和化解心理焦虑，产生愉悦的感觉。音乐还能通过神经内分泌系统，进一步对人体机能进行调节，比如促进血液循环，促进胃肠蠕动及唾液分泌，加强新陈代谢等作用，从而使人精力充沛，对于考试紧张和减压具有良好的帮助作用。

（三）作好充分的考试准备，形成良好的考试状态

1. 要掌握应试的技巧

先易后难。考试焦虑容易发生在考试刚开始的时候，因此，考前要告诫考生，做题时先仔细审题，先易后难，逐步适应，遇到难题暂时放下，等其他会做的题目完成后，再回头做难的题目。

自我调节。当考生意识到自己出现紧张时，不要惊慌，可以采用以下几种方法：

（1）安静下来，暂停答卷，静静伏在桌子上稍作休息，或把目光移向窗外的景色，转移注意力，停止有关考试活动的强制性回忆。

（2）可用"调整呼吸法"，即全身放松，多次做深而均匀的呼吸，呼吸时大脑最好排除其他杂念，双眼注视一个固定的目标或微闭，反复有节奏地呼吸，这样也会很快消除怯场。

（3）采取"积极心理暗示"方法，进行自我暗示。如："我能行"，"我一定成功"，"我这次考试肯定会取得好成绩"，"这次试题很难，大家都一样"。

2. 体能和心理准备

有不少学生在考前拼命复习功课，作息时间颠倒，生理功能紊乱，睡眠不足，缺乏体育锻炼和文娱活动，一门心思想在考前多往脑中灌些东西，致使大脑过度疲劳，体能下降，精力不济，头晕，失眠，食欲不振。所以，考生要注意充足的睡眠和进行适当的体育锻炼，而且考生要适当多吃些富含蛋白质，维生素的食物，如肉、鱼、蛋、牛奶、新鲜蔬菜、水果等，以保证有充分的体力，同时也要避免高脂肪、高蛋白等营养品的过量摄入，造成消化不良和肠胃功能紊乱，使体能不仅没有增强反而下降。

怯场是在考试情境与考试本身的强烈刺激下，引起高度紧张焦虑，使心理活动暂时中断或失调的现象。怯场是考试焦虑最典型的一种，然而平时掌握必要的

考试技巧，考前作好心理准备，是可以顺利度过这一危机的。

3．物质准备

在考试的前一天晚上，就应该准备好文具用品、手表等，避免由于物质准备不足诱发考场上的焦虑。

总之，正确的人生观、价值观，坚定的信念，崇高的理想，明确的学习动机，积极的学习兴趣，开朗的性格，顽强的意志，良好的情绪等都有利于克服考试焦虑，而且考试焦虑并不可怕，只要对考试有正确的认识，考前作好充分准备，学会自我调节的方法，考试焦虑是可以克服的。

【建议参考资料】

1. 郑日昌，刘视湘．中小学心理健康教育［M］．武汉：武汉大学出版社，2010．
2. 单志艳．学生学习问题与教育方案［M］．北京：中国轻工业出版社，2009．
3. 姚本先，伍新春．学生心理健康教育［M］．北京：中国轻工业出版社，2008．
4. 李洪玉，何一粟．学习能力发展心理学［M］．合肥：安徽教育出版社，2006．
5. 沃建中，张璟，李琪．心理健康教育指导学习篇［M］．北京：科学出版社，2003．
6. 布罗菲．激发学习动机［M］．陆怡如，译．上海：华东师范大学出版社，2005．
7. 陆震谷．学习方法决定学习成绩［M］．上海：上海文艺出版总社，2007．

【问题与思考】

1. 简述小学生学习动机的发展特点。
2. 小学生学习策略辅导包括哪些内容？
3. 如何预防考试焦虑？
4. 结合学生实际，谈一谈你准备怎样激发学生的学习动机？
5. 请选择一种学习策略，设计一个辅导方案。

第八章　小学生适应能力的教育与辅导

【本章提要】

　　自理能力是现代社会每一个人必须具备的基本素质。小学生是否具备初步的自理能力，对国家未来的建设，对他们将来走向社会独立生存和发展，都有着不可低估的影响。帮助孩子拥有良好自我服务的意识、掌握所需的实践技能、养成良好的学习和生活习惯，是学生获得良好人生发展的重要前提。

　　学校生涯教育是一个系统化、分阶段实施的教育过程。要根据人的发展规律，把人的生涯教育看成一个动态的过程，各个阶段有所侧重，强调人的可持续性发展，关注全体学生的生涯知识普及，协助学生获得有益于生涯发展的知识、技能、态度，以促进个人发展。

　　人生命的全过程是由一次次的生命活动所组成。一次次生命活动的质量决定人生命全过程的质量；重视每一次生命活动的质量就是重视生命全过程的质量。教育就是对学生的每一次生命活动进行关怀，这种关怀是社会价值、个人价值和教育自身发展价值在"生命活动"实践中的统一。

　　休闲教育与辅导是指运用有关心理健康教育的理论和技术，帮助学生确立正确休闲观念和态度（休闲意识），获得必备的休闲知识和技能，以及学会选择、安排有益的休闲活动方式，从而获得充实而丰富的休闲生活。

　　在现在的小学生中，存在一种乱花钱、盲目从众、互相攀比的现象。这种现象归根结底是他们对物质消费的错误认识，形成了观念上的偏差，在一定程度上妨碍了他们心理的健康发展。因此，必须引导他们正确认识生活中的消费问题，帮助他们从小树立正确的消费观念。

【学习重点】

　　1. 小学生自理能力与行为规范的教育与辅导
　　2. 小学生生涯教育与辅导
　　3. 小学生生命教育与辅导
　　4. 小学生休闲教育与辅导
　　5. 小学生消费教育与辅导

【重要术语】

　　生活自理能力　生涯辅导　生命教育　休闲教育　消费教育

第一节　小学生自理能力的教育与辅导

自理能力是现代社会每一个人都必须具备的基本素质。知识经济社会的今天，小学生是否具备初步的自理能力，对国家未来的建设，对他们将来走向社会独立生存和发展，都有着不可低估的影响。帮助孩子拥有良好的自我服务意识、掌握所需的实践技能、树立正确的理财观念、习得有效的学习习惯、养成良好的生活习惯，是学生获得良好人生发展的重要前提。小学阶段，要培养健全的人格，要提高孩子自理自治能力，就必须要培养孩子良好的习惯，特别是养成良好的自理习惯，这是家庭教育和学校教育中最重要的任务。

一、小学生自理能力的要求

小学生自理能力包括三个方面：生活自理能力、学习自理能力、社交自理能力。生活自理能力指人们在生活中自己照料自己的行为能力，一般包括以下几方面。

1. 在生活上能自己处理日常生活琐事，如穿衣吃饭、搞卫生、购物、学习等等。
2. 在人际关系上能处理好人事关系，独立与人交往等。
3. 在心态上能独自承受各种压力。
4. 在学习上能独立思考，独立完成学习任务。

《小学生日常行为规范》第二条中指出："尊敬父母，关心父母身体健康，主动为家庭做力所能及的事。听从父母和长辈的教导，外出或回到家要主动打招呼。"第九条中指出："衣着整洁，经常洗澡，勤剪指甲，勤洗头，早晚刷牙，饭前便后要洗手。自己能做的事自己做，衣物用品摆放整齐，学会收拾房间、洗衣服、洗餐具等家务劳动。"

二、小学生自理能力欠缺问题的预防

美国儿科权威詹姆斯博士说过："依赖本身就是滋生懒惰，精神松懈，懒于独立思考，易为他人左右等弱点。"中国的独生子女越来越多，对孩子溺爱、娇惯的家庭又为数众多，处处为孩子包办代替。这不是在爱孩子，而是在害孩子，使得小学生的生活自理能力普遍下降。重视儿童生活自理能力的培养，无论是对他们的成长还是对其未来的社会适应，都有十分重要的意义。

自理能力欠缺问题的预防必须遵循三个原则。

1. 充分相信孩子，鼓励他们从小事做起。学生的好奇心很强，看见成人在做事会要求试做，如洗碗、擦桌等。这时候，一定要给他们机会，并鼓励孩子要好好做，让他们感到做事的乐趣。这样，孩子们才会乐于去做一些自己力所能及

的家务事，培养自己的自理能力。

2. 多表扬，少指责。因为学生的能力有限，有时做的事不能像成人所预料的一样，这时，我们不能以大人的标准去评价他们，而应该给予表扬，给他们信心，让他们在多次的实践中掌握方法。

3. 给予适当的帮助和指导。学生在做事中遇到的困难，家长与老师一定要及时地给予帮助，让他们及时改正，而不要为此把事包揽过来，让孩子失去信心，产生依赖心理，认为反正有人会帮我做的，我不会做不要紧。养成了这种坏习惯，会对孩子生活自理能力的培养形成很大的阻碍。总之，"冰冻三尺非一日之寒"，小学生自理能力的培养不是一两次教育就能奏效的，这是一个漫长的过程。只要他自己能做，就要给他创造锻炼的机会，只有这样，培养小学生自理能力才能成为现实。

三、小学生自理能力的训练

（一）对学生进行日常生活能力的训练

培养学生的生活自理能力，需要教师有目的、有计划地对学生进行日常生活能力的训练。为此，教师应该认真地上好劳动技能课，让学生在游戏、实践中把书本中的一个个生活习惯训练做到、做好。例如，学生在学了穿裤子、衣服和叠被子后，教师可以结合教学，在班队活动中进行"生活自理大比赛"活动，让学生通过竞赛增加信心，并付诸于日常生活中去。教师还要在课余中发现学生的细微变化和微小的细节问题，及时给予帮助和指导，让他们能够自立地完成，如戴红领巾、系鞋带、翻正衣领等。

（二）争取家长的大力配合

培养学生的生活自理能力，需要学校与家长密切配合，让学生在学校学到的在家中得到延伸，因为家里才是学生施展"才能"的最好"阵地"。只有家长明白了这个道理，才能在家庭教育中注重对孩子这方面的培养教育。家长一定要放开手脚，不要对孩子的锻炼行为过多地干涉，不要打击孩子的积极性，而使孩子形成心理惰性和依赖性格。还可以通过家访活动，利用家长来教育学生。家长让学生参与家务劳动，就是我们平常所说的让孩子做自己力所能及的家务事，并且可以和父母一起做，以不影响学习为准，目的在于培养生活技能、劳动精神和家庭观念。

（三）转变孩子的思想

让小学生从思想上转变过来，改变他们在家依赖父母的思想。通过每周的班会课，渗透自制自理方面的思想，教育他们平时要学会自己能做的事情自己做。如：整理自己的书包，保持个人的清洁卫生，勤洗手洗头，家务的料理等。较小一些的学生可能会做不好，可关键在于练习和尝试。

（四）在活动中巩固良好习惯

通过主题班会，如"争当劳动小能手"、"在校做个好学生，在家做个好孩子"等主题，指导学生养成良好的自理习惯。对学生采取信赖态度，多鼓励少批评。要放手让学生自由行动，使其充分运用智力能力，获得成功或者失败的感受。然后再给学生以鼓励，告诉学生在做这类事情时怎样才能达到成功的目标。

第二节　小学生生涯教育与辅导

目前大多数西方学者所接受的生涯定义是著名的生涯发展学者舒伯（D. Super，1976）的观点：生涯是生活中各种事态的连续演进方向；它统合了人的一生中依序发展的各种职业和生活角色，由个人对工作的投入而流露出独特的自我发展形势；它也是人出生至青春期以及退休之后，一连串有酬或无酬职位的综合，除了职业之外，尚包括任何和工作有关的角色，如学生、受雇者、领退休金者，甚至也包含了副业、家庭、公民的角色。生涯是以人为中心的，只有在个人寻求它的时候，它才存在。

生涯辅导，是指由辅导人员结合其专业知识提供一套有系统的计划，用来促进个人的生涯发展。在这套计划中，结合了不同心理学的方法与技术，帮助个人了解自己，了解教育环境、休闲环境与工作环境。经由生涯决定的能力，选择适当的生活方式，增进个人的幸福，进而谋求社会的福祉。

学校生涯教育是一个系统化、分阶段实施的教育过程，是一种策略模式。生涯辅导不以解决问题为主，而是根据人的发展规律，把人的生涯教育看成一个动态的过程，各个阶段有所侧重，强调人的可持续性发展，关注全体学生的生涯知识普及教育，协助学生获得有益于生涯发展的知识、技能、态度，以促进个人发展。

一、小学生生涯发展的特点

有研究（Bottoms & Matheny，1969）指出，有系统的生涯计划要从小学开始，小学所形成的观念，直接影响日后的学业成就、兴趣的养成、职业的认同和生命的展望。生涯辅导是协助个人对自己一生各方面充分发展，从小学实施生涯辅导，建立个人的社会工作信念，是快速社会变迁不可抵挡的趋势。

生涯辅导中，有关职业工作技能部分，根据舒伯的生涯发展理论，在小学阶段偏向于职业工作的认识与了解，明白各行各业的甘苦，统整自己的兴趣及能力，且及早学会时间管理，有利于掌握时间，发挥最大的效率。

提高学生的职业生涯意识，强化对职业的认识，是职业生涯教育的关键。小学生正处于职业生涯的探索期，从出生到14岁左右，这个时期经过游戏、玩耍、电视媒体、家人观察等方式，对社会角色有所认知，开始发展自我观念，渐渐了解自己，认识工作世界，了解工作的意义，这个阶段对今后的职业生涯有很大的启发性。他们在游戏中扮演爸爸、妈妈，扮演警察、医生，扮演司机、售票员，也会模仿大人工作的情形，如上下班，给病人看病、打针、吃药等，虽然在大人的眼中，这或许只是好玩而已，但对孩子的成长却是意义重大的。在游戏中他们开始认识各种职业，这就是生涯发展中所谓的"幻想期"。这个时期一直延续到小学阶段，然后才慢慢地从幻想期走向试验期、现实期。处于"幻想期"的儿童，对职业有丰富的想象力和创造力，由于受到外在环境的影响，对职业和工作有自己的看法。在此阶段，透过游戏、角色扮演使儿童认识各行各业的职业特点对儿童的生涯发展十分重要。

二、小学生生涯教育的内容

生涯教育是对个人生涯发展的一种指引而非限制，目的并非要小学阶段的儿童提出一个清晰的生涯计划，而是帮助个体建立正确的生涯计划观念，以及如何作生涯计划的方法，这样，儿童就可以随着其年龄的增长更有效地掌握自己生涯的发展。

小学生生涯教育的内容包括：

1. 增进儿童的自我觉察

通过生涯辅导协助小学生了解自己，知觉自己对自己的看法如何，是协助小学阶段儿童踏上最佳生涯路径的重要起点。

2. 培养儿童正确的职业观

生涯探索的目的在于协助小学生了解工作的性质、工作的世界以及各项工作的信息，并帮助青少年了解其对职业的刻板印象并予以澄清和重新认知，使个体认识未来工作世界。

3. 培养儿童正确的工作态度

通过生涯辅导让学生了解工作世界的类别与工作角色；引导学生掌握合作的技巧，能够建立良好的人际关系；知道如何运用思考来解决问题，培养良好的工作态度和作决定的能力。

4. 让儿童了解学习与未来职业之间的关系

哈佛大学研究表明：只有4%的人能获得成功，秘诀就是及早明确职业生涯目标且始终坚持。从小学开始，就要帮助儿童发展自己的兴趣和志向，去了解各行各业，体会工作的社会角色、工作的意义，以及如何通过目前的学习为将来作好准备等。

5. 了解社会的经济状况

社会经济状况对儿童个体成长的影响和渗透是深刻的。当代社会价值观从内容到形式都出现了多样化的趋势，价值取向的多样化，地域分化和群体分化非常明显。生涯辅导中，对儿童恰当的引领至关重要。

6. 增进个人对工作世界的了解

为学生提供有关职业的信息，让他们有初步的接触，了解自己的个性特点与职业特点之间的联系。

7. 学习作决定的技巧

帮助学生了解如何作出选择和决策。

三、小学生生涯辅导的方法

（一）生涯辅导实施途径

小学生生涯辅导的实施途径可以通过小团体辅导、班级辅导、课程教学，或与社会实践活动结合的学校活动等方式来加以实施。

1. 建构生涯阅读机制，丰富生涯发展心理

生涯阅读是儿童生涯规划的起点和基础。阅读将会对学生的素质发展与个性直接产生积极而有效的深刻影响，促进生命成长；阅读作为一种实践行为，凭借阅读主体（学生）主观的能动意识，去体验情景，把握读物所反映的生活理念和人生哲学；阅读能培育正确的阅读品质，包括主动性、自觉性、探索性、持久性及批判性等；阅读还有助于信息获取与处理、知识拓展与延伸、智力开发与活用、道德规范与内省、美感陶冶与充实、语言文字的训练等；更能通过艰苦的阅读实践，让读书转化为学生人格品质和生活习性的一部分，使读书成为其生涯设计、生涯发展和生涯目标实现的重要基础和保障性条件。实验结果显示：以学生个性特征研究为基础，在教师指导下精心编制的"个性化阅读方案"能逐步使参与者的阅读行为趋于自觉和科学，并在阅读进程中不断激发其浓厚兴趣和成功喜悦；建立合理的阅读过程监控机制，适当介入一些有利于促进学生阅读的评价方式或激励措施，逐步将课外非课程型的生涯阅读转化为学生自觉成长的生命课程内容，可拓展学生健康成长的生命课程资源，影响和激励学生人生观、世界观的形成与发展。

"一个人的精神发育史实质上就是他的阅读史"，阅读过程不断成为促进学生精神生命发育的催化剂。

2. 研究生涯成功个案，提供生涯咨询服务

生涯个案是生涯研究的重要领域，也是有效实施生涯教育、开展生涯咨询的事实性保障。"一千个人生一千个样，没有两个会一样。"本质地说，生涯发展具有鲜明的个别化特质。然而，人生发展又并非没有规律可循。转弱为强者比比皆是。一个个成功生涯的生动个案，凝聚着朴实的道理和内在的规则，而对一系列相关个案的逻辑分析必将发现其合乎人生成长的一般规律。个案研究不仅为实

施生涯教育、开展生涯咨询提供了科学佐证，而且为生涯理论的建构充实了丰富的实例。

3. 结构式的课程安排

以结构式的课程方式进行生涯辅导有两个优点：第一，设置正式的课程，使每个学生在学校里都有机会接触生涯方面的知识，都有机会对自己的现在及未来作更多的探索，生涯成熟的程度会比较高，有利于达成生涯发展方面的任务。第二，课程安排的过程，可使学校的行政人员及任课老师意识到生涯辅导对学生的重要性，减少推行辅导工作的阻力，并可以借由学生的反应了解他们在生涯辅导方面的需求，提高生涯辅导的效果。

4. 小组生涯辅导

设置综合性的生涯辅导方案，通过小组方式进行生涯辅导活动，成员彼此间有较多的机会作经验上的分享。

5. 主题工作坊

工作坊所花费的时间大约为1—3天左右，其内容可以以某一个主题为主，例如自我探索、职业数据的收集与使用，以及决策技巧的学习等等。参与人数的大小介于小组与大班之间，打破班级甚至校际之间的限制，利用周末假日或寒暑假举办工作坊，针对某一主题作探讨，也可能会受到学生的欢迎。

6. 测量工具的使用

心理测验等测量工具也常常是生涯辅导使用的工具之一，可以个别也可以以团体方式进行，让学生在适当时间以测验方式对自己的特质作认识。目前可以使用的生涯辅导测验，包括性向、兴趣、人格特质等方面。

（二）生涯辅导实施举例

1. 对自己的认识与觉察方面

可以进行语句完成、优点轰炸或角色扮演的活动，透过文字的描述形容，或者角色扮演的肢体互动，来增进学生对自己性向、兴趣、能力、长处的认识与了解。

2. 对自己与他人之间的差异方面

可以进行职业大风吹、作文写作（我的志愿）等活动，借由团体讨论与分享，来了解自己所具备的能力、所适任的工作，以及人与人之间的个别差异。

3. 对环境的认识方面

可以运用职业调查访问、角色扮演、分组讨论的方式，让学生可以藉由周遭环境的认识来了解工作世界；让小学生扮演小区中他们所发现的职业角色，最后综合他们的发表与心得，归纳与统整自己对环境的认识。

4. 对工作世界方面

可以运用调查、访问的方式，请小学生从自己周围认识的亲人或朋友当中，去了解他们所从事的行业，分组做成归类，并将最常见的职业列出，利用学校活动的配合，聘请小区相关职业的人士到校演说与技能指导，让小学生进一步了解自己所能从事的行业。

通过综合实践活动，引导学生参与职业体验场所的活动，了解工作世界的内容及要求。职业体验场所是为增强青少年的职业感觉、独立能力和社会竞争力而设立的，让青少年通过近似于游戏娱乐的方式，体验成人的职业行为，体验到各种工作的快乐和辛苦，同时也了解他们长大以后将要面对的世界，是社会实践的第二课堂。

5. 对价值观方面

可以利用班级读书会的时间，教导孩子们阅读伟人传记，记录他们认为很独特、很有意义、很值得尊敬的事迹，以培养对各行各业的尊重与正确的价值观。

小学生周遭生活所面对的人、事、物，都充满着儿童生涯辅导的丰富内容。教师要尽可能提供与这些素材接触的机会，及早让小学生了解或确定自己生涯发展的目标，并经由辅导与教育，一步步地学习专业和技能，在不断地学习成长与经验累积之下得到生涯的发展。

下面介绍一个心理辅导主题活动。通过这样一次辅导活动，可引领学生走入社会，了解职业特点，激发学生畅想自己职业生涯的热情。

【求职招聘会】

活动目的：激发学生了解职业特点的热情，认识各种职业；并根据自己的特点，畅想自己的职业生涯。

活动对象：小学五年级学生。

活动准备：学生在课前搜集各种职业的特点，制作成PPT文稿；设计招聘的形式、内容；设计宣传海报。

活动场地：教室（没有桌椅）。

活动过程：

1. 了解职业

（1）了解爸爸、妈妈和其他家人所从事的职业的特点。

（2）走上社会，分组采访各行各业的从业人员，了解职业特点及他们的甘苦。

（3）小组成员汇总了解到的情况，制作PPT，向全班同学介绍职业特点。

（4）从小组了解到的职业中，选择组员最喜欢的一种职业准备召开招聘会。在招聘会中，每个成员都要承担一个角色，并要表现出职业特点，要能打动同学来应聘。

2. 招聘与应聘

（1）在教室中划分出若干区域，各组成员布置招聘场地。

（2）各组对自己选择的职业进行介绍，要打动同学，招聘到更多的人。

（3）如果去应征工作，应该注意什么事情？如果你是老板，你会喜欢录用什么样的人？

（4）每组留一人做招聘者，其他人可到别组进行应聘。

（5）分享：同学介绍介绍，你对哪些职业感兴趣？从事这些职业需要具备哪些条件？你选择了哪个职业进行了应聘？为什么选择这个职业？

这样一次辅导活动体现了生涯辅导的理念，把生涯辅导渗透到学生的日常生活中，鲜活地使学生了解了各种职业的特点，并能够根据自己的爱好、能力，认识自己喜欢的职业，使学生了解到如果从事某一职业，自己应具备的个性特点及需要积累哪些知识，学习哪些专业知识，需要具备哪些能力，为将来学生的生涯发展规划奠定了基础。

第三节　小学生生命教育与辅导

生命教育有广义与狭义两种：狭义的生命教育指的是对生命本身的关注，包括个人与他人的生命，进而扩展到一切自然生命。广义的生命教育是一种全人的教育，它是以教育手段，倡导认识生命、珍惜生命、尊重生命、爱护生命、享受生命、超越生命的一种提升生命质量、获得生命价值的教育活动。

一、推行生命教育的意义

人生命的全过程就是由一次次的生命活动所组成。一次次生命活动的质量决定人生命全过程的质量；重视每一次生命活动的质量就是重视生命全过程的质量。学习过程就是一种享受生命的过程，教育就是对学生的每一次生命活动进行关怀，这种关怀是社会价值、个人价值和教育自身发展价值在"生命活动"实践中的统一。

在我国推行生命教育刻不容缓。

（一）开展生命教育是整体提升国民素质的基本要求

青少年学生是社会主义事业未来的建设者和接班人，青少年学生的生命质量决定着国家和民族的前途与命运。在中小学大力开展生命教育，有利于提高广大青少年学生的生存技能和生命质量，激发他们树立为祖国的繁荣富强而努力学习、奋发成才的志向；有利于将中华民族坚忍不拔的意志熔铸在青少年学生的精神中，培养他们勇敢、自信、坚强的品格；有利于提高广大青少年学生的国际竞争意识，增强他们在国际化开放性环境中的应对能力。

（二）开展生命教育是社会环境发展变化的迫切要求

经济全球化和文化多元化的发展趋势，现代科技和信息技术的飞速发展，为不同民族、不同文化的交流与合作提供了有利条件,为广大学生获取信息、开阔视野、培养技能提供了宽广的平台,但随之而来的消极因素也在一定程度上影响了青少年学生的道德观念和行为习惯,享乐主义、拜金主义、极端个人主义等的负面影响,导致部分学生道德观念模糊与道德自律能力下降。此外,校园伤害、意外事故等威胁青少年学生人身安全的各种因素,也在一定程度上影响了青少年的身心健康。因此,迫切需要培养青少年形成科学的生命观,进而为学生树立正确的世界观、人生观和价值观奠定基础。

(三) 开展生命教育是促进青少年学生身心健康成长的必要条件

现代社会物质生活的日益丰富和社会环境的纷繁复杂,使青少年学生的生理成熟期明显提前,极易产生生理、心理和道德发展的不平衡现象。长期以来,由于生理发展过程中出现的困惑常常得不到及时指导,对无法预料且时有发生的隐性伤害往往难于应对,导致一些学生产生心理脆弱、思想困惑、行为失控等现象。因此,需要积极引导学生科学理解生理、心理发展的规律,正确认识生命现象和生命的意义。

(四) 开展生命教育是家庭教育的重要职责

家庭教育是生命教育必不可少的环节和重要组成部分。当前,现代化进程的迅速推进,使家庭教育面临着新的挑战,家庭教育还存在和青少年成长需要不相适应的方面,相当一部分家长不了解青少年学生身心发展的规律,忽视青少年渴望得到理解与尊重的需求,缺乏科学的家庭教育理念和方法,对孩子或者期望值过高,或者漠不关心,或者过分包揽,或者放任自流,加剧了部分青少年学生心理问题的出现,如厌学、离家出走、自杀等,有的甚至走上违法犯罪的道路。因此,迫切需要引导家庭开展科学、正确的生命教育。

(五) 开展生命教育是现代学校教育发展的必然要求

学校现有课程中的生命教育内容比较单一,对学生身心发展的针对性、指导性尚不明确;对学生生存能力的培养,缺乏有效的操作性指导;部分教师受传统观念影响,对青少年性生理、性心理、性道德发展的理解和指导存在观念上的误区;对校内外丰富的生命教育资源缺乏系统有机的整合。因此,必须加快学校教育的改革,从生理、心理和伦理等方面对学生进行全面、系统、科学的生命教育,引导学生善待生命,帮助学生完善人格、健康成长。

二、小学生生命观的发展特点

1. 儿童对生命和死亡的认知发展是随着年级的升高从模糊认知到形象认知、抽象认知直至理性认知的一个渐次深入的过程。

2. 儿童对生命过程的体验总体上是积极的,他们对生命的体验随着年级的升高越来越成熟和丰富。儿童对死亡的心理体验以恐惧和悲伤为主。随着年级的升高，儿童对死亡的理性思考和迷茫体验逐渐增多，越来越多的儿童开始从死亡现象中感悟出生命的意义和价值。

3. 在对生命和死亡的认知上，各年级儿童都不存在性别差异，在对死亡和生命的体验上，在高年级时开始出现性别差异，女生对生命的理性体验先于男生出现，女生更注重从情感体验方面表达对死亡的感受。

4. 在关爱动物问题上，属于知行情一致的儿童数量随着年级升高有下降趋势，但是在中学阶段有个反复的过程。

5. 在关爱他人问题上，儿童的生命价值观以知行情一致为主。

6. 在他人生命与个人利益冲突情境下，随着年级的升高，具备珍惜他人生命价值观念的儿童逐渐增多。

7. 在个人生命与集体利益冲突的情境下，选择放弃个人生命，保护集体利益的儿童数量大大多于选择放弃集体利益的儿童数量；随着年级的升高，选择放弃集体利益，珍惜个人生命的儿童数量逐渐增多。

8. 儿童知行情一致的生命价值观表现特征没有年级差异，但是具有情境性，在不同的情境中，其占主要地位的表现特征是不同的。

具体说来，5—9岁年龄阶段的儿童往往能理解生物学意义上的死亡。孩子可能会问很多问题，有时可能会非常情绪化。他们有时可能表现得无动于衷，好像是若无其事似的照常玩耍。这是当时应对痛苦的自然反应。9岁及9岁以上的儿童已经渐渐对死亡及其后果有比较完整的理解，这种理解往往使死亡这一事实更加令他们恐惧。

儿童对挚爱亲友的死亡的一般反应有：

悲伤和压抑：有时孩子很明显地表达出对死亡的亲友的悲痛，有时孩子表现得似乎是为其他事伤心。

恐惧和焦虑：孩子可能会对自己的生命有恐惧，害怕睡眠或另一个自己挚爱的人死亡。这会导致对分离的恐惧。

愤怒及烦躁：愤怒可能指向失去的亲友，也可能指向医生，医院或其他可理解的目标。或者孩子只是有一种易怒的情绪，往往对毫无关系的事物表现出愤怒。

困惑：挚爱亲友的死亡也许会改变孩子对世界的全部理解。

睡眠困难：可能包括入睡困难、夜里惊醒、早上早醒、噩梦，或者对睡眠本身产生恐惧。

学业困难：往往发生在亲友死亡后数周或数月后。

对死亡的兴趣：这一点当时在成人看来是病态的，但却是孩子理解死亡的一种正常的努力。

唤起过去对死亡和损失的回忆：通常认为只在青少年身上发生，但同样可能发生在较小的孩子身上。

三、小学生生命教育的内容

（一）生命的来源

通过教育使学生知道生命是父母给予的，是父母生育了自己，抚养自己长大成人。对父母要心存感激之情，要报答父母的养育之恩，首先要珍爱自己的生命，其次父母年老了要担负起赡养的责任。

（二）生命最宝贵

通过教育使学生知道生命对每一个人都是最宝贵的，生命是无价的，世界上没有什么东西比生命更宝贵，生命是无法用金钱买来的。要珍爱自己的生命，同时也要珍爱他人的生命。

（三）生命有时限

通过教育使学生知道人的生命是有限的，要珍惜生命中的每一个今天、每一个小时、每一分钟，用以好好学习知识和本领。珍惜时间就是珍惜生命，珍惜时间等于延长了生命，浪费时间等于缩短生命。

（四）生命无重复

通过教育使学生知道每一个人的生命只能有一次而不能重复，所以要珍惜"今生今世"。每个人都要经过婴儿－幼儿－儿童－少年－青年－中年－老年这个过程，老人的今天就是自己的明天，每一个人都会变老，所以每个人都要尊敬老人、爱护幼小。

（五）生命的价值

通过教育使学生知道人活着就要对社会能作出贡献，为他人能带来好处，这样的人生命才有意义、有价值。从小要努力学好为国家为人民作贡献的各种知识和本领，树立像雷锋那样全心全意为人民服务的思想，将来做一个对人民有利的人。

（六）生命的质量

通过教育使学生知道生命要有必要的物质条件和科学的生活方式来保证，生命质量的好坏在于健康快乐，而不在于物质条件有多么富足优厚。生命在于运动，要有健康的身体和心理，才能拥有高质量的生命。

（七）生死是规律

通过教育使学生知道生命是有限的，生命的结束就是死亡，有生必有死，这是大自然的规律，任何人都无法抗拒，所以要加倍珍惜自己的生命。人死了就在世界上消失了，根本不会上什么天堂或地狱，不要相信迷信的说法而要相信科学。

（八）生命与环境

通过教育使学生知道人的生命存在要有必要的条件：氧气、水、温度和食物。保护生命就要保护人类生存的自然环境、美好的世界——地球。从小树立保护自然环境的意识，保护环境就是保护人的生命，破坏自然环境就是破坏人的生命。从小养成自觉保护人类生存环境的良好习惯。

（九）生命与安全

通过教育使学生知道人的生命会遭遇到各种不安全因素的威胁，所以生命需要安全作保证，应该增强安全防范意识，学会在各种危险时刻运用科学适当的方法，来保护自己生命的安全，避险趋安。要注意出行交通、饮食卫生、用火用电等方面的安全，防止对自己的伤害。

（十）生命的保护

通过教育使学生知道人人都有生存的权利，每一个人的生命都受国家法律的保护；要学会运用法律来保护自己的生命；要关爱他人的生命，懂得危及或伤害他人的生命将会受到法律的惩罚。

四、小学生生命教育的策略

（一）生命教育的途径

1. 学校统一规划生命教育

学校在制订生命教育规划的基础上，分别在分科课程、综合实践活动课程、生命教育专题课程及学校生活和管理等方面对生命教育进行整体安排，确定生命教育在各年龄段、各种实施途径要达成的目标，并处理好各年龄段、各种实施途径之间的衔接问题。

2. 多学科渗透生命教育

生命教育是关于生命的教育，是对人这一复杂个体的认识，教育内容涉及学校各个学科领域，科学、品德与生活、品德与社会、体育等学科，是生命教育的显性课程。要在这些学科的教学中增强生命教育意识，挖掘显性和隐性的生命教育内容，分层次、分阶段，适时、适量、适度地对学生进行生动活泼的生命教育。语文、音乐、美术等学科也蕴涵着丰富的生命教育内容，是生命教育的隐性课程。教师要结合教学内容，对学生进行认识生命、珍惜生命、尊重生命、热爱生命，提高生存技能和生命质量的教育活动。同时充分运用与学生密切相关的事例作为教学资源，利用多种手段和方法开展生命教育活动。

3. 开展专题生命教育

生命教育要充分利用青春期教育、心理教育、安全教育、健康教育、环境教育、禁毒和预防艾滋病教育、法制教育等专题教育形式，开展灵活、有效、多样的生命教育活动。要从学生的兴趣、经验、社会热点问题或历史问题出发，结合区域、学校和学生的特点，力求将相关内容整合起来，形成校本课程。要注意符合小学生的身心特点，进行人与自然、人与家庭的启蒙教育，探究生命的可贵、生活的意义以及自我保护等内容。

4. 结合综合实践活动实施生命教育

综合实践活动课程是实施生命教育的阵地。要注意围绕学生身边的问题，让学生通过行动研究来解决，提高学生综合分析和解决问题的能力。学校要充分利用各级各类青少年教育基地及公共文化设施开展生命教育活动，拓展学生的生活技能训练和体验。在动物园、植物园、自然博物馆、绿地和农村劳动中，让学生感受自然生态保护和休闲对促进个人身心健康的重要性；通过对与人生老病死有关场所的了解，引导学生理解生与死的意义，珍爱生活，关心他人；通过情景模拟、角色体验、实地训练、志愿服务等形式，培养学生在遇到突发灾难时的人道主义救助精神。要积极引导家长参与家庭生活指导，通过亲子关系沟通、青少年身心保健等方面的服务，帮助家长掌握家庭管理和人际沟通的知识与技能，提升家庭情趣，营造健康和谐的家庭氛围。要充分利用社区生命教育资源。发挥社区学院、社区老年大学的作用，提供环保、居家生活设计、人文艺术欣赏、传统艺术欣赏制作和婚姻伦理等教育服务活动。宣传科学的生活方式，引导家长开展亲子考察等实践活动。学校的班团队活动、节日纪念日活动、仪式活动、兴趣小组活动也可以结合学生现实需求，在了解学生需要的基础上，组织和安排生命教育活动，使学生在场景式生命教育活动过程中受到教育，感悟生命的价值。

5. 单独开设生命教育课程

单独开设的生命教育课程，如地方课程和校本课程中的生命教育专题课、选修课，可以使学生在专人指导下，从个人生活、学校生活、社会生活等各个方面，对生命问题进行较全面的分析，更好地理解生命问题产生的根源及可以采取的对策。

6. 结合日常生活与管理开展生命教育

学校应当建立一套行之有效的规章制度和评价机制，鼓励全校师生员工参与生命教育，通过发动和组织师生参与集体行动，确定需求，动员各种资源，争取外力协助，有计划、有步骤地组织实施关于生命主题的活动，增进对生命的认识，培养尊重生命、热爱生命的情感，以及实践生命意义与价值的行动。

（二）生命教育形式举例

【语文课中的生命教育】

《语文课程标准》指出：语文是工具性与人文性的统一。语文学科的人文性决定了它是一门"以人为本"，以学生的发展为本的学科。通过语言文字的教学、情境的创设、人生的感悟，可以让学生充分认识人的生命的价值和地位，最大限度地挖掘生命的内在潜能，充分调动生命的积极性和主动性，充分展示生命的个性，从而最终提高生命的质量，构建和谐的社会。同时，语文学科的情感态度和价值观的目标纬度规定了语文教学要以文本为载体，实现生命的教育；而且，情感态度和价值观的目标要求，不仅包含认识层面，更包含情感层面和实践层面的生命教育。因此，语文学科的这些特点决定了在语文教学中渗透生命教育的可能性。

现行的语文教材内有大量的直接阐释生命、呼唤热爱生命、敬畏生命的课文，为我们的教学提供了丰富的生命教育的素材。教材在编写上已经有意识地循着"生命"的轨迹，选取了体现生命教育主题的文章，力图培养学生的生命意识，进行生命教育。因此，作为语文教师应善于去发现类似表现生命教育主题的文章，引导学生去认识、欣赏和感受生命。

1. 带领学生赏读美文名篇，体悟人生。通过引导学生赏读这些美文名篇，使学生感受到生命的跳动，感受到生命价值的升华。

2. 适时创设两难情境，重构学生生命价值观。在两难情况下的取舍问题，常常能引起学生对于人生价值观的思考，增强对生命之宝贵的意识，开始对自己生命价值的思索。

3. 品味语言文字，亲身体验生命价值。通过品读与体验使学生对生命多一份珍惜！

4. 设置活动，感受生命。如，人教版小学四年级语文课本下册有一篇课文是《永生的眼睛》，为了更好认识琳达一家的崇高，推动我国人体器官的捐献，帮助学生认识生命的意义，可做一次人体器官捐献意愿调查活动。

【品德与社会课中的生命教育】

品德与社会课程中有机渗透生命教育的要求。生命教育是一种全人教育，目的在于促进学生的生理、心理、社会性、灵性全面均衡发展。在小学阶段，生命教育要合乎学生的年龄与生理、心理特点，低年级学生要初步认识自然界的生命现象，了解自己的身体，有性别意识；养成健康的生活习惯；初步掌握交通安全、防溺水的基本技能，了解家庭用气用电安全、饮食安全等自我保护知识等。中高年级学生则要了解身体的生长情形，学习必要的自我保护技能，初步掌握突发灾害时的自救知识以及责任意识等。

【心理辅导活动举例："生命之树"】

辅导目标：

1. 通过辅导活动，知道人的生命周期包括诞生、发育、成熟、衰老、死亡；
2. 知道生命是宝贵的，要爱护我们的身体，呵护生命。
3. 正视死亡，学习如何面对亲人离世。

活动过程：

一、引入

1. 这里有四棵树，请你分别把它们装扮成春夏秋冬四个季节的树。
2. 谈一谈，你为什么这样装扮它们？

教师小结：一年四季，周而复始。小树经历着春天的繁花似锦，夏日的枝繁叶茂，秋天的果实累累，冬天枯枝蓄势待发，孕育新的成长。我们的生命就像这棵树，诞生、发育、成熟、衰老、死亡。

二、看影片：感受生命历程

1. 引导学生看影片。
2. 通过观看影片谈谈你的感受，生命仅仅属于自己吗？自己的成长过程中包含了父母长辈的哪些期望和心血？你自己应该对父母长辈做些什么？
3. 教师小结：我们的生命是父母给予的，我们的生命包含着家人的期望和心血。当我们还是小小胎儿的时候，我们的生命就寄托了家人无限的期望。从初生时的嗷嗷啼哭，到张开小嘴牙牙学语；从歪歪扭扭的小脚印，到成长为一名小学生，这其中凝结了家人多少的关爱与付出。青年期的意气风发，也许我们会为社会创作无限的财富。和谐的老年生活，夕阳无限好。有一天，我们也会走完自己短暂的人生历程，离开这美丽的世界。

三、讨论

生活中，我们经常会遇到这样的问题，请谈谈你的看法。

1. 这是一个四年级的孩子给老师的一封信，他说：老师您好，三年级时，我的爷爷去世了。我从小跟爷爷长大，现在我每时每刻都在想他，期中考试都没有考好。我该怎么办呢？
2. 一个人从出生、成长，再到死亡，这是我们生命发展的必然过程。但是有些人却有不同的看法：有人说，人死了以后，可以投胎转世，重新来到世界上；有人说，有长生不老之药，可以使人长生不老；也有人说，健康的生活方式可以使人活到一百多岁；有人说，通过现代的医学技术可以延续他人的生命。这些说法到底哪些是正确的呢？

教师小结：生命只有一次，生命是有限的。一个人从出生、成长，再到死亡，这是我们生命发展的必然过程。生命对于每一个人来说只有一次，一旦失去就不会再来。我们要好好珍惜自己的生命。随着现代医学技术的发展，可以延续人们的生命。

四、绘制生命之树

1. 你希望自己的生命之树是什么样呢？绘制自己的生命之树。写一写，你会给自己的生命之树哪些营养物质，让它枝繁叶茂。
2. 和自己的伙伴交流。
3. 全班交流。

教师小结：身体是生命的载体，爱惜生命就要保护好自己的身体；养成良好的生活习惯、坚持锻炼身体、保持良好心态,才能保持身体健康。让我们一起来爱护我们的身体,呵护生命,正视死亡。

本活动是面向小学中年级学生的心理辅导活动,帮助学生正确面对死亡,珍爱自己生命。

第四节 小学生休闲教育与辅导

一、休闲教育与辅导的意义

休闲的界定:休闲中的"休"字,《说文解字》定义为"休息"、"休假"。"休息"、"休假"是"休"的本义。无论"休"字的语义怎么衍变,但万变不离其宗,"休息"、"休假"仍然是它的本义。休闲中的"闲"字,即"空闲"、"闲暇",亦指劳动之外的时间。"休闲"通常被看做是从属于工作时间以外的剩余时间或脱离生产后的消遣时间。休闲的意义和功能主要体现在恢复体能和娱乐上。休闲活动也就是利用人们休假、闲暇时间所从事的以恢复体能、陶冶情操、放松心情、提高效率为目标的活动形式。

休闲是指个体在完成日常学习、工作和生活后有自己自由支配时间的一种状态。马克思非常重视休闲及其对于人的价值,揭示了消闲对任何社会发展的重要意义:"自由时间,可以支配的时间,就是财富本身。"它既是一种活动,也是一种生活方式;既是人权的一部分,也是社会制度的重要环节。休闲生活是每个人必不可少的重要组成部分。英国教育家斯宾塞(H. Spencer)认为:"完美的生活,应该包含职业生活、健康卫生生活、公民生活、社会责任生活及休闲生活。有休闲生活,生命才会多姿多彩。"

对小学生而言,休闲是指由学生个人需要、兴趣、性格、能力等个性特征和个人所处的微观社会环境(如家庭、亲属、朋友、同学、邻居等)决定的,个人在学校课程计划以外的全部课余生活。

休闲教育与辅导是指运用有关心理健康教育的理论和技术,帮助学生确立正确的休闲观念和态度(休闲意识),获得必备的休闲知识和技能,以及学会选择、安排有益的休闲活动方式,从而获得充实而丰富的休闲生活。

早在1916年,杜威(J. Dewey)指出:"在教育史上出现的根深蒂固的对立,也就是为有用劳动作准备的教育和为闲暇生活作准备的教育。"他否定这种分离,主张实行一种能够统一社会成员性情的教育,即教育应促进人们完整地生活,平衡休闲和工作;他明晰了休闲教育与辅导的深刻意义。

美国休闲学家布赖特比尔(C. Brightbill)认为:"如果不能学会以一种整体性的、脱离低级情趣的、文明的、有创造性的方式来享受新型的休闲,我们就根本不是在生活。"其实,重要的并不在于我们是否去公园、图书馆等休闲场所,而在于我们是否能够创造性地用自己满意的方式度过休闲时光。休闲有助于实现了解世界、保持身心健康、欣赏并表现美的教育目的，从这个意义上讲，休闲教育与辅导可以帮助人们逐步地理解自我、理解休闲、认识休闲与自己的生活方式及社会结构的关系，并确定休闲在自己生活中的位置和意义。可见，休闲教育和辅导是教育的应有组成部分。

休闲教育与辅导有利于小学生休闲选择的合理化，能够帮助小学生正确地选择恰当的休闲活动，并能积极地参与其中，充分感受到生活的完整和价值。因此，小学休闲教育与辅导有必要以学校为主阵地，结合社会与家庭力量，通过系统地、有计划地向学生传授各类休闲活动的知识和技能，让学生树立积极向上的休闲观，使学生学会有价值地、明智或独立地进行休闲行为选择，合理利用、支配休闲时间，从而丰富和提高休闲生活的质量。

小学阶段的休闲习惯和态度，受家庭、同学及学校团体影响最深。目前学校教育体系已从重于知识的传授向注重"知识+综合实践能力"方向发展，在学校教育的课余时间创设许多学生实际运用及参与体验的机会。让学生亲身参与各种休闲活动，培养学生团结协作、热爱劳动等良好的社会实践方法及社会适应能力已是绝对的趋势。其意义是：

1. 休闲活动也是少年儿童学习生涯的重要环节，结合小学生身心发展特点，在小学教育中通过少先队工作，面向全体学生广泛开展课外休闲活动，可舒解学生学习、精神压力，稳定情绪。不但有益于少年儿童养成良好的学习习惯，而且可以提高学习效率，建立轻松和谐的校园学习环境。

2. 小学生课外休闲活动，由学校少先队员直接参与活动的设计及开展，可提高全体少先队员的创新能力。而学校少先队大队委直接参与活动的设置、组织、管理，可提高少先队的活力，培养少先队大队组织的领导、实践能力。

3. 小学生课外休闲活动有其教育性、广泛性、实践性。由于参与面广，涉及到全校学生，在培养学生个人身心健康的同时，对学校形成良好的休闲活动风气，培养学生健康的世界观、人生观、价值观及学生形成终身参与体育锻炼观念，对建立健康社会有不可磨灭的作用。

4. 小学生课外休闲活动具有休闲性的特点，没有严格、死板的评价标准，学生不易形成过低的自我评价。提倡自由参与，从活动中发现快乐，所以学生也较乐于参加，更因活动的多样性将对学生产生强大的吸引力，这也就从很大程度上减少了学生进网吧、上网成瘾、赌博等不良行为习惯的形成，并通过休闲游戏活动增进学生间的团队合作能力。

二、小学生休闲观的发展特点

随着双休日制度的实行以及节假日时间的延长，小学生们休闲的时间也越来越多。对于家长来说，一方面希望孩子能够拥有一个快乐的童年，但另一方面对于怎样合理安排孩子的休闲活动颇为犯难。他们迫切需要了解孩子的休闲心理，这样才能做到科学地安排孩子的休闲活动。那么，小学生究竟有着什么样的休闲心理呢？一般说来小学生休闲心理具有以下特点。

（一）兴趣导向性

小学生参加任何活动，首要的前提是感兴趣。如果不感兴趣，即使在别人看来是如何有意思，有实用价值，他们也不会去参加。因此，对于孩子兴趣的了解非常重要。

只要留心观察，就不难发现孩子的兴趣。有一个家长检查孩子功课的时候，发现课本上用彩笔画了许多卡通人物，虽然笔法还很稚嫩，但也颇有几分童趣。这个家长本来想批评孩子，让他不要在课本上乱写乱画，可是转念一想，孩子是不是有画画的兴趣呢？于是找来孩子谈话，孩子承认自己喜欢画画，尤其每当脑子里想起那些可爱的卡通人物时，自己就忍不住想把它们画出来。这个家长告诉孩子喜欢画画是件好事，但是不能在听课的时候画，也不要画在课本上，要画可以抽出时间，在专门的图画本上画。如果他愿意，可以让他报名参加少年宫的儿童绘画班。后来，这个小朋友在绘画上取得了很不错的成绩。这就是做家长的细心观察的结果。如果当初这个家长没有意识到这一点，劈头盖脸就是一顿批评指责，可能这个小朋友的绘画爱好也就被埋没了。

但值得注意的是，小学生的兴趣并不稳定，这就要求教师和家长对其进行引导。比如，有的孩子看见别人弹钢琴，觉得好玩，闹着也要学钢琴，家长觉得这是好事，不假思索满口答应，买来了钢琴，请了教师。结果没有多久，孩子忍受不了练琴的枯燥，哭着喊着不肯学了。父母将罪过全部归结到孩子身上，认为孩子三心二意。其实，这不能全怪孩子，因为他们对自己兴趣的认识还达不到理性的高度，所以父母在作出有关孩子兴趣发展的决定时还应该多加思量。

（二）群体倾向性

小学生在休闲娱乐的时候，喜欢跟同龄伙伴在一起。这是儿童对友谊需要的一种表现，同时也是社会性发展中不可或缺的内容。

友谊是和亲近的同伴建立一种特殊而稳定的亲密关系。在建立关系的过程中，他们之间相互学习交往、合作和自我控制的能力，为以后建立和谐的人际关系打下良好的基础。对于这一点，有的家长没能充分认识到，总是以安全、卫生之类的理由不让孩子踏出家门，也不让孩子将同伴带进家里来。为什么孩子们总喜欢上公园、动物园、游乐园等场所去玩？这固然是因为那里有许多他们感兴趣的东西，更为重要的是那里有许多同龄人，尽管彼此之间并不认识，但是作为其中的一分子，他们有一种群体的归属感，不会感到孤独。

作为教师，要善于将班级同学组织起来，形成一个团结的整体，这样既有利于良好班风的形成，也增强了学生的集体意识。

(三) 自由倾向性

由于自我意识的发展，小学生开始觉得自己已经长大，不愿意处处受人约束，受人监督，喜欢无拘无束的玩乐。有的小学教师认为，现在组织班级活动不容易，只要不是硬性规定，就总有人不来参加。其实，这里面可能就有学生觉得受约束太多的原因。当然，对于班级组织春游、逛公园这一类的活动来说，首先考虑的应该是安全问题。但是，如果为了这一点就不给小学生任何自由活动的机会，这样会引起小学生对集体活动的反感和厌恶。因此，在条件许可的情况下，应该给学生更大的自由空间，让他们尽情地玩乐。比如，去爬山，在没有危险的情况下，可以让孩子们展示自我的力量、胆略，向大自然挑战。

(四) 角色扮演倾向

游戏活动在小学生的休闲中占有很重要的地位。游戏活动之所以对孩子们有那么大的吸引力，其中很重要的一点是他们在游戏中可以扮演自己喜欢或者向往的角色。通过这种角色扮演，使得儿童在日常生活和学校学习中不能保证、不能实现的成功感和创造欲望，可以在游戏中获得满足。儿童经常想显示自己的力量，但是在现实生活中，他们往往是被保护的对象。在游戏中，他们遵循自己制订的规则，不被大人操纵，这样他们就可以把自我的欲望表达出来。这种角色的扮演起着从非现实到现实的桥梁作用，对孩子的社会性发展起着积极的作用。

三、小学生休闲教育的目标与原则

(一) 休闲教育与辅导的目标

小学生的休闲教育与辅导的目标是告诉学生如何明智地、有价值地利用休闲时间，提高休闲生活的质量，最终获得高质量的生活。

1. 帮助小学生树立正确的休闲观念与休闲态度

休闲教育与辅导要让学生理解休闲与学习的辩证关系，帮助他们树立正确的休闲观念和休闲态度，让他们意识到休闲是生活的重要组成部分，明确个人休闲的意义、权力和责任，了解自己休闲方面的爱好、志趣和偏向，以便选择符合自身消费能力、符合自己的性格特点、符合自己需要的休闲活动和休闲方式。

2. 帮助小学生有价值地、明智地利用休闲时间

休闲教育与辅导的直接目的，是使学生学会有价值地、明智地利用休闲时间的能力，提高自主选择能力、合理安排和调整自己的休闲时间，同时，使得他们对事物的支配能力、自我决断能力、创造性思维能力、审美能力等在自由的休闲活动中，得到良好的锻炼和发展。

3. 帮助小学生提高现在和将来的休闲生活质量

休闲教育与辅导的最终目的，是帮助小学生学会如何进行高质量的、有益于

整个生活的休闲活动，使他们既具备为未来的生活作准备的能力，又能充分地感受现实生活的美好，从而提高学生的整体生活质量。同时，还要激励小学生在将来生活中有信心、有创造性地应用关于休闲的知识与技能，拥有在未来生活中愉快地享受休闲的能力。

（二）休闲教育与辅导的原则

对小学生进行休闲教育与辅导，应遵循一定的原则。

1. 娱乐性原则

休闲活动的主要功能是平衡劳逸、愉悦身心。因此，小学生的休闲活动先应有别于正规的学习活动，能最大限度地消除由于紧张的学习活动导致的身心疲劳，为其后继学习积蓄精力。通常情况下，休闲活动从其方式、内容以及对个体的要求等方面都要以不给个体增加压力和负担为前提，休闲活动应是生动活泼、情趣盎然的。

2. 发展性原则

小学生正处于成长与发展的最佳时期，其休闲活动应有助于他们的全面发展与潜能开发。因此，休闲教育与辅导应引导小学生根据他们的兴趣、爱好及成长需要，对休闲内容、休闲方式等进行合理选择与设计，开展积极的休闲活动，真正有利于他们未来的生活、学习和工作。

3. 主动性原则

休闲是个体对闲暇时间的自主、自由的支配与利用。因此，在对小学生进行休闲教育与辅导时，应充分尊重他们，重视其兴趣与需要，确保其在自身休闲活动中的主体地位。教师、家长不可凌驾于学生之上，要从小学生的实际情况出发，组织具体的教育和辅导计划，以使小学生的休闲成为真正的属于他们自己的、满足他们需要与兴趣的活动。

四、小学生休闲教育与辅导的内容

休闲是个体在闲暇时间里，依据自身需要、兴趣等进行的自主、自由的活动。个体的需要、兴趣各不相同，其休闲活动的内容、方式也会有所不同；个体所处的发展阶段不同，其休闲活动也会存在一定的差异。因此，在对小学生进行休闲教育和辅导时，应注重从实际出发，充分考虑到小学生的主客观条件，其内容应该兼具灵活性与针对性。总的来说，小学生休闲教育与辅导应包括以下几个方面的内容：

（一）休闲精神

休闲精神即积极的休闲价值观念和休闲态度，崇尚自由、追求生活的完整性、追寻生命的意义；比如通过观赏体育比赛让学生们感受生命的魅力、参观艺术展览感受自由的气息等。

（二）休闲技能

这是参与休闲活动的基本条件，能促进个人对休闲活动的参与。比如游戏、手工、绘画、插花、演奏乐器的技能等。

（三）休闲机会

对休闲机会的认识是参与活动的重要影响因素，如果完全不知道某种休闲活动的存在，学生永远也不会参与到这一活动中去。休闲教育与辅导就是让学生对休闲活动由基本的认识，从日常生活以及各种课程中了解休闲的各种形态。

（四）休闲伦理

休闲伦理也是一种休闲限制，既要让学生认识到个人休闲方式可能产生的影响，尽量让个人选择被大众接受的休闲活动；比如要避免浪费资源、污染环境、违反公共秩序等。

（五）互动沟通

很多休闲活动需要两个以上的人参与，共同休闲时会产生互动及合作行为。休闲教育与辅导可以提供一些沟通技巧，让学生个体认识到不同休闲群体的行为标准，使他们有能力识别并接受群体的文化，从而更容易地参与到休闲活动中。

（六）休闲与学习的关系

休闲教育与辅导要让学生正确地理解休闲与学习之间的辩证关系，并让他们认识到休闲在某种程度上也是一种学习，指导他们在休闲中发展自己，而学习也可以作为一种休闲，使他们在学习过程中保持愉悦的心态。

五、小学生常见休闲活动的辅导

常见的小学生休闲活动，按照信息传导的方向，可分为接受性休闲活动与表达性休闲活动。

（一）接受性休闲活动的辅导

接受性休闲活动，是指个体在闲暇时间里进行的、以接受信息为主的休闲活动。接受性休闲活动可以突破有限的现实与心理时空，让个体在更为广阔的背景中吸收有益于人生发展的丰富营养，体悟生活的美好。中小学生常见的接受性休闲活动有：阅读、参观旅游、收藏等。

1. 阅读

作为休闲方式的阅读，以获取愉悦的阅读体验和审美感受为目的，是一种传统的休闲活动。一般来说，喜好阅读的个体大都拥有自己的兴趣中心，其阅读的取向和阅读材料的选择具有一定的目标指向性，对个体的爱好、特长和能力的发展具有促进、强化的作用。

在对小学生的阅读进行休闲教育与辅导时，首先，应引导他们结合自己的主客观条件，特别是个人的爱好和特长，选择相关的阅读材料，如适合小学生阅读的小说、童话、传记、科普文章等；同时，为他们推荐、介绍富有价值与开掘空间的适宜材料。其次，在阅读过程中，应适时、灵活地开展一定范围、一定形式的读后感交流，让小学生在与他人共享阅读成果的基础上，深化阅读体验与审美感受，在一定程度上使他们的倾诉渴望和交友需要得以满足。再次，在对小学生的阅读进行休闲教育与辅导时，不能让他们承担阅读压力，切忌硬性分派任务。

2. 参观旅游

外出参观旅游是人们的重要休闲方式。参观旅游按其目的地与内容的不同，可以分为文化旅游、生态旅游、探险旅游等。

在对小学生的参观旅游进行休闲教育与辅导时，首先，应引导小学生力所能及地收集和储存相关的旅游信息、知识、装备、设备器材等物品，做好各项参观旅游前的准备工作。其次，在参观旅游的过程中，指导他们增进对当地的自然风貌、人文历史、文物古迹、风土人情的了解和认识。再次，应引导小学生把自己融入自然中，获得紧张学习后身心的愉悦，达到参观旅游的休闲目的。

3. 收藏

收藏的种类多种多样，如邮票收集、标本收藏、剪报、艺术品收藏等。收藏作为一种休闲活动，能使个体获得发现的快乐、拥有的满足以及成就感，并能锻炼小学生的观察能力、操作能力和耐心。

在对小学生的收藏进行休闲教育与辅导时，首先，应引导他们确定收藏的中心或主题，引导他们善于发现和选择有价值的、适合他们收藏的藏品。其次，当个体对收藏已经有一定的了解和经验后，应及时地指导小学生进行专题收藏，提升收藏的质量，增进他们对特定收藏对象和收藏领域的深入了解，进一步激发他们对收藏的热情和爱好。

（二）表达性休闲活动的辅导

表达性休闲活动，是指个体在闲暇时间里自主发表并呈现自己的才艺、休闲心得与成果的休闲活动。表达性休闲活动有助于展示个体的生活价值，深化个体的生活感悟。小学生常见的表达性休闲活动有：手工制作、才艺爱好、上网等。

1. 手工制作

手工制作是个体在闲暇时间里，将自己学到的知识及个人的发现运用于实践，自己动手进行特定物件的设计、制作的活动。手工制作作为一种休闲活动，有助于小学生学用结合，培养其创新思维和实践能力。手工制作中出现的难题或疑问还会进一步促进中小学生探求和学习科学文化知识。

在对小学生的手工制作进行休闲教育与辅导时，首先，应加强对小学生思维能力的训练，鼓励他们的创新精神，引导他们在手工制作中灵活运用所学到的知识，并能有所突破。其次，当小学生在手工制作中遇到困难时，应给予他们适当的操作指导和相应的智力支持，但要极力避免直接帮助他们解决困难，要引导他们思考和动手，自己去找到解决难题的方法和路径。再次，在手工制作完成以后，要对他们的作品给予中肯的评价，鼓励他们再接再厉，强化他们的满足感和成就感。

2. 才艺爱好

才艺爱好是基于个体的特长、兴趣而开展的，是以个体发展相关能力为主的特殊休闲方式，如写作、演奏、歌舞、书法、绘画、朗诵等。才艺爱好作为一种休闲活动，有助于个体素养的提升和特殊才艺的培养，对个体今后职业的选择、人生发展方向、生活质量等都具有重要而长远的影响。对小学生而言，应当积极地倡导和适当地鼓励他们选择这类休闲。

在对小学生的才艺爱好进行休闲教育与辅导时，首先，应引导他们正确认识和了解自己，在此基础上，再引导小学生进行目标定向，选择真正符合自己实际情况的活动。其次，由于才艺爱好这类休闲活动需要具有一定的相关技能和素质，否则难以与选择此类休闲活动的小学生拥有共同语言，这就为教育辅导者提出了更高的要求。再次，才艺爱好作为一种休闲活动，其目的主要在于娱乐和放松。应克服急功近利的思想，切忌让学生承担压力。

3. 上网

上网是一种新兴的休闲方式，具有虚拟性和开放性，对处于发育期、身心尚不成熟的小学生来说，具有极大的吸引力。上网兼具接受性休闲活动和表达性休闲活动的双重特点，其主要功能是：通过网络可以获得更多的信息，学到更多的知识；可以与更多的人交流，突破时空的局限而促进交往能力的发展；上网游戏与聊天，作为一种宣泄情感的途径可以减轻压力。就此意义来说，上网可以作为小学生的休闲方式。但是，小学生上网要与网络教育与辅导配合实施，防止学生网络成瘾，保护其免受不良信息的侵害。

第五节　小学生消费教育与辅导

小学生是我国未来经济建设的生力军，他们的素质将直接关系到国家的未来。而小学生的消费方式、消费习惯又是他们生活方式的重要内容之一，是他们发展指标的重要组成部分。改革开放以来，随着市场经济的发展与繁荣，人们的价值观、意识形态有所改变，"教育消费"等观念也在教育领域凸显。

随着生活水平的不断提高，一些小学生已经不满足于平时爸爸妈妈给他们准备好的衣着、吃用，而想自己挑选和购买高档的、时髦的东西。在现在的小学生中，存在一种乱花钱、盲目从众、互相攀比的现象。这种现象归根结底是他们对物质消费的错误认识，形成了观念上的偏差，从而影响了正确的价值观的形成，在一定程度上妨碍了他们心理的健康发展。引导他们正确认识生活中的消费问题，帮助他们从小树立正确的消费观念是十分必要的。

一、小学生消费教育的现状

物质生活富裕了,不能放任消费,耽于物质不思进取,而应树立正确的消费观。近年来,青少年的超前消费逐渐成为人们普遍关注的问题。国内众多调查表明,当前我国中小学生在消费方面存在诸多问题,主要表现为非理性消费、储蓄与节约观念淡薄、理财意识和理财行为脱节等。这些问题一方面反映出了对学生进行消费教育的紧迫性与必要性,同时也暴露出了当前我国中小学生消费观教育的缺陷。

尽管家庭在消费理财教育中的作用举足轻重,但实际上,很多家长并不认可消费理财教育,他们认为孩子的主要任务是学好语数外等知识,考取一个好的分数,进行消费理财教育是浪费时间;还有家长认为消费理财是大人的事,与孩子无关。长期以来,中小学校的教育将主要的精力放在了升学考试上,忽视了对学生理财能力的培养,消费教育严重滞后,几乎成了空白。

社会上某些媒体对于金钱的盲目渲染与崇拜,使得身心发展尚未成熟的中小学生受到了潜移默化的影响。现实生活中媒体对于金钱作用的夸大表现使得涉世未深的青少年对金钱产生了强烈的渴望。他们盲目模仿影视剧中一掷千金、铺张奢侈的生活,追求高消费、贪图享乐,甚至以牺牲他人的利益为代价而谋取金钱利益。总的说来,当今社会对中小学生金钱观的影响大多消极负面的。

二、小学生消费教育的内容

消费是经济活动的目的,是人们为满足消费者为满足物质需要和精神需要而使用财物与劳务的经济行为。

顾名思义,消费教育是有关消费的教育,具体的说是有关部门(如学校,消费者协会)对消费者进行的以消费为内容的知识与技能等的教育,其目的是使消费者形成正确或合理的消费态度和消费方式;掌握基本的消费常识,具有科学理性的消费观念和能力。

消费教育的内容,除了消费观和消费知识的教育以外,还应包括消费法规、维权意识以及生态消费的教育。开展消费教育是提高国民素质的一个重要方面,是促使消费者转变观念、扩大消费需求的重要手段。消费教育可以为抵制假冒伪劣产品、净化消费市场筑起一道屏障,是增强消费者维权意识、保护消费者合法权益的有效方式。

小学生消费教育是学校对小学生有目的、有计划、有组织地进行有关消费态度、消费知识、消费技能的教育,使学生形成科学理性的消费观念,掌握基本的消费常识,初步养成良好的消费习惯。

小学生消费教育的内容同上面相同,除了消费观和消费知识的教育以外,还应包括消费法规、维权意识以及生态消费的教育。但小学生消费教育的方式与其他部门举办的消费教育不完全相同，必须适应小学生的年龄特点，符合小学生的身心发展规律。

实施消费教育是当代学生"学会生存"的必然要求，也是全面实施素质教育的一项基本内容，这就需要我们教育工作者进行消费教育研究，将消费教育列入学校教学计划具有重大的现实意义。通过消费教育使学生树立科学健康的世界观，养成良好的思想品质，为建设节约型社会和构建社会主义和谐社会添砖加瓦。

三、小学生常见消费问题的预防与辅导

我们的孩子现在似乎越来越懂得享受，"吃讲美味"、"穿讲名牌"、"玩讲高档"。现在中小学生穿的衣服和鞋，背的书包上百元的极为普遍；出入卡拉OK厅、电子游戏厅、台球厅、西餐厅、大商场习以为常；车接车送、用名牌、流行款式手机的也不乏其人。尽管有的家庭经济并不宽裕，消费档次稍低一些，但孩子消费总额占家庭总支出的比例也不小，难怪有不少家长说："现在的孩子真是养不起了"。消费盲目，崇洋媚外，孩子们相信名牌，主要是外国名牌，对中国名牌兴趣不大，有的特别指定要买与外国明星有关的牌子。看电影要看外国大片，听歌要听港台流行歌曲。缺乏对中国传统饮食的认同，对麦当劳、肯德基、西饼屋倒情有独钟。不顾健康，追求"时尚"，造成畸形消费。

君子爱财，取之有道。处在商品社会中，孩子不可避免地要和金钱打交道。如何让孩子对金钱有一个客观的认识，让他能够合理地使用钱，进而对自己的财富负责，是每个家长应该重视的问题。事实上，培养孩子的金钱观和理财能力，宜早不宜晚，问题的关键不在于谈还是不谈，而在于怎么谈。正确的教育，不仅能使孩子客观认识金钱，培养理财能力，还能锻炼他的沟通、交往、独立办事等能力。这样长大的孩子，将来生活自理能力会比较强，同时更加自信。对小学生的消费进行引导是学校、家庭、社区和媒体的共同的责任，需要全社会的共同参与。这里只从学校和家庭两方面加以讨论。

（一）学校要正确引导小学生消费

学校在引导小学生消费方面所做的工作主要是，帮助他们树立正确的消费观念，教会他们掌握必要的生活知识。概括起来，主要包括以下三个方面。

1. 教育小学生树立适度消费的观念

学校应该教育学生在消费过程中考虑到自己家庭的承受能力。小学生的消费完全要靠父母，自己没有经济来源，往往不能体味父母挣钱的艰辛。父母维持一个家庭的经济运转是一件很不容易的事，小学生不应该让自己的超限消费加重家庭的负担。尽管一些家庭条件相对来说比较优越的小学生在消费时可以有一定的自由度，但是也不能养成随便消费的坏习惯，应该教育他们懂得尊重父母的

劳动。

学校应该教育学生，消费要适合自己的正常需要，如身体发育需要的饮食，增长智力需要的书籍，符合学生身份的必要衣着，为了培养自己多方面的才能去参加一些文艺和体育训练等。在享乐方面可以少消费一些，如不要为了追求时髦而去讲吃、讲穿、讲玩，互相攀比。

2. 在小学生当中宣传消费常识，进行消费咨询，使他们能自觉抵制错误消费

现在有很多小学生的生活自理能力比较差，不会合理地消费。有些小学生常常拿着钱到商店、书店胡乱地买一通，并不能考虑到所购商品的实用性和价值。这与学生缺乏消费知识有关。学校也要教给小学生生活方面的常识，让他们掌握一些消费知识。第一，饮食要注意结构合理。通过这一知识的学习，小学生认识到不能偏食，不能乱吃零食和各种小食品。第二，流行不等于美观。小学生的衣着不宜赶时髦，流行的东西一般价格都比较高，而且不一定适合小学生健康、活泼的特点。第三，智力投资不能过于慷慨。小学生购买学习资料和课外读物应该根据自己的实际需要去选择，而不能随心所欲。此外，学校还应该组织教师利用业余时间对小学生进行消费咨询，使他们能把因为消费带来的困惑和烦恼告诉教师，教师及时地帮助他们排除因消费而导致的心理障碍。

3. 组织小学生参加各种勤工俭学活动，培养他们艰苦朴素的优良品质

从实践中得来的知识是最深刻的，小学生在各种勤工俭学活动中可以得到锻炼。亲身参加劳动可以使小学生了解劳动的艰辛，从而理解父母工作的辛苦，养成勤俭节约的好习惯。

(二) 家庭要引导小学生合理消费

家庭是小学生消费的经济来源，小学生消费习惯的养成与父母的态度有直接关系。现在的家长都有一种补偿心理，希望把最好的东西尽可能地都给孩子。一切为了孩子，在消费方面表现为盲目满足孩子的要求。因此，要想教育小学生形成科学、文明的消费方式，必须首先从家长做起。

1. 学会对孩子的过分消费要求合理拒绝

随着独生子女家庭越来越多，孩子也越来越成为家庭的"中心"，许多家长一味地娇惯孩子，对他们的消费不加限制，这种观念是错误的。不作区分地完全满足孩子的消费要求会形成孩子依赖心重、缺乏克服困难的勇气。家长应该拒绝孩子提出的过高消费要求，决不能任由孩子虚荣心的膨胀，这才是真正意义上的关心孩子。

2. 公开经济收入，与孩子一起制订消费计划

对于靠工资生活的家庭，每月的收入是基本稳定的。家长可以把自己的工资收入告诉孩子，让他知道自己的消费水准应该是怎样的，从而掌握自己的消费尺

度；还可以充分发扬民主，与孩子一道制订一个家庭财政计划，要求孩子按消费计划行事，月末进行总结。对于计划执行得好的要给予鼓励，而对于超出计划的消费要给予批评。这对孩子来说是一件有趣的事，有助于他们形成勤俭节约、认真负责的习惯。

3. 寻找恰当机会，让孩子参与家庭经济的管理

寒暑假的时候，不妨让孩子尝试一下，安排组织一个月的家庭经济生活，包括买菜等力所能及的家务劳动，目的是让他们了解维持一个家庭的艰苦，学会精打细算，学会购买东西，体味一下当家的烦恼。

随着生活水平的提高，小学生自己支配的零花钱也慢慢多起来，这也就使得许多孩子养成讲排场、好攀比、摆阔气的坏习惯，同时也增加了家庭负担。当然，零花钱多并不意味着就一定会出问题，但如果让一个没有正确消费观的小学生拥有过多的零花钱则肯定会出问题。因此，培养孩子正确的消费观非常重要。美国石油大亨洛克菲勒在这方面的做法值得我们学习。他虽然拥有巨额财富，但对孩子们的零花钱却有着严格的规定。他根据孩子年龄的不同制定不同的零花钱标准：7—8 岁每周 30 美分；9—12 岁每周 1 美元；12 岁以上每周 3 美元。同时还规定每个孩子必须把自己的花销记录在账本上，写明花钱的原因和用处。孩子每次在领取零用钱时，都要将账本交给他过目。如果账目清楚而且花费得当，则增加零用钱数额作为奖励，反之则要从零用钱定额中酌情扣掉一部分。洛克菲勒这样做并不是他小气，舍不得给孩子们钱花，而是希望通过这样的方式来培养孩子珍惜财富的思想以及精打细算当家理财的本领。我们不一定要完全学习洛克菲勒的做法，但是让孩子一道参与家庭开支的管理也不是不可以。有的孩子看见别人有什么好吃的、好玩的就哭着闹着让父母给他们买。这固然是由于小孩子不善于克制自己，但也有很大一部分原因是他根本不了解每个月父母能够赚多少钱，家庭的花销又是多少。因此，对于小学中高年级的孩子，可以试着让他们来当家理财。做家长的将自己的每月收入告诉孩子，让孩子对家庭各项花销一一记录，到月底进行结算。通过管理家庭开支，孩子就会明白，如果不合理安排家庭的收支，就没法好好生活；在提出购物要求的时候，也就会为父母、为家庭着想，而不是只顾自己个人愿望的满足。

【建议参考资料】

1. 张暇. 中小学生消费现状令人忧，消费教育谁来引导？［J］. 素质教育大参考，2007，(09B)：57 - 58.

2. 张杰，唐军生，张志强. 关于城市小学生消费现状的调查与分析［J］. 中国德育，2004，(8)：63 - 65.

3. 张仲男. 对中小学生健康消费教育的思考［J］. 中小学心理健康导航，2008，(1)：16 - 17.

4. 刘天娥，龚伦军. 中小学生消费现状与消费教育［J］. 中国家庭教育，2008，（2）：20－22.

5. 孙俊三. 家庭教育学基础［M］. 北京：教育科学出版社，1991.

6. DOOD C V. Dictionary of Education［M］. 3rd edtion. New York：McGraw-Hill，1973.

【问题与思考】

1. 什么是自理能力？
2. 试说明小学阶段自理能力培养的步骤。
3. 什么是生涯及生涯辅导？
4. 试说明小学阶段生涯辅导工作的目标及主要内容。
5. 什么是生命教育？
6. 试说明小学阶段生命教育的目标及主要内容。
7. 什么是休闲教育？休闲教育辅导的原则是什么？
8. 试说明小学阶段休闲教育的内容有哪些，如何开展辅导？
9. 什么是消费教育？小学生常见的消费问题有哪些？
10. 举例说明小学生消费教育的内容有哪些。

图书在版编目(CIP)数据

小学生心理健康教育 / 刘视湘,郑日昌主编. -北京:开明出版社,2012.10
(新世纪心理与心理健康教育文库)
ISBN 978-7-5131-0233-9
Ⅰ.①小… Ⅱ.①刘… ②郑… Ⅲ.①心理健康-健康教育-小学 Ⅳ.①G479

中国版本图书馆 CIP 数据核字(2011)第 119656 号

责任编辑:吴晨紫　魏红岩　杨怡　王桢

书　名:小学生心理健康教育
出品人:焦向英
出　版:开明出版社
　　　　(北京海淀区西三环北路 25 号 邮编 100089)
经　销:全国新华书店
印　刷:保定市中画美凯印刷有限公司
开　本:700×1000　1/16
印　张:13.625
字　数:212 千字
版　次:2012 年 10 月 北京第 1 版
印　次:2012 年 10 月 北京第 1 次印刷
定　价:36.00 元

印刷、装订质量问题,出版社负责调换货　联系电话:(010)88817647